Recht – schnell erfasst

Weitere Bände siehe
www.springer.com/series/3296

Nicolas Sonder

Europäisches Wirtschaftsrecht

Schnell erfasst

Reihenherausgeber
Dr. iur. Detlef Kröger
Dipl.-Jur. Claas Hanken

Autor
Dr. Nicolas Sonder
Frankfurt School of Finance & Management
Frankfurt, Deutschland

Grafiken
Dirk Hoffmann

ISSN 1431-7559
ISBN 978-3-642-25418-5   ISBN 978-3-642-25419-2 (eBook)
DOI 10.1007/978-3-642-25419-2
Springer Heidelberg NewYork Dordrecht London

Die Deutsche Nationalbibliothek verzeichnet diese Publikation in der Deutschen Nationalbibliografie; detaillierte bibliografische Daten sind im Internet über http://dnb.d-nb.de abrufbar.

© Springer-Verlag Berlin Heidelberg 2012
Das Werk einschließlich aller seiner Teile ist urheberrechtlich geschützt. Jede Verwertung, die nich tausdrücklich vom Urheberrechtsgesetz zugelassen ist, bedarf der vorherigen Zustimmung des Verlags. Das gilt insbesondere für Vervielfältigungen, Bearbeitungen, Übersetzungen, Mikroverfilmungen und die Einspeicherung und Verarbeitung in elektronischen Systemen.

Die Wiedergabe von Gebrauchsnamen, Handelsnamen, Warenbezeichnungen usw. in diesem Werk berechtigt auch ohne besondere Kennzeichnung nicht zu der Annahme, dass solche Namen im Sinne der Warenzeichen- und Markenschutz-Gesetzgebung als frei zu betrachten wären und daher von jedermann benutzt werden dürften.

Gedruckt auf säurefreiem und chlorfrei gebleichtem Papier

Springer ist Teil der Fachverlagsgruppe Springer Science+Business Media (www.springer.com)

Vorwort

Dieses Kurzlehrbuch richtet sich an alle Leser, die sich in einem überschaubaren Zeitraum einen kompakten und trotzdem umfassenden Überblick über das Europäische Wirtschaftsrecht verschaffen wollen.

Im Einzelnen wird sowohl der Student, welcher das Buch idealerweise als Vorlesungsbegleiter sowie als Vorbereitung für die Klausur verwenden kann, als auch der Praktiker, der erstmals mit der Materie in Berührung kommt, angesprochen. Übersichten und Beispielsfälle ermöglichen die zuvor kommentierten Vorschriften in ihren Zusammenhängen zu erfassen.

Ich danke zunächst Herrn Prof. Dr. Axel Halfmeier, LL.M., Herrn Prof. Dr. Mario Martini, Herrn Prof. Dr. Martin Nettesheim, Herrn Claas Hanken und Frau Anke Seyfried, welche mit ihren Anregungen und Hilfestellungen zum Erfolg dieses Projekts beigetragen haben. Vor allem aber danke ich meiner Familie und meiner Verlobten, die alle stets an mich geglaubt und mich in meinem Vorhaben bestärkt haben.

Dieses Buch ist Ursula gewidmet, die dem Leben so viel Wunderbares gegeben hat, das Leben ihr dies jedoch nicht zurückgeben konnte.

Bayreuth, im Juni 2012   Dr. Nicolas Sonder

Inhalt

Einführung   1

• Die Idee eines europäischen Marktes • Entwicklung und Stationen der europäischen Integration • Regelungsbereiche des europäischen Wirtschaftsrechts • Das europäische Wirtschaftsrecht in der Falllösung •

Prinzipien und Grundlagen   13

• Europäische Wirtschaftsverfassung • Schaffung eines Binnenmarktes • Akteure • Kompetenzverteilung zwischen Union und Mitgliedstaaten • Rechtsdurchsetzung •

Die Grundfreiheiten des AEU-Vertrages   29

• Bedeutung und Funktion • Anwendungsbereich und Prüfungsaufbau • Warenverkehrsfreiheit • Arbeitnehmerfreizügigkeit • Niederlassungsfreiheit • Dienstleistungsfreiheit • Kapitalverkehrsfreiheit • Das allgemeine Diskriminierungsverbot •

Wettbewerbsrecht   87

• Struktur und Anwendungsbereich • Kartellrecht • Fusionskontrolle • Beihilferecht • Vergaberecht • Dienstleistungen von allgemeinem wirtschaftlichem Interesse •

Bereichsspezifische Harmonisierung durch Sekundärrecht   129

• Bedeutung der Harmonisierung durch Sekundärrecht • Verordnung und Richtlinie • Europäisches Gesellschaftsrecht als Beispiel voranschreitender Harmonisierung • Ausblick •

Europäisches Außenwirtschaftsrecht   145

• Die gemeinsame Handelspolitik • Außenhandelskompetenzen nach dem Lissabonner Vertrag • Die Kontrolle ausländischer Direktinvestitionen • Antidumping- und Antisubventionsrecht •

Klausurbeispiel   175

Literatur zur Vertiefung   183

Internetadressen   185

Register   187

Einführung

1. Die Idee eines europäischen Marktes — 2
2. Entwicklung und Stationen der europäischen Integration — 4
3. Regelungsbereiche des europäischen Wirtschaftsrechts — 7
4. Das europäische Wirtschaftsrecht in der Falllösung — 9
4.1. Die Arbeit am Sachverhalt — 9
4.2. Die richtige Schwerpunktsetzung — 9
4.3. Die rechtliche Ausarbeitung — 10
5. Wiederholungsfragen — 12

1. Die Idee eines europäischen Marktes

Die europäische Wirtschaft nahm schon früh eine wichtige Stellung im Gefüge der Weltmärkte ein. Infolge der industriellen Revolution und der modernen Wissenschaft war Europa den anderen Kontinenten wirtschaftlich weitestgehend überlegen. Bis zum 19. Jahrhundert besaß Europa nicht zuletzt deshalb eine Führungsrolle in der Welt. Einen einheitlichen europäischen Markt konnte diese Phase indes noch nicht hervorbringen.

Die Idee eines solchen Marktes, in dem Waren und Güter in Europa frei zirkulieren können und Handelshemmnisse auf das Notwendigste begrenzt werden, geht zurück bis in die Nachkriegszeit. Sechs Staaten (Belgien, Deutschland, Frankreich, Italien, Luxemburg und die Niederlande) taten sich zusammen, welche allesamt die Verwirklichung eines friedlichen Europas hauptsächlich in der wirtschaftlichen Einigung sahen. Der Gedanke, dass wirtschaftliche Einigung auch die politischen Strukturen erneuern würde, entsprang unter anderem der Einbindung dieser Staaten in den Entscheidungsprozess hinsichtlich der Verwendung von Mitteln für den Wiederaufbau Westeuropas im Rahmen des Marshall-Planes.

Nachdem zunächst infolge der Umsetzung des Marshall-Planes verschiedene Bestrebungen zur Errichtung einer europäischen Freihandelszone scheiterten, gründeten die sechs benannten Staaten 1952 die Europäische Gemeinschaft für Kohle und Stahl (EGKS), welche als institutioneller Ursprung der Europäischen Union angesehen werden kann. 1957 wurden mit Unterzeichnung der Römischen Verträge die Europäische Wirtschaftsgemeinschaft (EWG) und die Euratom ins Leben gerufen. Die EWG verfolgte erstmalig das Ziel der Schaffung eines Gemeinsamen Marktes, durch welchen Handelshemmnisse im innergemeinschaftlichen Markt beseitigt werden sollten.

Damit war die erste Voraussetzung geschaffen, welche endgültig auch den Prozess der europäischen Integration einläutete. Die europäische Integration wurde zur treibenden Kraft auf dem Weg zur Entstehung eines europäischen Marktes und zur wirtschaftlichen Einigung Europas insgesamt.

DIE IDEE EINES EUROPÄISCHEN MARKTES

2. Entwicklung und Stationen der europäischen Integration

Durch die Unterzeichnung der Römischen Verträge wurde endlich auch in verbindlicher Hinsicht jener Prozess in die Wege geleitet, welcher unter dem Begriff der europäischen Integration bekannt wurde.

Politische und wirtschaftliche Integration

Europäische Integration: Das Zusammenwachsen der europäischen Staaten

Der Begriff der europäischen Integration beschreibt zunächst nichts anderes als das Zusammenwachsen der europäischen Staaten. Der Integrationsprozess bewegt sich in ständiger Spannung zwischen der Übertragung von Kompetenzen einerseits und der Bewahrung souveräner nationaler Staatlichkeit andererseits. Es wird zwischen der wirtschaftlichen und der politischen Integration unterschieden. Die wirtschaftliche Integration stellt, wie soeben gezeigt, das Bestreben nach einem europäischen Wirtschaftsraum mit einem Gemeinsamen Markt ohne Handelshemmnisse dar. Die politische Integration hingegen betrifft die Frage nach der institutionellen Einigung Europas sowie die Einbindung der Bürger bis hin zur Schaffung einer politischen europäischen Identität. Eng damit verbunden ist stets die Debatte um die sog. Finalität der europäischen Integration. Es geht dabei hauptsächlich um die Frage, welchen Charakter die endgültige supranationale Struktur der Union haben soll – in der Vergangenheit wurden beispielsweise die Begriffe Staatenbund, Staatenverbund, Verfassungsverbund, Bundesstaat oder Vereinigte Staaten von Europa diskutiert.

Wirtschaftliche und politische Integration können jedoch nicht isoliert voneinander betrachtet werden. Vielmehr hängen beide Erscheinungen untrennbar miteinander zusammen. Denn die wirtschaftliche Integration wird seit ihren Ursprüngen von den Vorstellungen geprägt, dass durch sie mittel- oder langfristig auch die politische Integration erreicht werden kann (»spill-over«-Effekt). Dies stellt eine der elementaren Grundvoraussetzungen zum Verständnis der europäischen Integrationslehre dar.

Von Rom bis Schengen

Der Vertrag zur Gründung der EWG trat am 1. Januar 1958 in Kraft. Somit wurden erstmals einheitliche, konkrete Vorgaben zur Verwirklichung eines europäischen Marktes geschaffen, in dem die Errichtung eines »Gemeinsamen Markts« zum Ziel deklariert wurde. Die EWG spiegelte einen neuen Zusammenschluss von Staaten, die Europäischen

Gemeinschaften (EG), wider. 1960 entstand die »kleine« Europäische Freihandelszone (EFTA), an der jene westeuropäischen Staaten teilnahmen, die nicht Mitglieder der EWG waren. 1968 wurden die letzten Binnenzölle innerhalb der EG-Staaten abgeschafft und ein gemeinsamer Zolltarif gegenüber Drittländern eingeführt. Damit war ein weiterer wichtiger Schritt auf dem Weg zum Gemeinsamen Markt getan: Die Zollunion wurde vollendet. In den siebziger Jahren begann die Zusammenarbeit im Währungsbereich bis hin zur Einrichtung eines Europäischen Währungssystems (EWS) im Jahre 1979. Um die Organe der EG zu stärken sowie die Kompetenzen und die wirtschaftliche Integration zu erweitern, unterzeichneten die Mitgliedstaaten 1986 die Einheitliche Europäische Akte (EEA), welche unter anderem die Schaffung eines »Binnenmarkts« zum Inhalt hatte. 1985 kam es zum Abschluss des Schengener Abkommens über den Abbau der Grenzkontrollen zwischen den Mitgliedstaaten; 1995 trat es in Kraft. Das Abkommen über den Europäischen Wirtschaftsraum von 1992 dehnte schließlich den Binnenmarkt über die EU auch auf die EFTA-Staaten aus.

Von Maastricht bis Nizza

Der am 7. Februar 1992 in Maastricht unterzeichnete Vertrag über die Europäische Union (EUV) kann sicherlich als Meilenstein im Integrationsprozess bezeichnet werden. Durch ihn wurden die EG und die EWG in die Europäische Union (EU) umgestaltet, so dass die EU nunmehr die Europäischen Gemeinschaften, die Gemeinsame Außen- und Sicherheitspolitik sowie die Zusammenarbeit in den Bereichen Justiz und Inneres in sich vereinte. Außerdem enthält der Vertrag von Maastricht Bestimmungen zu umfassenden Änderungen der Verträge zur Gründung der Europäischen Gemeinschaften (EGV). Aus Sicht der wirtschaftlichen Integration ist dabei insbesondere die Errichtung einer europäischen Wirtschafts- und Währungsunion zu nennen.

<small>Vertrag von Maastricht: Errichtung der EU sowie einer europäischen Wirtschafts- und Währungsunion</small>

Seit 1992 wurde aber auch die politische Integration stetig vorangetrieben. Dies geschah vor allem durch den Vertrag von Amsterdam von 1997, welcher die Säulen zwei und drei, die Gemeinsame Außen- und Sicherheitspolitik (GASP) und die innenpolitische und justizielle Zusammenarbeit begründete, durch den Vertrag von Nizza 2001, der den Weg für die EU-Osterweiterung ebnete sowie durch eine Stärkung der Grundrechte in Europa. Seinen Höhepunkt fand dieser Prozess in den Bestrebungen zur Verabschiedung einer Verfassung für Europa (VVE). Zwar wurde der gemeinsam erarbeitete Verfassungsvertrag am 29.

<small>Scheitern des Verfassungsvertrags</small>

Oktober 2004 in Rom unterzeichnet – auf Grund der gescheiterten Referenden in Frankreich und den Niederlanden erlangte er jedoch keine Rechtskraft.

Lissabon und die Grenzen des Integrationsprozesses

Nachdem der Verfassungsvertrag gescheitert war, kam es stattdessen im Juni 2007 zur Ratifizierung des Vertrags von Lissabon, welcher am 1. Dezember 2009 in Kraft trat. Der Vertrag von Lissabon lässt viele Inhalte des Verfassungsvertrages wiedererkennen. Als Neuerungen zu nennen sind etwa die Vereinigung von Europäischer Union und Europäischer Gemeinschaft, die Auflösung der Drei-Säulen-Struktur, die Erlangung einer eigenen Rechtspersönlichkeit der EU und die Ausweitung der Außenkompetenzen. Während man den EU-Vertrag in geänderter Form beibehalten hat, wurde der EG-Vertrag in den Vertrag über die Arbeitsweise der Europäischen Union (AEUV) umgearbeitet.

Infolge mehrerer Verfassungsbeschwerden hatte in Deutschland im Sommer 2009 das Bundesverfassungsgericht über das neue Vertragswerk zu entscheiden. Zwar billigte das Gericht das deutsche Zustimmungsgesetz, forderte jedoch bei den Begleitgesetzen auf Grund der unzureichenden Beteiligung von Bundestag und Bundesrat Nachbesserungen vom Gesetzgeber. Europa dürfe schließlich nicht so verwirklicht werden, dass in den Mitgliedstaaten kein ausreichender Raum zur politischen Gestaltung der wirtschaftlichen, kulturellen und sozialen Lebensverhältnisse mehr bleibe (BVerfGE v. 30.06.2009, 2 BvE 2/08). Es bleibt abzuwarten, in welchem Maße dies auch die wirtschaftliche Integration beeinflussen wird.

Marginalie: Lissabon-Urteil des Bundesverfassungsgerichts

3. Regelungsbereiche des europäischen Wirtschaftsrechts

Zur Erfassung des europäischen Wirtschaftsrechts ist es zunächst wichtig, dessen Regelungsbereiche zu kennen, um sich so einen besseren Überblick über die Materie verschaffen zu können.

Das europäische Wirtschaftsrecht ist jener Teil des Europarechts (im Folgenden auch Unionsrecht), welcher die rechtlichen Fragen des Wirtschaftsverkehrs zwischen den Mitgliedstaaten, den Mitgliedstaaten und der Union sowie der Union bzw. ihren Mitgliedstaaten und Drittstaaten regelt. Systematisch lässt sich das europäische Wirtschaftsrecht zum einen in die Regelungen des Primärrechts (EUV und AEUV) und in die des Sekundärrechts trennen. Die Regelungen des Sekundärrechts sind solche, welche auf Vereinheitlichung einer Rechtsmaterie setzen und unter Umständen noch in mitgliedstaatliches Recht umgesetzt werden müssen (vgl. dazu S. 133 ff.).

Reichweite des europäischen Wirtschaftsrechts

Zum anderen kann im Rahmen der primärrechtlichen Betrachtung zwischen in einem allgemeinen Teil und einem besonderen Teil unterschieden werden.

Untergliederung der einzelnen Regelungsbereiche:

Regelungsbereiche

- Art. 3 III EUV; Art. 26 II, 119 ff. AEUV ff.: Grundprinzipien (allgemeiner Teil)
- Art. 34 ff. AEUV: Grundfreiheiten (allgemeiner Teil)
- Art. 81 ff. AEUV: Wettbewerbsrecht (besonderer Teil)
- Art. 206 ff. AEUV: Außenwirtschaftsrecht (besonderer Teil)

Die Unterteilung lässt erkennen, dass das europäische Wirtschaftsrecht besondere Regelungsbereiche enthält, welche auf allgemeinen Grundsätzen und Prinzipien aufbauen. So soll das Binnenmarktziel nach Art. 26 II AEUV dadurch verwirklicht werden, dass Handelshemmnisse zwischen den Mitgliedstaaten auf das notwendigste Maß begrenzt werden. Die Grundfreiheiten dienen als materielle Gewährleistungen zur Erreichung dieses Ziels, indem sie die Freiheit von grenzüberschreitenden Transaktionen auf verschiedenen Gebieten des Wirtschaftsverkehrs regeln. Das Wettbewerbsrecht hingegen soll die in Art. 3 III EUV festgelegte Wettbewerbsfreiheit garantieren.

Eine Sonderstellung nimmt das europäische Außenwirtschaftsrecht ein. Die Vorschriften der Art. 206 ff. AEUV regeln nicht den Wirtschaftsverkehr innerhalb der Europäischen Union, sondern zwischen der

Union und Drittstaaten. Daher finden sich die Grundsätze des europäischen Außenwirtschaftsrechts auch in Art. 206, 207 AEUV, also systematisch hinter den Regelungen des Binnenmarktrechts. Da jedoch die Leitlinien der europäischen Außenpolitik bereits in Art. 21 II, 24 AEUV aufgezählt sind, ist es gerechtfertigt, das europäische Außenwirtschaftsrecht auf Grund seiner systematischen Stellung als eine besondere Materie des europäischen Wirtschaftsrechts einzuordnen.

Abgrenzung europäisches, nationales und internationales Wirtschaftsrecht

Sämtliche Regelungsbereiche, welche weder dem Primär- noch dem Sekundärrecht der Europäischen Union unterfallen, sind daher zunächst grundsätzlich nationales Wirtschaftsrecht. Neben dem europäischen und dem nationalen Wirtschaftsrecht findet sich dann aber auch noch das internationale Wirtschaftsrecht. Dieses regelt die wirtschaftlichen Beziehungen und die damit zusammenhängenden rechtlichen Verhältnisse zwischen Staaten, welche nicht dem nationalstaatlichen Recht und auch nicht dem Recht supranationaler Staatengemeinschaften, wie z.B. der EU, zuzuordnen sind. Zu nennen ist hier etwa das Recht der Welthandelsorganisation WTO.

Vgl. zum Internationalen Wirtschaftsrecht einführend Gramlich (G),Internationales Wirtschaftsrecht (IntWR), 2004

4. Das europäische Wirtschaftsrecht in der Falllösung

Im Folgenden soll darauf eingegangen werden, wobei es bei der Lösung eines Falles aus dem Bereich des europäischen Wirtschaftsrechts ankommt. Der Weg zum Erfolg führt dabei vor allem über den Dreisatz »genaue Arbeit am Sachverhalt – richtige Schwerpunktsetzung – ordentliche rechtliche Ausarbeitung«. Wer dies befolgt, wird in der Klausur auch schwierige Fallkonstellationen lösen können. Unerlässlich zur Erlernung der richtigen Falllösung ist neben dem Studium der Theorie die regelmäßige Bearbeitung von Übungsfällen.

4.1 Die Arbeit am Sachverhalt

Ein genaues Arbeiten am Sachverhalt stellt die erste Voraussetzung für eine erfolgreiche Falllösung dar. Dazu gehört insbesondere das mehrmalige Durchlesen des Sachverhalts.

Es empfiehlt sich, den Sachverhalt zunächst einmal eher zügig durchzulesen, um zunächst grob zu erfassen, worum es eigentlich geht. Danach sollte der Sachverhalt genauer studiert werden. Hierbei ist es angebracht, jene Stellen, welche besonders wichtig erscheinen, zu unterstreichen oder zu markieren. Dies gilt insbesondere auch für Daten. Mit hoher Aufmerksamkeit sollte schließlich auch der Bearbeitungsvermerk durchgelesen werden.

Danach folgt das Anfertigen einer Sachverhaltsskizze. Bei kompliziert gelagerten oder mit vielen Daten versehenen Fällen ist es ratsam, auch eine Zeitschiene zur korrekten Erfassung der Chronologie der Ereignisse anzufertigen. Wenngleich die Sachverhaltsskizze sehr wichtig sein kann, sollte man sich nicht zu lange mit ihr aufhalten, damit man bei der rechtlichen Lösung nicht unnötig unter Zeitdruck gerät.

4.2 Die richtige Schwerpunktsetzung

Sobald der Sachverhalt hinreichend erfasst ist, sollte man sich die Schwerpunkte des Falles bewusst machen. Dafür ist es zunächst notwendig, dass man den Fall im einschlägigen Regelungsbereich des europäischen Wirtschaftsrechts verortet. Man sollte schnell erkennen, wenn die Hauptprobleme etwa im Bereich der Grundfreiheiten liegen.

> Es kommt immer auf die richtige Schwerpunktsetzung an.

Aber Vorsicht: Ein Fall kann auch mehrere Bereiche ansprechen. Zur Veranschaulichung dient folgendes **Beispiel**:

In Mitgliedstaat P behält sich die Regierung über die Satzung eines großen Energieunternehmens ein Vetorecht für den Fall vor, dass das Unternehmen von einem ausländischen Unternehmen übernommen werden soll und damit eine Gefährdung der nationalen Energieversorgungssicherheit verbunden ist. P begründet das Vetorecht damit, dass es vorliegend um Dienstleistungen von allgemeinem wirtschaftlichem Interesse gehe.

Im vorliegenden Beispiel ist sowohl der Anwendungsbereich der Grundfreiheiten als auch der des Wettbewerbsrechts eröffnet. Denn das Vetorecht könnte sowohl eine Verletzung der Niederlassungs- und Kapitalverkehrsfreiheit nach Art. 56, 63 AEUV darstellen als auch eine Verletzung der wettbewerbsrechtlichen Vorschrift des Art. 106 AEUV. Daher sollte man stets eine kurze gedankliche Prüfung sämtlicher in Frage kommender Rechtsgebiete vornehmen, bevor man sich auf das vermeintlich Naheliegendste stürzt.

Hat man die wesentlichen Probleme des Falles erkannt und eingeordnet, sollte daraufhin regelmäßig eine Lösungsskizze angefertigt werden. Allenfalls bei sehr kurzen Fällen kann hierauf gänzlich verzichtet werden. Hier kann der Bearbeiter zeigen, dass er die erlernten Fähigkeiten und das angehäufte Wissen der Materie auch anwenden kann. Im Rahmen der Lösungsskizze sollten wiederum die Schwerpunkte des Falles hervorgehoben werden. Nochmals: Die richtige Schwerpunktsetzung bildet ein sehr wichtiges Unterscheidungskriterium zwischen einer gelungenen und einer weniger gelungenen Lösung!

4.3 Die rechtliche Ausarbeitung

Die rechtliche Ausarbeitung stellt das Herzstück einer jeden Falllösung dar. Sachverhalte aus dem europäischen Wirtschaftsrecht können meist mit Hilfe einiger weniger Grundaufbaumuster gelöst werden. Bei den (häufiger vorkommenden) Fällen aus dem Primärrecht geht es meist um die Frage, ob ein Mitgliedstaat eine Norm des Unionsrechts verletzt hat. Dann empfiehlt sich folgende Herangehensweise:

Prüfung eines Falles aus dem Primärrecht

- Gibt es eine Kompetenznorm, welche das in Rede stehende Verhalten der Union, einem Mitgliedstaat oder gar dem internationalen Recht zuweist?
- Besteht vorrangiges Sekundärrecht oder wird das in Rede stehende Verhalten von einer Norm des Primärrechts erfasst?

- Ist der Anwendungsbereich dieser Norm eröffnet oder gibt es Bereichsausnahmen?
- Liegt ein Eingriff in den Schutzgehalt der Norm vor?
- Ist der Eingriff zu rechtfertigen?
- Rechtsfolge?

Bei Fallkonstellationen aus dem Sekundärrecht ergibt sich ein anderer gedanklicher Prüfungsaufbau:

Prüfung eines Falles aus dem Sekundärrecht

- Um welche Art von Sekundärrecht handelt es sich?
- Besteht eine abschließende Regelung oder hat der Mitgliedstaat einen Gestaltung- oder Umsetzungsspielraum?
- Hat der Mitgliedstaat ordentlich von diesem Gestaltungs- oder Umsetzungsspielraum Gebrauch gemacht?
- Rechtsfolge?

Wichtig ist dabei immer, bei den entscheidungsrelevanten Vorschriften den Tatbestand bzw. die Tatbestandsmerkmale der Norm zu erkennen, das heißt jene Merkmale, welche die Norm prägend definieren. Daraufhin sind diese Merkmale in einer rechtlich vertretbaren Weise auszulegen. Hier kann auch gezeigt werden, dass die zuvor erörterte Schwerpunktsetzung erfolgreich war. Konsequenz daraus ist, dass den Problemen des Falles der größte Teil der schriftlichen Ausarbeitung zukommt. Was sich hingegen als völlig unproblematisch darstellt wird lediglich kurz behandelt. Im Übrigen kommt es bei der Bearbeitung eines Falles überwiegend auf die Lösung materiell-rechtlicher Fragen an, prozessuale Probleme werden allenfalls am Rande berührt. Schließlich ist bei der Lösung nicht das Ergebnis entscheidend, sondern der Weg dorthin sowie eine juristisch vertretbare und gute Argumentation. Oft sind die Argumente hierfür im Sachverhalt schon angedeutet – diese gilt es dann an den entscheidenden Stellen der rechtlichen Ausarbeitung einzubringen.

Problematisches von Unproblematischem trennen

5. Wiederholungsfragen

1. Welchen Ursprung hat die Idee eines europäischen Marktes? Lösung S. 2
2. Was versteht man unter dem Begriff der europäischen Integration? Lösung S. 3
3. Was ist gemeint, wenn man vom »spill-over«-Effekt spricht? Lösung S. 4.
4. Was sind die wesentlichen Neuerungen im Unionsrecht seit Inkrafttreten des Lissabonner Vertrags? Lösung S. 6
5. Was ist europäisches Wirtschaftsrecht? Lösung S. 7
6. Wie lassen sich die einzelnen Regelungsbereiche des europäischen Wirtschaftsrechts untergliedern? Lösung S. 7
7. Worin besteht der wesentliche Unterschied zwischen dem europäischen Außenwirtschaftsrecht und anderen Bereichen des europäischen Wirtschaftsrechts? Lösung S. 8
8. Wie lautet der Dreisatz, der auf dem Weg zu einer erfolgreichen Falllösung verinnerlicht werden sollte? Lösung S. 9
9. Wie erfolgt der gedankliche Prüfungsaufbau bei einem primärrechtlich gelagerten Fall? Lösung S. 10
10. Wie erfolgt der gedankliche Prüfungsaufbau bei einem sekundärrechtlich gelagerten Fall? Lösung S. 11

Prinzipien und Grundlagen

1.	Europäische Wirtschaftsverfassung	14
2.	Schaffung eines Binnenmarktes	16
2.1.	Das Binnenmarktziel in den EU-Verträgen	16
2.2.	Rechtliche Ausgestaltung	17
2.3.	Spannungsfelder	19
3.	Akteure	21
4.	Kompetenzverteilung zwischen Union und Mitgliedstaaten	23
5.	Rechtsdurchsetzung	26
6.	Wiederholungsfragen	28

1. Europäische Wirtschaftsverfassung

Inzwischen ist man sich einig, dass bei jenem gesetzten und fortentwickelten Primärrecht, welches die Wirtschaftsordnung der EU festlegt, von einer europäischen Wirtschaftsverfassung gesprochen werden darf. Dies lässt auch die Überschrift des neuen Art. 119 AEUV erkennen. Die Frage nach der Ausrichtung dieser europäischen Wirtschaftsverfassung ist von erheblicher Bedeutung, weil eine Wirtschaftsverfassung über die Ordnung des gesamten Wirtschaftslebens entscheidet. Zudem sind einer Wirtschaftsverfassung meist Prinzipien zu entnehmen, welche sich in besonderen Regelungsbereichen des europäischen Wirtschaftsrechts wiederfinden und auch in der Fallbearbeitung zur Anwendung gebracht werden können.

Grundsätze

Art. 119 AEUV trägt die Überschrift »Europäische Wirtschaftsverfassung; Grundsätze«. Die Norm bezieht sich auf Art. 3 EUV (Ziele der Union) und konkretisiert diesen, indem sie in Art. 119 I AEUV den Auftrag der Einführung einer gemeinsamen Wirtschaftspolitik, welche neben dem Binnenmarktkonzept (dazu S. 16 ff.) den Grundsatz einer offenen Marktwirtschaft mit freiem Wettbewerb gerecht wird, festlegt.

Art. 119 Abs. 1 AEUV Europäische Wirtschaftsverfassung

> Die Tätigkeit der Mitgliedstaaten und der Union im Sinne des Artikels 3 des Vertrags über die Europäische Union umfasst nach Maßgabe der Verträge die Einführung einer Wirtschaftspolitik, die auf einer engen Koordinierung der Wirtschaftspolitik der Mitgliedstaaten, dem Binnenmarkt und der Festlegung gemeinsamer Ziele beruht und dem Grundsatz einer offenen Marktwirtschaft mit freiem Wettbewerb verpflichtet ist.

Die Vorschrift ist keine Kompetenznorm, sondern vielmehr eine Grundsatznorm der europäischen Wirtschaftsverfassung (*Geiger/Khan/Kotzur*, Art. 119 AEUV, Rdn. 2). Eine offene Marktwirtschaft und ein freier Wettbewerb sind die beiden tragenden Grundprinzipien. Die marktwirtschaftliche Ausrichtung der Wirtschaftspolitik wird in Art. 120 AEUV nochmals hervorgehoben. Dies bedeutet aber nicht, dass Eingriffe in den Markt überhaupt nicht zulässig sind – so betont auch Art. 3 III S. 2 EUV die Notwendigkeit der Entwicklung einer »sozialen« Marktwirtschaft. Daraus entsteht ein gewisses Spannungsverhältnis, welches letztlich durch richterliche Rechtsfortbildung im Einzelfall aufgelöst werden muss.

Vgl. EuGH *Echirolles Distribution (Buchpreisbindung)*, Slg. 2000, I-8224

Europäische Wirtschaftsverfassung und europäische Integration

Die Ausrichtung der heutigen europäischen Wirtschaftsverfassung ist stets im Zusammenhang mit der europäischen Integration, und hier vor allem mit der wirtschaftlichen Integration, zu sehen. So beruht die europäische Wirtschaftsverfassung auf dem Konzept der Integration. Denn ein Zusammenwachsen der Märkte wäre wohl kaum ohne die Verankerung der Grundprinzipien der freien Marktwirtschaft und des freien Wettbewerbs in den Verträgen zu erreichen. Diese Institutionalisierung der beschriebenen Markt- und Wettbewerbsausrichtung stärkt daher auch den Integrationsprozess.

Abgrenzung zur Währungsverfassung

Abzugrenzen von der Wirtschaftsverfassung ist die Währungsverfassung. Diese umfasst die Regelungen des Primärrechts über einen einheitlich vorgeschriebenen Währungsraum, über eine Europäischen Zentralbank (EZB) und über eine gemeinsamen Währung, welche später der Euro sein soll. Die damit verbundene Notwendigkeit einer koordinierten Währungspolitik ist in Art. 119 II AEUV festgelegt. Die Vorschriften über die Ausgestaltung der Währungspolitik im Einzelnen finden sich in Art. 127 ff. AEUV. Zur Verwirklichung der gemeinsamen Währung und des gemeinsamen Währungsraumes haben die Mitgliedstaaten der EU im Juli 1990 den Eintritt in die erste Stufe einer Wirtschafts- und Währungsunion (WWU) vollzogen. Mit der zweiten Stufe im Januar 1994 wurde dann das Europäische Währungsinstitut gegründet. Die Mitgliedstaaten, die die Voraussetzungen für die Einführung einer gemeinsamen Währung erfüllen, sind im Januar 1999 in die dritte Stufe eingetreten. Diese Staaten bilden auch die sog. Euro-Gruppe.

Ziel eines gemeinsamen Währungsraumes mit einer gemeinsamen Währung

Da die Gewährleistung der Stabilität einer gemeinsamen Währung verbindliche Rahmenregeln erfordert, wurde schon direkt nach der Gründung der Währungsunion im Maastrichter Vertrag von 1992 der sog. Stabilitäts- und Wachstumspakt beschlossen. Dieser erlaubt den Mitgliedstaaten eine jährliche Neuverschuldung von bis zu max. 3 % und einen Gesamtschuldenstand von max. 60 % des Bruttoinlandsprodukts. Weil jedoch zum einen die Aufnahme neuer Staaten in die Eurozone in der Vergangenheit nicht hinreichend geprüft wurde, und zum anderen die Sanktionsmechanismen des Stabilitäts- und Wachstumspakts sich als ineffektiv erwiesen, lief der Euro in den letzten Jahren gleichwohl die Gefahr an Stabilität einzubüßen. Dies verdeutlichte vor allem das lange Ringen um das hochverschuldete Griechenland.

Stabilitäts- und Wachstumspakt

2. Schaffung eines Binnenmarktes

Das Ziel der Schaffung eines Binnenmarktes kann als Ausgangspunkt zum Verständnis des europäischen Wirtschaftsrechts verstanden werden. Das Binnenmarktziel entstand 1985 infolge der Unterzeichnung der Einheitlichen Europäischen Akte (EEA). Zur Konkretisierung dieses Ziels erließ die Kommission im selben Jahr ein »Weißbuch über die Vollendung des Binnenmarktes«, welches auch etliche Vorschläge im Hinblick auf die Umsetzung des neuen Konzepts enthält. Mit der Vollendung des Binnenmarktes soll schließlich die wirtschaftliche Integration abgeschlossen und somit die europäische Integration insgesamt auf eine höhere Stufe gehoben werden.

DER MARKT IM MARKT

2.1. Das Binnenmarktziel in den EU-Verträgen

Der Auftrag zur Schaffung eines Binnenmarktes findet sich heute explizit in Art. 3 III S. 1 EUV.

Art. 3 Abs. 3 EUV

Ziele der Union

(3) Die Union errichtet einen Binnenmarkt. ...

Die Norm ist mehr als ein bloßer Programmgrundsatz, aus ihr lassen sich vielmehr Richtung und Rahmen für das Handeln der Union herleiten (*Geiger/Khan/Kotzur*, Art. 3 EUV, Rdn. 2). Das Binnenmarktziel stand lange Zeit dem Auftrag der Union zur Errichtung eines Gemeinsamen Marktes gegenüber – da jedoch mit dem Lissabonner Vertrag auf die Erwähnung des Gemeinsamen Marktes in den Verträgen verzichtet wurde, ist der Streit um die Abgrenzung dieser beiden Figuren heute gegenstandslos geworden.

Der Auftrag zum Erlass der zur Verwirklichung des Binnenmarktes erforderlichen Vorschriften enthält dann Art. 26 I AEUV.

Eine Legaldefinition des Binnenmarktes folgt unmittelbar daraufhin in Art. 26 II AEUV, wonach der Binnenmarkt »einen Raum ohne Binnengrenzen umfasst, in dem der freie Verkehr von Waren, Personen, Dienstleistungen und Kapital gemäß den Bestimmungen der Verträge gewährleistet ist«. Konsequenz daraus ist vor allem die Notwendigkeit der Beseitigung von Handelshemmnissen und Wettbewerbsverfälschungen zwischen den Mitgliedstaaten.

Binnenmarkt ist ein Raum ohne Binnengrenzen mit der Gewährleistung freier grenzüberschreitender Transaktionen.

2.2. Rechtliche Ausgestaltung

Da das Binnenmarktziel wie soeben erwähnt mehr als ein unverbindlicher Grundsatz des Primärrechts ist, bedarf es einer rechtlichen Fortentwicklung und konkreten Ausgestaltung des Binnenmarktkonzepts im Unionsrecht.

Verbindlicher Auslegungsgrundsatz

Zunächst dient das Binnenmarktziel im Unionsrecht als allgemeiner Auslegungsgrundsatz. Dies gilt zunächst insofern, als dass die Ermessensspielräume der Unionsorgane bei Fragen mit grundsätzlicher Bedeutung für den Binnenmarkt begrenzt werden (allgemein EuGH *Frankreich/VK*, Slg. 1979, 2940). Die Unionsorgane müssen also bei den ihnen zur Verfügung stehenden Handlungsalternativen prüfen, ob diese mit dem Binnenmarktziel vereinbar sind. Als Auslegungshilfe kommt dem Binnenmarktgrundsatz vor allem in den Bereichen eine große Bedeutung zu, in welchen der Schaffung eines Binnenmarktes immanent Ausdruck verliehen wurde. Dies gilt namentlich für die Vorschriften über die Grundfreiheiten des AEU-Vertrages, welchen in erheblichem Maße eine Marktöffnungsfunktion zugesprochen wird.

Konkretisierung durch Verbotsnormen

Die Schaffung eines Binnenmarktes kann wie bereits angesprochen dadurch realisiert werden, dass Handelshemmnisse und Wettbewerbsverfälschungen beseitigt werden. Handelshemmnisse sind in der Vergangenheit hauptsächlich durch die Mitgliedstaaten errichtet worden. Einer solch protektionistischen Politik liegt meist die Befürchtung zu Grunde, dass eine unionsweite Marktöffnung für die einheimische

Prinzipien und Grundlagen

Verwirklichung des Binnenmarktes durch Verbotsnormen nennt man auch negative Integration.

Wirtschaft, vor allem den besonders sensiblen Branchen, schadhaft sein könnte. Die von den Mitgliedstaaten errichteten Handelshemmnisse- oder Hindernisse können beseitigt werden, indem Normen eingeführt werden, die den Mitgliedstaaten Eingriffe in die Freiheit grenzüberschreitender Transaktionen verbieten. Diese Art der Durchsetzung des Binnenmarktziels nennt man auch »negative Integration« (vgl. auch S. 130).

Im AEU-Vertrag stellen die Grundfreiheiten die mit Abstand wichtigste Kategorie dieser Verbotsnormen dar.

Neben dem Abbau von Handelshemmnissen bildet auch die Verhinderung von Wettbewerbsverfälschungen Gegenstand von Verbotsnormen. Bei einer näheren Betrachtung der Vorschriften des AEU-Vertrages fällt auf, dass diese Normen jedoch weitaus weniger Raum einnehmen als die Grundfreiheiten. Daraus geht hervor, dass der Unionsgesetzgeber dem Abbau von Handelshemmnissen die größere Bedeutung im Rahmen der Verwirklichung des Binnenmarktziels zugemessen hat. Auffallend ist im Übrigen auch, dass die Grundfreiheiten die entsprechenden Verbote zunächst nur gegenüber den Mitgliedstaaten aussprechen, während die Vorschriften hinsichtlich des Schutzes vor Wettbewerbsverfälschungen vor allem auch an Private adressiert sind.

Harmonisierung

Als Gegenstück zu den an vorangegangener Stelle beschriebenen Verbotsnormen dient dem Binnenmarktkonzept dann die Harmonisierung, sprich die Rechtsangleichung innerhalb der Europäischen Union. Die unionsweite Angleichung von Rechtsvorschriften wird deshalb auch »positive Integration« genannt (vgl. auch S. 130).

Art. 114 AEUV als zentrale Kompetenznorm zur Verwirklichung des Binnenmarktes durch Rechtsangleichung

Den Grad der wirtschaftlichen Integration kann man unter anderem am Stand der Harmonisierung bemessen. Dieser Prozess kann jedoch nicht beliebig vorangetrieben werden – Harmonisierung ist insofern schließlich kein reiner Selbstzweck, sondern soll der Schaffung eines Binnenmarktes dienen. Normativ ist dies in Art. 114 I S. 2 AEUV festgelegt. Die Regelung des Art. 114 AEUV stellt die allgemeine Kompetenznorm des Unionsrechts auf dem Gebiet der Rechtsangleichung dar. Harmonisierungsmaßnahmen zur Angleichung der Rechts- und Verwaltungsvorschriften der Mitgliedstaaten können nach S. 2 der Vorschrift erlassen werden, wenn sie die Errichtung oder das Funktionieren des Binnenmarktes zum Gegenstand haben. Zu beachten ist, dass spezielle Kompetenznormen Vorrang vor Art. 114 AEUV haben. Art. 115 AEUV, welcher die Rechtsangleichung mit unmittelbarer Auswirkung auf den Binnenmarkt betrifft, ist indes subsidiär, da dieser nach der Rechtsprechung nur noch den Anwendungsbereich des Art. 114 II AEUV erfasst (vgl. EuGH *Spanien/Rat*, Slg. 1995, I-1985).

2.3. Spannungsfelder

So wichtig die Verwirklichung des Binnenmarktes im Prozess der wirtschaftlichen Integration auch sein mag, steht sie trotzdem neben anderen Zielen der Union. Zudem kann das Binnenmarktkonzept auch in Konflikt mit Regelungen des mitgliedstaatlichen Rechts geraten.

Konflikte mit anderen Vertragszielen

Konflikte zwischen dem Binnenmarkt und anderen Vertragszielen sind keinesfalls reine Theorie. Es ist anerkannt, dass es in vielen Lebensbereichen zu Widersprüchen zwischen dem Binnenmarktziel anderen Zielen der Union kommen kann. In diesen Fällen empfiehlt es sich, zunächst zu untersuchen, welches Ziel mit dem in Rede stehenden Sachverhalt die engsten Berührungspunkte aufweist und somit im Konfliktfall den Vorrang erhalten könnte. Lässt sich ein solcher Schwerpunkt nicht feststellen, sind die betroffenen Vertragsziele im Rahmen eines schonenden Ausgleichs miteinander in Einklang zu bringen. Das ergibt sich schon daraus, dass die in Art. 3 EUV genannten Ziele zunächst im Rang gleichstehen (*Geiger/Khan/Kotzur*, Art. 3 EUV, Rdn. 2).

Als Beispiele für solch potentielle Konfliktfelder mit dem Binnenmarkt können folgende Vertragsziele genannt werden: Der Umweltschutz nach Art. 11, 191 AEUV, der Verbraucherschutz nach Art. 12, 169 AEUV oder auch soziale Ziele, wie etwa die Vollbeschäftigung und der soziale Fortschritt nach Art. 3 III EUV.

Soziale Dimension des Binnenmarktes

Dass der Binnenmarkt eine soziale Dimension hat, ist inzwischen weitgehend anerkannt, weshalb die Union sozialpolitische Aspekte bei der Weiterentwicklung des Binnenmarktes zu berücksichtigen hat (EuGH *Kommission/Luxemburg*, Slg. 2008, I-4323).

Konflikte mit mitgliedstaatlichem Recht

Es wurde bereits gesagt, dass die Mitgliedstaaten oftmals andere Vorstellungen von der Gestaltung der rechtlichen Rahmenbindungen unternehmerischer Transaktionen haben als es die europäische Wirtschaftsordnung vorsieht. Mitgliedstaatliches Recht kann dann dem Binnenmarktziel zuwiderlaufen.

Prinzipien und Grundlagen

Anwendungsvorrang des Unionsrechts vor entgegenstehendem mitgliedstaatlichem Recht

In diesen Fällen gilt zunächst der Grundsatz des Anwendungsvorrangs des Unionsrechts nach Art. 4 III UAbs. 2 EUV (»effet utile«). Das Binnenmarktziel oder Regelungen des Unionsrechts, welche Ausprägungen dieses Ziels sind, gehen insofern entgegenstehenden nationalen Vorschriften vor.

Dies bedeutet indes nicht, dass den Mitgliedstaaten überhaupt kein Freiraum mehr verbleibt, um ihren nationalen Interessen bei der Regelung grenzüberschreitender wirtschaftlicher Sachverhalte gegenüber dem Binnenmarktkonzept Geltung zu verleihen. Denn auf der anderen Seite finden die Belange der Mitgliedstaaten in vieler Hinsicht Berücksichtigung. Dies gilt etwa bei der Möglichkeit der Rechtfertigung von Eingriffen in die Grundfreiheiten des AEU-Vertrages oder im Falle der vielen Ausnahmetatbestände des europäischen Wettbewerbsrechts. Der Unionsgesetzgeber hat hier Optionen geschaffen, gegenläufige Interessen zwischen Union und Mitgliedstaaten in Ausgleich zu bringen und somit das Ziel der Verwirklichung des Binnenmarktes mit Augenmaß zu verfolgen.

3. Akteure

Um die Sachverhalte des europäischen Wirtschaftsrechts erfassen zu können, muss man jene Akteure kennen, welche Transaktionen gestalten, auf diese Einfluss haben oder Adressaten der Regelungen des europäischen Wirtschaftsrechts sind.

Mitgliedstaaten

Die Mitgliedstaaten zählen schon deshalb zu den wichtigsten Akteuren des europäischen Wirtschaftsrechts, weil sie die Hauptadressaten vieler zentraler Vorschriften sind. So richten sich die Grundfreiheiten dem Wortlaut nach zunächst an die Mitgliedstaaten, sie sind die Adressaten der jeweiligen Verbotsnormen.

Dies erscheint konsequent; sind es doch die Mitgliedstaaten bzw. deren Einrichtungen der öffentlichen Hand, welche nach nationalem Recht die Befugnisse haben, in grenzüberschreitende Transaktionen einzugreifen und hiervon in der Vergangenheit auch rege Gebrauch gemacht haben. Die Mitgliedstaaten können freilich auch selbst als Akteure auf dem Markt auftreten. So bleibt es einem Unternehmen, welches mehrheitlich von der öffentlichen Hand beherrscht wird, unbenommen, auf dem Markt aktiv zu sein. Ein solches Unternehmen genießt dann den gleichen Schutz wie ein privates Unternehmen.

Mitgliedstaaten als Hauptadressaten der Regelungen des europäischen Wirtschaftsrechts

Unionsorgane

Ebenfalls zu den zentralen Akteuren des europäischen Wirtschaftsrechts gehören dann die Organe der Union. Dazu zählen insbesondere die Europäische Kommission, der Rat, das Europäische Parlament sowie der Europäische Gerichtshof. Vermehrt an Bedeutung gewinnt auch die ansteigende Zahl europäischer Behörden, wie etwa die sog. »Agenturen«, welche selbständige Verwaltungseinheiten des Unionseigenverwaltungsrechts darstellen und denen meist die Kompetenz zur Regelung eines bestimmten wirtschaftlichen Bereiches übertragen wurde.

Das wichtigste Organ stellt jedoch immer noch die Europäische Kommission dar. Die Kommission hat zum einen nach Art. 288, 290 AEUV eine Kompetenz zur Rechtssetzung. Nicht zuletzt deshalb kommt der Kommission beim Vorantreiben der Harmonisierung auf dem Weg zur Vollendung des Binnenmarktes eine Schlüsselfunktion zu. Zum anderen überwacht und sanktioniert die Kommission die Einhaltung bestehender Vorschriften. Sie ist insofern nach Art. 258 AEUV auch befugt, ein Vertragsverletzungsverfahren gegen einen Mitgliedstaat einzuleiten.

Private

Schließlich sind als Akteure des europäischen Wirtschaftsrechts natürlich auch die Privaten zu nennen. Unter Privaten versteht man in diesem Kontext die Gesamtheit aller am Wirtschaftsverkehr teilnehmenden natürlichen und juristischen Personen. Private sind quantitativ betrachtet sogar die Hauptakteure bei grenzüberschreitenden Transaktionen in der EU, da die mit Abstand meisten Wirtschaftsteilnehmer natürliche oder juristische Personen des Privatrechts sind.

Anders ist hingegen die Frage zu beurteilen, ob Private zum Adressatenkreis der Regelungen des europäischen Wirtschaftsrechts fallen.

Unmittelbare Drittwirkung des europäischen Wirtschaftsrechts unter Privaten ist umstritten.

Die Thematik ist auch unter dem Problem der »unmittelbaren Drittwirkung« bekannt. Während sich die Grundfreiheiten mit Ausnahme der Arbeitnehmerfreizügigkeit ihrem Wortlaut nach an die Mitgliedstaaten richten, ist eine Einbeziehung der Interessen Privater im europäischen Wettbewerbsrecht schon eher gegeben (vgl. zur Problematik ausführlich S. 35 ff.).

4. Kompetenzverteilung zwischen Union und Mitgliedstaaten

Um die Rechte und Pflichten von Mitgliedstaaten und Union bei der Gestaltung der Rahmenbedingen des grenzüberschreitenden Wirtschaftsverkehrs in der EU bestimmen zu können, bedarf es der Zuweisung dieser Rechten und Pflichten durch Kompetenznormen.

Ausdrückliche Kompetenzzuweisungen

Eine klare Kompetenzverteilung zwischen Union und Mitgliedstaaten lässt sich am einfachsten durch eine ausdrückliche Zuweisung von Kompetenzen erreichen. Es wird in Art 2 ff. AEUV zwischen ausschließlichen, geteilten, koordinierenden und unterstützenden Kompetenzen unterschieden, wobei die ersten zwei die wichtigsten Kompetenzarten darstellen. Besitzt die Union in einem Bereich eine ausschließliche Kompetenz, so darf nach Art 2 I AEUV nur sie tätig werden und verbindliche Rechtsakte erlassen. Im Bereich des europäischen Wirtschaftsrechts hat die Union etwa eine ausschließliche Kompetenz für die Gestaltung der Zollunion (Art. 3 I lit. a AEUV), für die Festlegung der für das Funktionieren des Binnenmarktes erforderlichen Wettbewerbsregeln (Art. 3 I lit. b AEUV) oder für die gemeinsame Handelspolitik (Art. 3 I lit. e AEUV). Geteilte Kompetenzen bestehen etwa für die Ausgestaltung des Binnenmarktes (Art. 4 II lit. a AEUV) oder für den Verbraucherschutz (Art. 4 II lit. f AEUV). In diesen Fällen löst das Kriterium der materiellen Vereinbarkeit die Kollision auf. Besteht überhaupt keine Kompetenzzuweisung an die Union, verbleiben die Kompetenzen nach Art. 4 I EUV bei den Mitgliedstaaten.

Subsidiaritätsprinzip

Sofern in einem Bereich keine ausdrückliche Kompetenzzuweisung existiert, greift der Grundsatz der begrenzten Einzelermächtigung und der Subsidiarität nach Art 5 EUV.

Begrenzte Einzelermächtigung; Subsidiarität Art. 5 EUV

(1) Für die Abgrenzung der Zuständigkeiten der Union gilt der Grundsatz der begrenzten Einzelermächtigung. Für die Ausübung der Zuständigkeiten der Union gelten die Grundsätze der Subsidiarität und der Verhältnismäßigkeit.
(2) Nach dem Grundsatz der begrenzten Einzelermächtigung wird die Union nur innerhalb der Grenzen der Zuständigkeiten tätig, die die Mitgliedstaaten ihr in den Verträgen zur Verwirklichung der darin nie-

dergelegten Ziele übertragen haben. Alle der Union nicht in den Verträgen übertragenen Zuständigkeiten verbleiben bei den Mitgliedstaaten.

(3) Nach dem Subsidiaritätsprinzip wird die Union in den Bereichen, die nicht in ihre ausschließliche Zuständigkeit fallen, nur tätig, sofern und soweit die Ziele der in Betracht gezogenen Maßnahmen von den Mitgliedstaaten weder auf zentraler noch auf regionaler oder lokaler Ebene ausreichend verwirklicht werden können, sondern vielmehr wegen ihres Umfangs oder ihrer Wirkungen auf Unionsebene besser zu verwirklichen sind.

...

Subsidiaritätsgrundsatz und Prinzip der begrenzten Einzelermächtigung

Begrenzte Einzelermächtigung und Subsidiarität können also wie folgt voneinander abgegrenzt werden: Das Prinzip der begrenzten Einzelermächtigung bestimmt, dass die Union nicht ohne Zuständigkeits- oder Kompetenzzuweisung tätig werden darf; der Subsidiaritätsgrundsatz stellt darüber hinaus das Gebot auf, dass ohne eine ausschließliche Zuständigkeit der Union unter den Voraussetzungen des Art. 5 II EUV im Zweifel die Mitgliedstaaten zuständig sind. Er wird somit vor allem in Bereichen geteilter Zuständigkeiten relevant.

Diese beiden Grundsätze nehmen im europäischen Wirtschaftsrecht eine besonders wichtige Rolle ein. Denn der Unionsgesetzgeber beruft sich bei der Frage der Zulässigkeit von Harmonisierungsmaßnahmen recht oft auf Art. 114 AEUV, auch wenn der Binnenmarktbezug auf den ersten Blick nicht erkennbar ist. Sollte indes ein Binnenmarktbezug i.S.d. Art. 114 AEUV de facto nicht bestehen, greift der Grundsatz der begrenzten Einzelermächtigung und der Subsidiarität. Aber auch im Primärrecht gibt es vereinzelt Bestrebungen, aus gesetzgeberischer Sicht »verunglückte« Normen über deren Wortlaut hin im Nachhinein recht weit auszulegen, was dann entgegen Art. 5 EUV mit einer faktischen Kompetenzerweiterung der Union verbunden sein kann.

Beispiel:

Die Union erlässt im Wege einer Richtlinie ein umfassendes Verbot zur Tabakwerbung in Rundfunk- und Fernsehwerbungen. Gestützt wird die Richtlinie auf Art. 114 AEUV.

Dieser Fall verdeutlicht die zuvor geschilderte Problematik. Zwar können Aspekte des Gesundheitsschutzes nach Art. 168 AEUV auch im Rahmen von Maßnahmen über das Funktionieren des Binnenmarktes nach Art. 114 AEUV Berücksichtigung finden. Die Union muss indes dafür vorliegend darlegen, warum der Gesundheitsschutz konkret nicht ebenso durch die Mitgliedstaaten gewährleistet werden kann. Andernfalls ist es vertretbar, ein Verstoß gegen den Subsidiaritätsgrundsatz anzunehmen.

Prüfungsmuster zur Kompetenzverteilung
Ausdrückliche Kompetenzzuweisung
⇩
Ausschließliche Kompetenz der Union
⇩
Geteilte Kompetenz
⇩
Subsidiaritätsprinzip gewahrt
⇩
Prinzip der begrenzten Einzelermächtigung

5. Rechtsdurchsetzung

Die Vorgaben des europäischen Wirtschaftsrechts verleihen Unionsorganen und Mitgliedstaaten zum einen diverse Eingriffs- und Regelungsbefugnisse, eröffnen aber zum anderen Privaten auch erhebliche Handlungsspielräume zur Verwirklichung ihrer Marktfreiheiten. Zur effektiven Wirksamkeit der durch die EU-Verträge verliehenen Rechte bedarf es aber auch der Möglichkeit der Durchsetzung derselben.

Rechtsdurchsetzung vor Unionsstellen und Gerichten

Verfahrensrechtlich kann die Einhaltung der Regelungen des europäischen Wirtschaftsrechts zunächst über den Weg zu den Unionsstellen- und Gerichten durchgesetzt werden. In manchen Regelungsbereichen fungiert die Europäische Kommission als Spruchkörper mit echtem Judikativcharakter. Dies ist beispielsweise im Bereich des Europäischen Beihilferechts der Fall, welches ein eigenes Verfahren für Beschwerden Privater an die Kommission vorsieht. Zudem existieren viele eigene Beschwerdekammern, bei welchen das Handeln der bereits angesprochenen europäischen Agenturen überprüft werden lassen kann.

Der wichtigste Weg zur Überprüfung der Einhaltung der Vorschriften des europäischen Wirtschaftsrechts führt jedoch zum Europäischen Gerichtshof. Seine Rechtsprechung wird auch als »Motor der Integration« bezeichnet.

Die Rechtsprechung des Europäischen Gerichtshofes als Motor der Integration

Nach Art. 258 AEUV kann zunächst die Kommission ein Vertragsverletzungsverfahren beim EuGH gegen einen Mitgliedstaat einleiten, wenn diesem ein Verstoß gegen Unionsrecht vorgeworfen wird. Mitgliedstaaten und Private (Letztere wenn sie direkt und unmittelbar betroffen sind) können im Wege der Nichtigkeitsklage nach Art. 263 AEUV die unmittelbare Überprüfung von Rechtsakten der EU auf deren Vereinbarkeit mit Unionsrecht verlangen. Schließlich räumt das Vorabentscheidungsverfahren die Möglichkeit ein, durch Vorlage einer abstrakten Rechtsfrage, welche entscheidungserheblicher Gegenstand eines anhängigen Rechtsstreits vor einem nationalen Gericht ist, Unklarheiten hinsichtlich der unionsrechtskonformen Auslegung dieser Rechtsfrage durch den EuGH klären zu lassen.

Rechtsdurchsetzung vor mitgliedstaatlichen Behörden und Gerichten

Oftmals wird vergessen, dass die Vorschriften des Unionsrechts auch vor mitgliedstaatlichen Behörden und Gerichten durchgesetzt werden können. Wenngleich hier im Einzelnen vieles umstritten ist, folgt doch nach überwiegender Auffassung aus dem Anwendungsvorrang des Unionsrechts aus Art. 4 III UAbs. 2 AEUV auch eine umfassende Pflicht zur Befolgung dieses Anwendungsvorrangs durch nationale Behörden und Gerichte. Dies bedeutet, dass nationale Behörden und Gerichte in laufenden Verfahren nationales Recht insoweit nicht oder nur modifiziert anwenden dürfen, als dass eine der nationalen Regelung vorgehende unionsrechtliche Vorschrift entgegensteht.

Ein Beispiel dafür stellt die Prüfung des Vertrauensschutzes nach § 48 VwVfG bei der Rückforderung rechtswidrig gewährter Beihilfen dar – hier ist der Vertrauensschutz des Betroffenen im Hinblick auf das Behalten-Dürfen der Beihilfe in der Regel wegen des Anwendungsvorrangs des Unionsrechts zu verneinen (vgl. auch S. 113 ff.).

Modifizierung nationaler Regelungen durch den »effet utile«

6. Wiederholungsfragen

1. Woraus lässt sich die Existenz einer europäischen Wirtschaftsverfassung ableiten? Lösung S. 14
2. Wie erfolgt die Abgrenzung von europäischer Wirtschaftsverfassung und Währungsverfassung? Lösung S. 15
3. Wie ist das Binnenmarktziel im Unionsrecht konkret ausgestaltet? S. 16 ff.
4. Was versteht man unter positiver, was unter negativer Integration? Lösung S. 18
5. Wie können Spannungsfelder zwischen Binnenmarktziel und anderen Vertragszielen gelöst werden? Lösung S. 19 f.
6. Was versteht man unter »effet utile«? Lösung S. 20
7. Worin unterscheiden sich die Akteure des europäischen Wirtschaftsrechts, wenn es um die Frage der unmittelbaren Anwendbarkeit von Unionsvorschriften geht? Lösung S. 22
8. Was besagt das Subsidiaritätsprinzip? Lösung S. 23
9. Was sind die wichtigsten Verfahrensarten zur Durchsetzung des europäischen Wirtschaftsrechts vor dem EuGH? Lösung S. 26

Die Grundfreiheiten des AEU-Vertrages

1.	**Bedeutung und Funktion**	**30**
1.1.	Tragende Säulen zur Verwirklichung des Binnenmarktes	30
1.2.	Funktionen	30
1.3.	Grundfreiheiten und Grundrechte	32
2.	**Anwendungsbereich und Prüfungsaufbau**	**34**
2.1.	Berechtigte	34
2.2.	Verpflichtete	35
2.3.	Prüfungsreihenfolge: Schutzbereich – Eingriff – Rechtfertigung	37
3.	**Warenverkehrsfreiheit**	**42**
3.1.	Anwendungsbereich	43
3.2.	Das Verbot mengenmäßiger Beschränkungen	43
3.3.	Das Verbot von Maßnahmen gleicher Wirkung	43
3.4.	Rechtfertigung	46
4.	**Arbeitnehmerfreizügigkeit**	**50**
4.1.	Anwendungsbereich	51
4.2.	Schutzgehalt	52
4.3.	Bereichsausnahme und Rechtfertigung	54
5.	**Niederlassungsfreiheit**	**56**
5.1.	Anwendungsbereich	57
5.2.	Beschränkungen	60
5.3.	Rechtfertigung	61
6.	**Dienstleistungsfreiheit**	**66**
6.1.	Anwendungsbereich	67
6.2.	Beschränkungen	69
6.3.	Rechtfertigung	71
7.	**Kapitalverkehrsfreiheit**	**74**
7.1.	Anwendungsbereich	75
7.2.	Beschränkungen	77
7.3.	Rechtfertigung	79
8.	**Das allgemeine Diskriminierungsverbot**	**82**
9.	**Wiederholungsfragen**	**86**

1. Bedeutung und Funktion

Mit den Grundfreiheiten des AEU-Vertrages widmet sich dieses Kapitel dem ersten und wohl auch wichtigsten Bereich der materiellen Gewährleistung der europäischen Wirtschaftsverfassung und des Binnenmarktes.

1.1. Tragende Säulen zur Verwirklichung des Binnenmarktziels

Die Grundfreiheiten des AEU-Vertrages gelten als die tragenden Säulen zur Verwirklichung des Binnenmarktziels. Der Binnenmarkt soll einen Raum darstellen, in welchem Waren, Güter, Dienstleistungen und Kapital frei zirkulieren können und Handelshemmnisse soweit es geht beseitigt werden. Da der Binnenmarkt Binnengrenzen zwischen den Mitgliedstaaten beseitigen will, erscheint es konsequent, dass aus dem Wortlaut der Grundfreiheiten hervorgehend (»... zwischen den Mitgliedstaaten«; vgl. z.B. Art. 34 AEUV) nur grenzüberschreitende Sachverhalte erfasst sein sollen.

Die Grundfreiheiten leisten einen wesentlichen Beitrag zur Vollendung des Binnenmarktes, indem sie Verbote für die Errichtung von Handelshindernissen hinsichtlich der freien Zirkulation von Waren, Güter, Dienstleistungen und Kapital aufstellen. Sie stellen daher auch die wichtigste Kategorie von Verbotsnormen zur Erreichung der negativen Integration dar und sind folglich auch unmittelbar anwendbar. Da die Gewährleistung der Reduzierung des Abbaus von Handelshemmnissen zu den für das Funktionieren des Binnenmarktes erforderlichen Wettbewerbsregeln gehört, hat die Union gem. Art. 3 I lit. b) AEUV auch die ausschließliche Kompetenz zum Erlass derartiger primärrechtlicher Verbotsnormen in Gestalt der Grundfreiheiten.

1.2. Funktionen

Den Grundfreiheiten wurden im Laufe der Zeit verschiedene Funktionen zur Erreichung des Binnenmarktziels zugeschrieben. Diese Funktionen entwickelten sich allesamt sowohl aus der Auslegung der Verträge als auch aus der höchstrichterlichen Rechtsprechung des EuGH heraus. Ausgangspunkt der Rechtsprechung des Gerichtshofes waren dabei meist Urteile zur Warenverkehrsfreiheit nach Art. 34 AEUV. Ausgehend von den zur Warenverkehrsfreiheit entwickelten

Grundsätzen erfolgte dann von Zeit zu Zeit eine Übertragung dieser Grundsätze auch auf die anderen Freiheiten. Inwiefern diese Funktionen allen Grundfreiheiten gleichermaßen zukommen, ist noch umstritten. Sofern man dies aber annimmt, wird auch von der »Konvergenz« der Grundfreiheiten gesprochen.

Übertragung von Funktionen und Grundsätzen von einer auf alle anderen Freiheiten nennt man »Konvergenz«.

Diskriminierungsverbote

Zunächst enthalten alle Grundfreiheiten das Verbot der Diskriminierung ausländischer Wirtschaftsgüter gegenüber solchen aus dem Inland. Kein Mitgliedstaat darf somit seine nationalen Regelungen derart ausgestalten, dass Wirtschaftsgüter aus einem anderen Mitgliedstaat diskriminiert werden. Erfasst sind sowohl Ungleichbehandlungen in Bezug auf die Staatsangehörigkeit einer Person – soweit diese vom Anwendungsbereich einer Freiheit erfasst ist – als auch auf die Herkunft eines Unternehmens oder eines Wirtschaftsguts.

Zu unterscheiden ist weiter zwischen »offenen« und »versteckten« Diskriminierungen. Offene Diskriminierungen sind solche, die ausdrücklich an das Kriterium der Staatsangehörigkeit oder der Herkunft anknüpfen. Bei versteckten Diskriminierungen ist dies zwar nicht der Fall, eine faktische Ungleichbehandlung zwischen in- und ausländischen Personen oder Wirtschaftsgütern ist auf Grund der Wirkungsweise der Regelung dennoch gegeben. Auf Grund des Gebots der effektiven Wirksamkeit des Unionsrechts sind beide Formen der Diskriminierungen vom Diskriminierungsverbot der Grundfreiheiten erfasst.

Erfasst sind sowohl offene als auch versteckte Diskriminierungen.

Marktöffnungsrechte

Neben dem Verbot der Diskriminierung sind die Grundfreiheiten gleichzeitig auch Marktöffnungsrechte. Denn mit dem Verbot der Errichtung von grenzüberschreitenden Handelshindernissen ist automatisch eine Öffnung der nationalen Märkte für einen freien, unionsweiten Wirtschaftsverkehr verbunden. Durch die Grundfreiheiten soll sowohl Marktteilnehmern als auch Wirtschaftsgütern freier Zugang zu den Märkten der anderen Mitgliedstaaten ermöglicht werden. Die Abschottung der nationalen Märkte wäre mit dem Binnenmarktkonzept unvereinbar.

Zu beachten ist aber, dass die Grundfreiheiten de facto nur Marktöffnung und Marktzutritt an sich gewährleisten. Sobald der Zugang zum Markt erfolgt ist, kommt den Grundfreiheiten zunächst einmal keine weitere unmittelbare Funktion zu. Die einzelnen Regelungen über das

Marktverhalten der Akteure betreffen dann den Markt als Ganzen und somit auch jeden Akteur gleich. Eine Ausweitung der Grundfreiheiten bis hin zu einer Kontrolle des Marktverhaltens würde konturenlos erscheinen und einem Verbot jeglicher Form der Marktsteuerung gleichkommen.

Umfassende Beschränkungsverbote

Zu den umstrittensten Aspekten bezüglich der Funktionen der Grundfreiheiten zählte lange Zeit die Frage, inwieweit die Freiheiten auch umfassende Beschränkungsverbote darstellen. Bei einem umfassenden Beschränkungsverbot wird auf die Merkmale der Diskriminierung und der Marktöffnung verzichtet. Umfassende Beschränkungsverbote erfassen jede Form der Beeinträchtigung des unionsweiten Wirtschaftsverkehrs. Voraussetzung ist, dass eine Maßnahme, die zwar unterschiedslos für in- und ausländische Personen und Wirtschaftsgüter gilt, trotzdem den unionsweiten Handel unmittelbar, mittelbar oder tatsächlich behindert (EuGH *Dassonville*, Slg. 1974, 153).

Die Grundfreiheiten enthalten ein umfassendes Beschränkungsverbot, welches auch nichtdiskriminierende Maßnahmen erfasst.

Das erscheint konsequent, da auch solche Maßnahmen die grenzüberschreitende wirtschaftliche Entfaltung behindern und somit den Binnenmarkt beeinträchtigen können. Das Beschränkungsverbot knüpft insofern an das »Herkunftslandprinzip« an, wonach grenzüberschreitenden Transaktionen keine Handelshemmnisse entgegenstehen dürfen, wenn die Anforderungen des Herkunftsstaats erfüllt sind.

Herkunftslandsprinzip

Jedoch hat der Gerichtshof in der Folge erkannt, dass die strenge Anwendung der hieraus entwickelten »Dassonville«-Formel zu einer uferlosen Überprüfung mitgliedstaatlicher Vorschriften führen würde, da jede regulierende Norm den unionsweiten Wirtschaftsverkehr potentiell beeinträchtigen könnte. Er hat deshalb einige Zeit später in einer weiteren Entscheidung nationale Regelungen in Verkauf- und Produktmodalitäten eingeteilt und befunden, dass Verkaufsmodalitäten dann keine Verletzung der Grundfreiheiten darstellen, wenn diese gleichermaßen für aus- und inländische Sachverhalte gelten (EuGH *Keck und Mithouard*, Slg. 1993, I-6097; vgl. ausführlich zur Problematik S. 44 ff.).

»Dassonville«-Formel

1.3. Grundfreiheiten und Grundrechte

Daneben kennt das Unionsrecht europäische Grundrechte, mit welchen die Grundfreiheiten des AEU-Vertrages nicht verwechselt werden dürfen. Die Grundrechte sind in der EU-Grundrechtecharta (GrCh), welche durch Art. 6 EUV Rechtsverbindlichkeit im Range des Primärrechts erhält, sowie der Europäischen Konvention für Menschenrechte (EMRK) niedergeschrieben.

Abgrenzung

Die Abgrenzung von Grundfreiheiten und Grundrechten ist mitunter nicht einfach. Hinsichtlich des Schutzgehalts enthalten beide Instrumente Diskriminierungsverbote. Auch inhaltlich kann es zu Überschneidungen kommen.

Beispiel:

A aus Mitgliedstaat B will nach Mitgliedstaat C gehen, um sich dort eine neue Tätigkeit zu suchen und diese baldmöglichst aufzunehmen. Dieses Verhalten des A ist sowohl von der Arbeitnehmerfreizügigkeit nach Art. 45 AEUV (Grundfreiheit) als auch von der Berufsfreiheit nach Art. 15 GrCh (Grundrecht) geschützt.

Das Beispiel verdeutlicht, dass die Abgrenzung nach anderen Kriterien erfolgen muss. Als Anknüpfungspunkt dient hierbei zunächst der angesprochene Adressatenkreis. Während sich die Grundfreiheiten hauptsächlich an die Mitgliedstaaten richten, sind die Grundrechte traditionell Abwehrrechte Privater. Auf der anderen Seite binden die Grundrechte die Mitgliedstaaten ausschließlich, während die Grundfreiheiten die Mitgliedstaaten sowohl berechtigen als auch verpflichten.

Grundfreiheiten als Grundrechte?

Auf Grund der schwierigen Abgrenzung und der ständigen Erweiterung von Funktionen und Anwendungsbereich der Grundfreiheiten hat man in der Vergangenheit bisweilen angedacht, den Grundfreiheiten eine Position als Grundrechte «eigener» Art einzuräumen. So wurden im Zusammenhang mit den Grundfreiheiten bereits die Begriffe »Wirtschaftsgrundrechte« oder im Falle von Arbeitnehmerfreizügigkeit und Niederlassungsfreiheit »Grundrechte auf Mobilität« verwendet. In der Ausbildung empfiehlt es sich, diesen neuen Begriffsbildungen mit Vorsicht zu begegnen. Vor allem die Unterscheidung unterschiedlicher Regelungs- und Verpflichtungsadressaten weist darauf hin, dass Grundrechte weiterhin wie in den nationalen Verfassungen als Abwehrrechte des Einzelnen verstanden werden sollen. Die Grundfreiheiten nehmen dagegen eine Kategorie eigener Rechte in der europäischen Wirtschaftsverfassung ein.

2. Anwendungsbereich und Prüfungsaufbau

Die Kenntnis der Hauptprobleme zum Anwendungsbereich der Grundfreiheiten sowie ein sauberer Prüfungsaufbau sind ein wichtiger Schlüssel zur erfolgreichen Fallbearbeitung.

2.1. Berechtigte

Um eine mögliche Verletzung einer Grundfreiheit prüfen zu können, muss man zunächst feststellen, wer überhaupt grundsätzlich in den Kreis der Berechtigten der Freiheiten fällt.

Natürliche Personen

Zunächst können sich alle natürlichen Personen, welche die Staatsangehörigkeit eines Mitgliedstaates besitzen, auf die Grundfreiheiten berufen. Dieser Kreis der Berechtigten deckt sich insofern mit der Unionsbürgerschaft, wie sich aus Art. 20 AEUV ergibt. Einschränkungen auf bestimme Gruppierungen natürlicher Personen lassen sich den Verträgen nicht entnehmen. Prinzipiell sind auch minderjährige natürliche Personen Berechtigte der Grundfreiheiten; die Minderjährigkeit spielt erst im Rahmen der Durchsetzung bei der Prozessfähigkeit eine Rolle.

Juristische Personen

> Auch juristische Personen können sich auf die Grundfreiheiten berufen.

Neben den natürlichen Personen können sich auch juristische Personen auf die Grundfreiheiten berufen, sofern die betroffene Freiheit ihrem Wesen nach auf sie anwendbar ist. Es gibt allerdings Bestrebungen, dass sich juristische Personen auf sämtliche Freiheiten berufen können. Dies hat der Gerichtshof etwa auch im Hinblick auf die Arbeitnehmerfreizügigkeit nach Art. 45 AEUV entschieden (EuGH *Clean Car*, Slg. 1998, I-2521). Dort, wo die Gesellschaften als Berechtigte explizit erwähnt werden, ist dies ohnehin unproblematisch. So beschreibt sowohl die Niederlassungs- als auch die Dienstleistungsfreiheit in Art. 54, 62 AEUV Gesellschaften als Berechtigte. Nach Art. 54 I AEUV muss die Gesellschaft aber ihre Hauptverwaltung, Hauptniederlassung oder satzungsmäßigen Sitz im Unionsgebiet haben. Diese Regelung kann als Parallele zum Anknüpfungskriterium der Staatsangehörigkeit bei natürlichen Personen angesehen werden.

Drittstaatenangehörige?

Grundsätzlich werden nach dem zuvor Gesagten Drittstaatenangehörige nicht zum Kreis der Berechtigten gezählt. Von dieser Grundregel gibt es jedoch Ausnahmen. So bezieht sich zunächst das Merkmal der »Angehörigkeit« nur auf natürliche und juristische Personen. Dies bedeutet im Umkehrschluss, dass bei der Warenverkehrsfreiheit nach Art. 34 AEUV Waren sehr wohl auch aus Drittstaaten stammen können. Eine weitere wichtige Einschränkung des Staatsangehörigkeitskriteriums ergibt sich aus dem Wortlaut der Kapital- und Zahlungsverkehrsfreiheit nach Art. 63 AEUV, wonach der freie Kapitalverkehr gleichermaßen zwischen den Mitgliedstaaten und zwischen Mitgliedstaaten und Drittstaaten geschützt ist (vgl. ausführlich dazu S. 74 ff.).

2.2. Verpflichtete

Während sich der Kreis der Berechtigten recht schnell feststellen lässt, bereitet die Bestimmung der aus den Grundfreiheiten Verpflichteten in der Ausbildung häufig Probleme.

Mitgliedstaaten

Die Mitgliedstaaten sind Hauptadressaten der Freiheiten; sie müssen die darin ausgesprochenen Verbote umfassend befolgen. Der Wortlaut jeder Grundfreiheit ist dahingehend eindeutig und unmissverständlich. Die umfassende Verpflichtung bedeutet, dass jede Einrichtung der Staatsgewalt (Bund, Länder, Kommunen sowie deren Verwaltungseinheiten) oder jede Form der Ausübung staatlicher Gewalt erfasst ist. Eine nicht gleich offensichtliche Ausübung staatlicher Gewalt ist beispielsweise dann denkbar, wenn eine Gesellschaft mehrheitlich von der öffentlichen Hand beherrscht wird oder auf Grund von Verträgen Einfluss auf den in Rede stehenden Sachverhalt hat. Hier findet eine Zurechnung des Handelns Privater an die staatliche Gewalt statt. Ist eine Handlung Privater der staatlichen Gewalt zurechenbar, gilt der Staat als in diesem Fall Verpflichteter (EuGH *Apple and Pear Development Council*, Slg. 1983, 4083).

Das Handeln Privater kann der staatlichen Gewalt bei entsprechendem Einfluss der öffentlichen Hand auf den Handlungsprozess zugerechnet werden.

Bindung Privater

Die Bindung Privater an die Grundfreiheiten zählt zu den umstrittensten Fragen des europäischen Wirtschaftsrechts. Das Problem ist in der Wissenschaft unter dem Begriff der »unmittelbaren Drittwirkung« bekannt.

Unmittelbare Drittwirkung bedeutet die unmittelbare Anwendbarkeit der Freiheiten unter Privaten.

Für eine solche Drittwirkung unter Privaten könnte die effektive und einheitliche Anwendung des Unionsrechts sprechen. Dies gilt insbesondere für die Durchsetzung der durch die Freiheiten ausgesprochenen Diskriminierungsverbote. Allerdings widerspricht eine solche Auslegung dem klaren Wortlaut der Grundfreiheiten und ist auch aus systematischer Sicht bedenklich, da die Gründe für eine Rechtfertigung von Eingriffen überhaupt keinen unmittelbaren Zwecken des Einzelnen dienen.

Teils wird in der Rechtsprechung nur die Bindung »intermediärer Gewalten« vertreten.

Ein weiterer Ansatz, der bisher auch vom Europäischen Gerichtshof vertreten wurde, ist eine partielle Drittwirkung in Form der Bindung sog. »intermediärer Gewalten«.

Dies sind Einrichtungen, welchen auf Grund ihrer besonderen Befugnisse zur einseitig zwingenden Regelsetzung eine »staatsähnliche« Qualität zugeschrieben wird. Als Beispiel für solche Einrichtungen können etwa Verbände genannt werden. Im Falle der Arbeitnehmerfreizügigkeit (EuGH *Angonese*, Slg. 2000, I-4139), der Dienstleistungsfreiheit (EuGH *Wouters*, Slg. 2002, I-1577) sowie der Niederlassungsfreiheit (EuGH *Viking*, Slg. 2007, I-10779) hat der Gerichtshof eine Bindung »intermediärer Gewalten« an die Grundfreiheiten bereits bejaht, im Falle der Warenverkehrsfreiheit (EuGH *Bayer AG u.a./Heinz Süllhoffer*, Slg. 1988 I-5249) sowie der Kapital- und Zahlungsverkehrsfreiheit aber bisher verneint. Dem liegt die Idee zu Grunde, dass es sich bei Letzteren um sog. »Produktfreiheiten« handle, während die zuvor Genannten »Personenfreiheiten« darstellen sollen.

Mittelbare Drittwirkung in Form staatlicher Schutzpflichten als alternativer Ansatz zur unmittelbaren Drittwirkung

Über diese Ansätze hinaus wird inzwischen einhellig von einer mittelbaren Drittwirkung in Form staatlicher Schutzpflichten ausgegangen.

Eine solche kann bereits mit dem »effet utile« des Unionsrechts begründet werden. Danach ist die staatliche Gewalt der Mitgliedstaaten verpflichtet, sowohl im Bereich der Normsetzung für Private als auch hinsichtlich der Kontrolle des Verhaltens Privater offensichtliche Verletzungen der Grundfreiheiten zu unterbinden, soweit ihnen dies rechtlich und tatsächlich möglich ist und die Verletzung anderweitig nicht beseitigt werden kann (EuGH *Französische Agrarblockaden*, Slg. 1997, I-6959).

Beispiel (nach EuGH *Französische Agrarblockaden*, s.o.)*:*

Um billigere und für ihre wirtschaftliche Situation schädliche Importe aus anderen Mitgliedstaaten fernzuhalten, gingen Landwirte aus dem Mitgliedstaat F gegen verbilligte Einfuhren landwirtschaftlicher Erzeugnisse mit Protest- und Gewaltaktionen vor. Dies ging bis zur

Plünderung und Vernichtung von Waren. Die Regierung des Staates F versprach, diesem Zustand Abhilfe zu schaffen. Sie blieb in der Folge jedoch weitestgehend untätig.

Hier hat der Mitgliedstaat F offensichtlich gegen Art. 34 AEUV verstoßen, weil er nicht alle möglichen, erforderlichen und angemessenen Maßnahmen ergriffen hat, um den freien Warenverkehr zu gewährleisten.

Eine weitergehende Bindung Privater ist wegen des damit verbundenen Eingriffs in die Privatautonomie aber kritisch zu bewerten.

2.3. Prüfungsreihenfolge: Schutzbereich – Eingriff – Rechtfertigung

Schutzbereich

Im Rahmen des ersten Prüfungspunktes ist zunächst festzustellen, ob der Schutzbereich der in Rede stehenden Grundfreiheit überhaupt eröffnet ist.

Es wird zwischen persönlichem und sachlichem (sowie räumlichem) Schutzbereich differenziert.

<small>Differenzierung zwischen persönlichem und sachlichem Schutzbereich</small>

Der persönliche Schutzbereich ist eröffnet, wenn die betroffenen Akteure als Berechtigte und Verpflichtete der Grundfreiheiten angesehen werden können. Insofern kann auf die Ausführungen unter *2.1* und *2.2* verwiesen werden. Ferner ist zu überprüfen, ob einer der betroffenen Akteure eine besondere persönliche Eigenschaft vorweisen muss, wie etwa die Arbeitnehmereigenschaft im Falle der Arbeitnehmerfreizügigkeit nach Art. 45 AEUV.

Daraufhin folgt die Prüfung der Eröffnung des sachlichen Schutzbereiches. Hier ist vorab zu beachten, dass der Sachverhalt stets einen grenzüberschreitenden Bezug aufweisen muss. Dies geht deutlich aus dem Wortlaut der Grundfreiheiten hervor, welche stets von Verboten »zwischen den Mitgliedstaaten« sprechen. Konsequenz dessen ist, dass sich Inländer nur dann auf die Freiheiten berufen können, wenn ein grenzüberschreitender Bezug für sie konkret vorliegt. Da es somit in einzelnen Konstellationen denkbar ist, dass sich Ausländer auf die Grundfreiheiten berufen können, Inländer jedoch nicht, würde dies zu einer Diskriminierung führen.

<small>Problem der Inländerdiskriminierung</small>

Diese Form der Ungleichbehandlung ist unter dem Problem der »Inländerdiskriminierung« bekannt. Aus unionsrechtlicher Sicht ist dieser

Konflikt nicht aufzulösen. Jedoch können sich Inländer unter Umständen auch auf nationale Gleichbehandlungsgebote, wie Art. 3 I GG, berufen.

Der räumliche Schutzbereich wird schließlich nur da relevant, wo ein Sachverhalt Berührungspunkte mit Drittstaaten aufweist. Dies ist beispielsweise im Rahmen der Warenverkehrsfreiheit der Fall, wenn Waren aus einem Drittstaat stammen, oder bei der Kapitalverkehrsfreiheit, da diese explizit auch Drittstaatensachverhalte erfasst.

Eingriff

Ist der Schutzbereich eröffnet, muss geprüft werden, ob ein Eingriff in die betroffene Grundfreiheit vorliegt. Ein Eingriff stellt jede Regelung oder Maßnahme dar, die das durch die Grundfreiheiten geschützte Verhalten verhindert oder beeinträchtigt. Ein Eingriff kann entweder durch Diskriminierungen, oder aber auch durch sonstige unterschiedslos anwendbare Maßnahmen, die den unionsweiten Handel unmittelbar, mittelbar oder tatsächlich behindern, geschehen (vgl. bereits S. 32). Trotz der recht weit fortgeschrittenen Konvergenz der Grundfreiheiten sind hinsichtlich der genauen Reichweite dieser Definitionsansätze zum Eingriffsbegriff die Rechtsprechung und der Streitstand in der Wissenschaft im Hinblick auf die Dogmatik zu jeder einzelnen Grundfreiheit zu beachten.

Neben unmittelbaren und finalen Eingriffen wurde in der Vergangenheit bereits des Öfteren diskutiert, ob auch »weiche« oder »faktische« Maßnahmen ohne echten Regelungscharakter Eingriffe darstellen können. Gegenstand dieser Diskussionen waren meist staatliche Äußerungen oder Werbekampagnen, durch welche die Attraktivität von Wirtschaftsgütern aus anderen Mitgliedstaaten faktisch gemindert wurde. Für die Warenverkehrsfreiheit hat der EuGH bereits entschieden, dass Werbekampagnen, welche sich gegen den Kauf von Waren aus anderen Mitgliedstaaten richten, auch als Eingriffe anzusehen sind, wenn von diesen eine vergleichbare Wirkung ausgeht wie von hoheitlichen Maßnahmen mit echtem Regelungscharakter (EuGH *Buy Irish*, Slg. 1982, 4005).

Auch Normen der mitgliedstaatlichen Privatrechtsordnungen können Eingriffscharakter haben.

Lange Zeit war ferner umstritten, ob und inwieweit den Normen der nationalen Privatrechtsordnungen Eingriffscharakter zukommen kann. Man ist sich mittlerweile einig, dass unter Berücksichtigung einer effektiven Anwendung des Unionsrechts das Privatrecht der Mitgliedstaaten der Grundfreiheitenkontrolle nicht entzogen ist.

Es lässt sich vielleicht noch vertreten, dass lediglich zwingende Normen des Privatrechts der vollen Überprüfung durch die Grundfreiheiten unterliegen, da insofern den Parteien eine abweichende Vereinbarung zur Verhinderung eines Eingriffs verwehrt ist. Anders wäre dies im Hinblick auf dispositives Recht, da hier die Parteien die Beeinträchtigung durch abweichende Vertragsgestaltungen abwehren könnten. Im Übrigen gibt es auch Ansätze, nichtdiskriminierende Normen der mitgliedstaatlichen Privatrechtsordnungen vom Prüfungsmaßstab der Grundfreiheiten auszunehmen. All diesen Einschränkungsversuchen ist letztlich aber kritisch zu begegnen. Dem strengen Anwendungsvorrang des Unionsrechts würde es widersprechen, wenn sich die Mitgliedstaaten der Kontrolle durch die Grundfreiheiten mittels einer Flucht in ihr nationales Privatrecht entziehen können. Vor allem wäre damit auch eine Gefährdung des Binnenmarktziels verbunden.

Rechtfertigung

Eingriffe in die Freiheiten führen indes nicht automatisch zu einer Verletzung. Es stellt sich stets die Frage, ob der Eingriff nicht gerechtfertigt werden kann. Folgende Rechtfertigungsebenen sind dabei voneinander zu unterscheiden:

- Bereichsausnahmen
- Geschriebene Rechtfertigungsgründe
- Ungeschriebene Rechtfertigungsgründe (»Cassis de Dijon«-Formel)
- Schranken der Rechtfertigung: Unionsgrundrechte

Obwohl Bereichsausnahmen streng genommen nicht zu den Rechtfertigungsgründen zählen, erfolgt ihre Erörterung wegen ihrer logischen Nähe zu den Rechtfertigungsgründen an dieser Stelle. Bereichsausnahmen beschreiben bestimmte Bereiche, welche vom Anwendungsbereich der Grundfreiheiten per se ausgenommen sind.

Bereichsausnahmen sind keine Rechtfertigungsgründe im eigentlichen Sinn.

In diesen Bereichen ist eine Verletzung daher stets ausgeschlossen, auch wenn der in Rede stehende Sachverhalt im Übrigen vom Schutzgehalt der jeweiligen Grundfreiheit erfasst wird. Bereichsausnahmen sind in Abgrenzung zu den klassischen Rechtfertigungsgründen schon an ihrem Wortlaut erkennbar (»…findet keine Anwendung«). Man darf sich also nicht durch die Überschrift einer Norm irreführen lassen. Denn auch ein Rechtfertigungsgrund kann die Überschrift »Ausnahmen« tragen, unterscheidet sich jedoch zur Bereichsausnahme in seinem Wortlaut (»…stehen nicht entgegen…«, »…beeinträchtigen nicht…«).

Die wichtigste Kategorie der Rechtfertigungsgründe sind die im AEU-Vertrag geschriebenen Rechtfertigungsgründe. Sie schließen sich systematisch an jene Vorschrift an, welche den Schutzgehalt der jeweiligen Freiheit verbürgt (Bsp.: Art. 36, 45 III, 52, 62, 64 I, 65 I AEUV). Aus materieller Sicht ähneln sich die geschriebenen Rechtfertigungsgründe sehr. So wird als Grund für eine Rechtfertigung beispielsweise fast durchweg der Schutz der »öffentlichen Sittlichkeit, Ordnung oder Sicherheit« genannt.

Die geschriebenen Rechtfertigungsgründe werden vom EuGH eng ausgelegt.

Diese Schutzgüter werden vom EuGH eng ausgelegt und der Eingriff muss stets verhältnismäßig sein, um so eine möglichst effektive Anwendung der Grundfreiheiten zu erreichen (EuGH *Kommission/ Irland*, Slg. 1981,1625).

Daneben gibt es aber auch ungeschriebene Rechtfertigungsgründe. Diese haben sich aus einem Urteil des EuGH zur Warenverkehrsfreiheit herausgebildet. Danach können nichtdiskriminierende Beschränkungen gerechtfertigt sein, wenn dies zum Schutz zwingender Erfordernisse des Allgemeininteresses erforderlich ist (»Cassis de Dijon«-

»Cassis de Dijon«-Formel

Formel). Diese Formel hat der Gerichtshof in einem weiteren Urteil zur Arbeitnehmerfreizügigkeit auch auf alle anderen Grundfreiheiten für anwendbar erklärt (EuGH *Gebhard*, Slg. 1995, I-4165).

Solch zwingende Erfordernisse sind etwa eine wirksame steuerliche Kontrolle, der Gesundheitsschutz, die Lauterkeit des Handelsverkehrs oder der Verbraucherschutz – keinesfalls aber rein wirtschaftspolitisch motivierte Maßnahmen (EuGH *Cassis de Dijon*, Slg. 1979, 649).

Schließlich sind als Schranken der Rechtfertigung die Unionsgrundrechte zu beachten. Diese können wiederum den Rechtfertigungsmaßstab modifizieren. Eine nochmalige Überprüfung der Verhältnismäßigkeit ist an dieser Stelle aber überflüssig, da diese bereits inzident im Rahmen der Prüfung jedes einzelnen Rechtfertigungsgrundes erfolgt.

Muster zur Prüfung einer Verletzung der Grundfreiheiten
Ist der Schutzbereich eröffnet? ⇩ Liegt ein Eingriff vor? ⇩ Gibt es Bereichsausnahmen? ⇩ Greifen Rechtfertigungsgründe (»geschriebene« oder »ungeschriebene«)? ⇩ Bestehen Schranken der Rechtfertigung / Unionsgrundrechte?

3. Warenverkehrsfreiheit

Art. 34 AEUV
Verbot mengenmäßiger Einfuhrbeschränkungen

Mengenmäßige Einfuhrbeschränkungen sowie alle Maßnahmen gleicher Wirkung sind zwischen den Mitgliedstaaten verboten.

Art. 35 AEUV
Verbot mengenmäßiger Ausfuhrbeschränkungen

Mengenmäßige Ausfuhrbeschränkungen sowie alle Maßnahmen gleicher Wirkung sind zwischen den Mitgliedstaaten verboten.

Die Warenverkehrsfreiheit kann als tragende Säule der Grundfreiheiten und des europäischen Wirtschaftsrechts überhaupt verstanden werden (EuGH *Rewe-Zentrale AG*, Slg. 1984, 1229). Sie ist als doppelter Verbotsnormtatbestand in Art. 34 und 35 AEUV ausgestaltet und somit Instrument der negativen Integration. Die Warenverkehrsfreiheit ist nicht als Personen-, sondern als Produktverkehrsfreiheit zu verstehen (*Geiger/Khan/Kotzur*, Art. 34 AEUV, Rdn. 1). Da die Zollunion nach Art. 30 ff. AEUV inzwischen überwiegend verwirklicht wurde, konzentrieren sich die folgenden Ausführungen auf die zentralen Problemkreise der Art. 34 ff. AEUV.

WARENVERKEHRSFREIHEIT

3.1. Anwendungsbereich

Im Mittelpunkt des Anwendungsbereiches der Warenverkehrsfreiheit steht der Begriff der »Ware«. Nach der Rechtsprechung des EuGH sind Waren alle Erzeugnisse, die einen Geldwert haben und daher Gegenstand eines Handelsgeschäfts sein können (EuGH *Kommission / Italien Kunstschätze*, Slg. 1968, 617). Diese Definition deutet an, dass der Begriff der Ware sehr weit zu verstehen ist. Das hat auch der Gerichtshof in seinen Urteilen immer wieder bestätigt. So ist auch Strom als Ware i.S.d. Art. 34 AEUV anzusehen (EuGH *Costa/ENEL*, Slg. 1964, 1241). Eine weitere Besonderheit ist, dass die Warenverkehrsfreiheit auch für Waren aus Drittländern gilt, sobald diese sich im Handelsverkehr zwischen den Mitgliedstaaten befinden. Denn Art. 34 ff. AEUV knüpfen nicht an die Freiheit von Waren »aus« Mitgliedstaaten, sondern an die Freiheit des Handels mit Waren »zwischen« den Mitgliedstaaten an.

Für die Warenverkehrsfreiheit hat der EuGH bereits entschieden, dass diese als Produktfreiheit keine unmittelbare Drittwirkung unter Privaten entfaltet. Es können jedoch staatliche Schutzpflichten bestehen, welche ein Eingreifen der Mitgliedstaaten zur Beseitigung von Eingriffen gebietet (EuGH *Französische Agrarblockaden*, Slg. 1997, I-6959; vgl. dazu bereits S. 36).

3.2. Das Verbot mengenmäßiger Beschränkungen, Art. 34 und 35, 1. Alt. AEUV

Die erste Tatbestandvariante der Warenverkehrsfreiheit ist die des Verbots mengenmäßiger Beschränkungen. Dieses Verbot gilt nach Art. 34 AEUV für Einfuhrbeschränkungen und nach Art. 35 AEUV für Ausfuhrbeschränkungen. Unter mengenmäßigen Beschränkungen versteht man danach alle Maßnahmen, die Einfuhren und Ausfuhren ganz oder teilweise in Anteil oder Anzahl beschränken (EuGH *Geddo/Ente Nazionale Risi*, Slg. 1973, 865). Diese Maßnahmen sind also immer durch eine quantitative Form der Beschränkung gekennzeichnet.

3.3. Das Verbot von Maßnahmen gleicher Wirkung, Art. 34 und 35, 2. Alt. AEUV

Während das Verbot der mengenmäßigen Beschränkungen keine wirklichen Probleme mit sich bringt, bedurfte die Bestimmung der zweiten

Tatbestandsalternative der Warenverkehrsfreiheit, das Verbot Maßnahmen gleicher Wirkung, doch einer intensiveren Suche nach Umgrenzungskriterien durch den EuGH. Auch die zweite Alternative gilt sowohl für die Einfuhr als auch für die Ausfuhr von Waren.

Das Urteil »Dassonville«

Das Urteil »Dassonville« war der Ausgangspunkt zur Bestimmung des Merkmals der Maßnahmen gleicher Wirkung. Gegenstand des Verfahrens war eine nach belgischem Recht für den Import ausländischer Waren erforderliche Ursprungsbescheinigung. Das Spirituosenunternehmen »Dassonville und Sohn« wollte eine aus Großbritannien stammende und in Frankreich erworbene Ladung »Scotch« Whiskey nach Belgien importieren. Der belgische Zoll verlangte indes eine Bescheinigung, dass der Whiskey den Namen »Scotch« zu Recht trug.

Der Gerichtshof erachtete eine solche Ursprungsbezeichnung als Bedingung für den Import einer ausländischen Ware als unionsrechtswidrig und stellte einen Verstoß gegen die Warenverkehrsfreiheit fest. Denn eine Maßnahme gleicher Wirkung sei »jede Handelsregelung der Mitgliedstaaten, die geeignet ist, den innergemeinschaftlichen Handel unmittelbar oder mittelbar, tatsächlich oder potentiell zu behindern« (EuGH *Dassonville*, Slg. 1974, 837). Eine derartige Beschränkungswirkung komme der gegenständlichen Maßnahme zu.

Konkretisierung des Merkmals »Maßnahmen gleicher Wirkung« durch die »Dassonville«-Formel.

Das Urteil »Keck und Mithouard«

Die aus dem »Dassonville«-Urteil hervorgegangene weite Auslegung relativierte der Gerichtshof in seinem Urteil »Keck und Mithouard«, nachdem das Merkmal der Maßnahmen gleicher Wirkung konturenlos zu werden drohte. Der Betreiber eines französischen Supermarktzentrums verstieß gegen ein Gesetz, welches den Verkauf von Waren unter dem Einkaufspreis verbot. Der Betreiber verteidigte sich mit dem Argument, dass das Verbot den Absatz importierter Waren erschwere.

Der EuGH bemängelte zunächst, dass sich »immer häufiger Wirtschaftsteilnehmer auf Art. 34 AEUV berufen, um jedwede Regelung zu beanstanden, die sich als Beschränkung ihrer geschäftlichen Freiheit auswirkt, auch wenn sie nicht auf Erzeugnisse aus anderen Mitgliedstaaten gerichtet ist« (EuGH *Keck und Mithouard*, Slg. 1993, I-6097). Dies erfordere, dass »entgegen der bisherigen Rechtsprechung die Anwendung nationaler Bestimmungen, die bestimmte Verkaufsmodalitäten beschränken oder verbieten, auf Erzeugnisse aus anderen Mitgliedstaaten nicht geeignet ist, den Handel zwischen den Mitgliedstaa-

Korrektur der »Dassonville«-Rechtsprechung durch die »Keck«-Formel)

ten im Sinne des Urteils »Dassonville« unmittelbar oder mittelbar, tatsächlich oder potentiell zu behindern, sofern diese Bestimmungen für alle betroffenen Wirtschaftsteilnehmer gelten, die ihre Tätigkeit im Inland ausüben, und sofern sie den Absatz der inländischen Erzeugnisse und der Erzeugnisse aus anderen Mitgliedstaaten rechtlich wie tatsächlich in der gleichen Weise berühren« (EuGH *Keck und Mithouard*, Slg. 1993, I-6097). Unter Berücksichtigung dieser Formel hatte der Gerichtshof beim gegenständlichen Verkaufsverbot keine Bedenken hinsichtlich dessen Vereinbarkeit mit der Warenverkehrsfreiheit.

Folgeentwicklungen

Die »Keck«-Formel brachte in der Folge ein schwieriges Abgrenzungsproblem mit sich: die Unterscheidung zwischen Verkaufsmodalitäten (wie sie der EuGH im »Keck«-Urteil definiert hatte) und Produktmodalitäten. Während Verkaufsmodalitäten als vertriebsbezogene Regelungen alle Wirtschaftsteilnehmer gleich treffen und daher nicht unter Art. 34 AEUV fallen, sollen Produktmodalitäten grundsätzlich von Art. 34 AEUV erfasst sein, da sich ihr Regelungsgehalt unmittelbar auf das Produkt selbst bezieht. Wenngleich sich der EuGH in seiner Folgerechtsprechung um eine schärfere Definition des Begriffs der Verkaufsmodalitäten bemühte, erscheinen diese Urteile doch eher als Teil einer sich entwickelnden Einzelfallkasuistik. So wurden als Verkaufsmodalitäten beispielsweise Werbeverbote für Apotheker (EuGH *Hünermund*, Slg. 1993, I-7687), Verkaufsvorbehalte von Tabakwaren (EuGH *Banchero*, Slg. 1995, I-4663), Beschränkungen der Fernsehwerbung (EuGH *Leclerc*-Splec, Slg. 1995, I-179) sowie für das Kinderfernsehen (EuGH *KO*, Slg. 1997, I-3841), Regelungen über die Ladenschlusszeiten (EuGH *Tankstelle 't Heukske*, Slg. 1994, I-2199) oder Anforderungen an die Verpackung von Waren (EuGH *Morellato*, Slg. 2003, I-9343) angesehen.

Die Abgrenzungsproblematik verschärft sich in den Fällen, in denen es zu Überschneidungen von Verkaufs- und Produktmodalitäten kommen kann. So findet sich in der Rechtsprechung ein Fall, indem die Verpackung eines Schokoriegels »10 Prozent mehr Inhalt« versprach (EuGH *Verein gegen Unwesen in Handel und Gewerbe Köln/Mars*, Slg. 1995, I-1923). Die Werbung an sich ist als Verkaufsmodalität einzustufen, während der Bezug auf den Inhalt eine Produktmodalität darstellt. Schwierig erscheint die Abgrenzung auch in folgendem **Beispiel** (nach EuGH *Familiapress/Heinrich Bauer Verlag*, Slg. 1997, I-3689):

Deutsche TV-Programmzeitschriften entschieden sich vermehrt, Preisausschreiben in ihre Ausgaben mit aufzunehmen. Einige dieser Programmzeitschriften wurden auch in Österreich vermarktet. Dort war die Setzung derartiger Kaufanreize in Programmzeitschriften jedoch verboten.

Hier handelt es sich zum einen um ein zumindest teilweise gegebenes Vermarktungsverbot des Produkts. Gleichzeitig sind Preisausschreiben aber kein originärer Bestandteil von Programmzeitschriften, so dass das Verbot auch den Charakter einer Verkaufsmodalität hat. Diese und noch viele weitere Abgrenzungsprobleme werfen die Frage auf, ob es künftig nicht einer Revision der »Keck«-Formel bedarf. Dies gilt umso mehr, wenn man dazu auch noch eine einheitliche Übertragbarkeit der »Keck«-Formel auf die anderen Grundfreiheiten erreichen will.

3.4. Rechtfertigung

Das System zur Rechtfertigung von Eingriffen in die Warenverkehrsfreiheit ist geprägt von der klassischen Trennung in geschriebene und ungeschriebene Rechtfertigungsgründe.

Geschriebene Rechtfertigungsgründe, Art. 36 I S. 1 AEUV

Nach Art. 36 I S. 1 AEUV können (sowohl diskriminierende als auch nichtdiskriminierende) Eingriffe in die Warenverkehrsfreiheit aus den dort genannten Gründen gerechtfertigt sein. Diese geschriebenen Rechtfertigungsgründe, welche – wie bereits angesprochen – nach dem EuGH allesamt eng auszulegen sind, werden von der Norm ausdrücklich vorgegeben.

> Wiederholung: Die geschriebenen Rechtfertigungsgründe werden allesamt eng ausgelegt.

Im Einzelnen handelt es sich dabei um:

- die öffentliche Sittlichkeit
- die öffentliche Ordnung und Sicherheit
- den Schutz der Gesundheit und des Lebens von Menschen
- den Schutz der Gesundheit und des Lebens von Tieren und Pflanzen
- den Schutz des nationalen Kulturguts von künstlerischem, geschichtlichem oder archäologischem Wert
- den Schutz gewerblichen und kommerziellen Eigentums

Die öffentliche Sittlichkeit, die öffentliche Ordnung und Sicherheit sowie der Schutz der Gesundheit und des Lebens von Menschen stellen in der Falllösung die wichtigsten Rechtfertigungsgründe dar. Das

Merkmal der öffentlichen Sittlichkeit bezieht sich auf ungeschriebene Wertvorstellungen, welche die Gesellschaft zeitgeschichtlich prägen. So kann der Vertrieb pornographischer Waren gegen die öffentliche Sittlichkeit verstoßen. Die öffentliche Ordnung und Sicherheit bezieht sich auf die wesentlichen Grundinteressen eines Staates oder seiner Bevölkerung. Dabei kommen allerdings nur Interessen »nichtwirtschaftlicher« Art in Betracht, so dass rein wirtschaftspolitische Ziele außer Acht bleiben müssen. In der Vergangenheit hat der EuGH die öffentliche Ordnung und Sicherheit etwa bei der Ausfuhr außer Kurs gesetzter Silbermünzen (EuGH *Thompson*, Slg. 1978, 2247) oder bei der Unterbrechung der Versorgung mit Treibstoff (EuGH *Campus Oil*, Slg. 1984, 2727) als berührt angesehen. Für den Handel mit Waffen und Kriegsmaterial gilt dagegen die speziellere Norm des Art. 346 AEUV. Gesundheit und Leben von Menschen bilden die Schutzgüter, die im Rahmen des Art. 36 S. 1 AEUV den höchsten Rang haben. Voraussetzung für eine Betroffenheit dieses Schutzguts ist eine ernsthafte und unmittelbare Gefahr für Leib und Leben. Langfristig schädliche Einwirkungen auf die Umwelt werden somit nicht angesprochen, da nur die gegenwärtig lebenden Menschen vom Schutzgut erfasst werden (EuGH *Sydhavens Sten & Grus*, Slg. 2000, I-3743). Ansonsten können die mitgliedstaatlichen Maßnahmen grundsätzlich jeden denkbaren Charakter haben, wie etwa Genehmigungserfordernisse für die Vermarktung schädlicher Stoffe (EuGH *Harpegnies*, Slg. 1998, I-5121), das Gebot einer bestimmten Zusammensetzung von Lebensmitteln (EuGH *Reinheitsgebot*, Slg. 1987, 1227) oder schlichte Werbeverbote (EuGH *Eurim-Pharm*, Slg. 1994, I-5243).

Die »Cassis de Dijon«-Formel

Neben den geschriebenen Rechtfertigungsgründen hat der Gerichtshof in seinem Urteil zur Rechtssache »Cassis de Dijon« Grundsätze entwickelt, nach denen unterschiedslos anwendbare, also nichtdiskriminierende Maßnahmen auch aus anderen Gründen gerechtfertigt sein können.

In dem zu entscheidenden Fall wollte das Unternehmen REWE einen französischen Likör, den »Cassis de Dijon«, nach Deutschland importieren. Die zuständige Behörde genehmigte die Einfuhr zwar; jedoch durfte der Likör auf Grund seines hohen Alkoholgehalts von über 25 % nicht wie geplant als »Fruchtlikör« vermarktet werden. Auf die von REWE gegen diese Auflage erhobene Klage legte das deutsche Gericht die Sache dem EuGH vor. Dieser entschied, dass »in Ermangelung einer gemeinschaftlichen Regelung der Herstellung und Vermarktung es Sache der Mitgliedstaaten ist, alle die Herstellung und Vermarktung betreffenden Vorschriften für ihr Hoheitsgebiet zu erlassen. Hemmnisse für den Binnenhandel der Gemeinschaft, die sich aus den Unterschieden der nationalen Regelungen über die Vermarktung ergeben, müssen hingenommen werden, soweit diese notwendig sind, um »zwingenden Erfordernissen« gerecht zu werden, insbesondere den Erfordernissen einer wirksamen Steuerkontrolle, des Schutzes der öffentlichen Gesundheit, der Lauterkeit des Handelsverkehrs und des Verbraucherschutzes«. Im vorliegenden Fall verneinte der Gerichtshof allerdings eine zwingendes Erfordernis (EuGH *Cassis de Dijon*, Slg. 1979, 649).

Rechtfertigung nichtdiskriminierender Maßnahmen durch »zwingende Erfordernisse«

Mit dieser Entscheidung waren die sog. ungeschriebenen Rechtfertigungsgründe geschaffen. Die »Cassis de Dijon«-Formel bildete für nichtdiskriminierende Maßnahmen auf der Rechtfertigungsebene einen Ausgleich zu der recht weiten Auslegung des Merkmals der Maßnahmen gleicher Wirkung im Urteil »Dassonville«. Die aufgeführten möglichen Gründe für solch zwingende Erfordernisse sind aber nicht abschließend, wenngleich sie einen Orientierungscharakter haben. Voraussetzung ist aber stets, dass das zwingende Erfordernis ein im allgemeinen Interesse liegendes Ziel verfolgt und die in Rede stehende staatliche Maßnahme nichtdiskriminierend sowie verhältnismäßig ist (*Geiger/Khan/Kotzur*, Art. 34 AEUV, Rdn. 19).

Der Verhältnismäßigkeitsgrundsatz

- Nach Art. 36 I S. 2 AEUV dürfen die in S. 1 genannten Gründe für Verbote oder Beschränkungen weder ein Mittel zur willkürlichen Diskriminierung noch eine verschleierte Beschränkung des Handels zwischen den Mitgliedstaaten darstellen. Die Bestimmung ist Ausprägung des im Unionsrecht allgemein geltenden Verhältnismäßigkeitsgrundsatzes. Sie ist als absolute Grenze der Verhältnismäßigkeit anzusehen und will mit den Schranken der »willkürlichen Diskriminierung« und der »verschleierten Beschränkung des Handels« eine Umgehung der in Art. 34, 35 AEUV gewährleisteten Warenverkehrsfreiheit verhindern (*Geiger/Khan/Kotzur*, Art. 36 AEUV Rdn. 18).

- Darüber hinaus muss jeder (sowohl diskriminierender als auch nichtdiskriminierender) Eingriff in die Warenverkehrsfreiheit verhältnismäßig sein. Die hier vorzunehmende Verhältnismäßigkeitsprüfung ähnelt zwar der aus dem deutschen Verfassungs- und Verwaltungsrecht bekannten Prüfung. Dennoch erfolgt die Prüfung der Verhältnismäßigkeit durch den EuGH »grobmaschiger«.

- So beschränken sich die beiden zentralen Prüfungspunkte auf die Frage, ob ein Eingriff zum einen geeignet ist, um das verfolgte Ziel zu erreichen, und zum anderen, ob ein Eingriff auch erforderlich ist oder ob es mildere Maßnahmen gibt, mittels welchen das Ziel der Maßnahme gleichermaßen erreicht werden kann. Da die Mitgliedstaaten das Schutzniveau selbst festlegen können, obliegt dem Gerichtshof im Rahmen des Kriteriums der Geeignetheit nur eine Überprüfung im Hinblick auf völlig und offensichtlich ungeeignete Maßnahmen. Für das Kriterium der Erforderlichkeit müssen indes die Mitgliedstaaten die volle Darlegungs- und Beweislast tragen (vgl. zum Vorhergehenden EuGH *DocMorris*, Slg. 2003, I-14887). Darüber hinaus finden sich nur eher vereinzelt Konstellationen, in denen der EuGH davon losgelöst eine echte Güterabwägung im Sinne einer Verhältnismäßigkeitsprüfung im engeren Sinne vornimmt. Billigkeitserwägungen stellt der Gerichtshof schließlich oft auch innerhalb der Prüfung der Erforderlichkeit an.

Die Verhältnismäßigkeitsprüfung konzentriert sich meist auf die Frage der »Geeignetheit« und der »Erforderlichkeit« einer Maßnahme.

4. Arbeitnehmerfreizügigkeit

Art. 45 AEUV

Freizügigkeit der Arbeitnehmer

(1) Innerhalb der Union ist die Freizügigkeit der Arbeitnehmer gewährleistet.

(2) Sie umfasst die Abschaffung jeder auf der Staatsangehörigkeit beruhenden unterschiedlichen Behandlung der Arbeitnehmer der Mitgliedstaaten in Bezug auf Beschäftigung, Entlohnung und sonstige Arbeitsbedingungen.

...

Die Arbeitnehmerfreizügigkeit steht für die »Mobilität des Produktionsfaktors Arbeit«

Die Arbeitnehmerfreizügigkeit kann als die zentrale Personenverkehrsfreiheit im AEU-Vertrag betrachtet werden. Die Wahl des Arbeitsplatzes wird auf Grund der »Mobilität des Produktionsfaktors Arbeit« als elementare Grundvoraussetzung für einen funktionierenden Binnenmarkt verstanden (*Geiger/Khan/Kotzur*, Art. 45 AEUV, Rdn. 2).

Das Diskriminierungsverbot des Art. 45 AEUV ist grundsätzlich unmittelbar anwendbar. Kaum eine Grundfreiheit hat ferner eine derart bedeutende Ausgestaltung durch das Sekundärrecht erfahren wie die Arbeitnehmerfreizügigkeit. Art. 46 AEUV bietet insofern eine spezielle Grundlage für Harmonisierungsmaßnahmen. Zu nennen sind dabei vor allem die Verordnung 1612/68 des Rates über die Freizügigkeit der Arbeitnehmer innerhalb der Union sowie die Verordnung 1408/71 bzw. nunmehr 883/2004 des Rates über die Anwendung der Systeme der sozialen Sicherheit auf Arbeitnehmer und Selbstständige sowie deren Familienangehörige, die innerhalb der Union zu- und abwandern. Insbesondere die Erweiterung der Freizügigkeit auf Familienangehörige des betroffenen Arbeitnehmers und die damit verbundene familiäre Integration stellt einen bedeutenden Schritt zur Beseitigung der Hemmnisse für die Mobilität des Arbeitsplatzes in der Union dar. Schließlich gibt Art. 48 AEUV den Erlass von Regelungen zur sozialen Absicherung der betroffenen Arbeitnehmer in der Union auf.

4.1. Anwendungsbereich

Im Mittelpunkt des Art. 45 AEUV stehen zunächst die Begriffe der »Arbeit« und des »Arbeitsnehmers«, welche freilich eng miteinander verwoben sind. Außerdem ist zu erörtern, ob die Arbeitnehmerfreizügigkeit im Vergleich zur Warenverkehrsfreiheit unmittelbare Drittwirkung entfaltet.

Arbeit

Der Begriff der Arbeit i.S.d. Art. 45 AEUV ist recht weit zu verstehen. Ganz allgemein umfasst er jede Tätigkeit, welche Teil des Wirtschaftslebens ist. Dies gilt auch, wenn mit der Tätigkeit nichtwirtschaftliche Ziele, beispielsweise im Bereich des Sports, verfolgt werden (EuGH *Lehtonen*, Slg. 2000, I-2714). Auch erfasst ist die Tätigkeit des Studienreferendars, der während seines Vorbereitungsdienstes Unterricht erteilt (EuGH *Lawrie-Blum*, Slg. 1986, 2121). Ebenso spielt es generell keine Rolle, welchen Umfang die Arbeit einnimmt, so dass auch Teilzeittätigkeiten von Art. 45 AEUV geschützt werden.

Arbeitnehmereigenschaft

Nach dem EuGH ist Arbeitnehmer eine Person, »die während einer bestimmten Zeit für einen anderen nach dessen Weisungen Leistungen erbringt, für die sie als Gegenleistung eine Vergütung erhält« (EuGH *Sala*, Slg. 1998, I-2691). Die Rechtsprechung des Gerichtshofes weist insgesamt eine hohe Kontinuität bei der Qualifizierung von Rechtsverhältnissen als Arbeitnehmerverhältnisse auf.

Mit dem Kriterium der Weisungsabhängigkeit hat das Gericht eine Abgrenzung des Arbeitnehmerbegriffs zur Ausübung einer selbstständigen Tätigkeit gezogen, da Letztere grundsätzlich nicht unter Weisung erfolgt. Es muss also zwischen den Beteiligten um die Begründung eines Arbeitsverhältnisses gehen. Auf die Höhe der Vergütung als Gegenleistung kommt es indes nicht an, ebenso wenig auf die Bedeutung der Tätigkeit nach nationalem Recht oder auf die Produktivität des Arbeitnehmers (EuGH *Trojani*, Slg. 2004, I-7573); allerdings ist die Arbeitnehmereigenschaft zu verneinen, wenn eine Tätigkeit in einem so geringen und unbedeutenden Umfang ausgeübt wird, dass sie sich gar als völlig untergeordnet darstellt (*Geiger/Khan/Kotzur*, Art. 45 AEUV, Rdn. 8). Der Arbeitnehmer selbst muss im Übrigen Staatsangehöriger eines Mitgliedstaats sein, wobei eine Erweiterung des Schutzbereichs durch Sekundärrecht oder Assoziierungsabkommen mit Drittstaaten, insbesondere für Familienangehörige, möglich ist.

Unmittelbare Drittwirkung

Die Frage der unmittelbaren Drittwirkung von Art. 45 AEUV unter Privaten hat der EuGH bereits in mehreren Entscheidungen aufgegriffen. Zwar geht aus dieser Rechtsprechung hervor, dass der Gerichtshof eine generelle unmittelbare Drittwirkung verneint, jedoch hinsichtlich »intermediärer Gewalten« (vgl. zum Begriff bereits S. 36) zulässt (EuGH *Walrave*, Slg. 1974, 1405; EuGH *Bosman*, Slg. 1995, I-4921; EuGH *Angonse*, Slg. 2000, I-4139). Das wurde damit begründet, dass das Verbot der unterschiedlichen Behandlung auch auf kollektive Regelungen Privater im Arbeitsbereich erstrecken, da das Ziel des Abbaus von Handelshemmnissen gefährdet wäre, wenn privatrechtliche Vereinigungen oder Einrichtungen kraft ihrer rechtlichen Autonomie solche Hindernisse errichten könnten (EuGH *Walrave*, Slg. 1974, 1405).

Unmittelbare Drittwirkung von Art. 45 AEUV bei Beteiligung kollektiver Regelgeber auf Grund deren starken Regelungsbefugnissen

Die Bejahung einer unmittelbaren Drittwirkung für kollektive Regelgeber im Rahmen der Arbeitnehmerfreizügigkeit erscheint konsequent. Dies gilt nicht nur deshalb, weil es sich um eine Personenverkehrsfreiheit handelt.

Gerade im Verhältnis Arbeitnehmer – Arbeitgeber kommen Gewerkschaften und Arbeitgeber in der Tat derart starke Regelungsbefugnisse zu, dass diese als staatsähnlich eingestuft werden können.

4.2. Schutzgehalt

Die Arbeitnehmerfreizügigkeit vermittelt zunächst ein Diskriminierungsverbot. Daraus hervorgehend verleiht sie dem Arbeitnehmer aber auch weitere Rechte, welche in Art. 45 III AEUV aufgezählt sind.

Das Diskriminierungsverbot

Im Mittelpunkt von Art. 45 AEUV steht das Diskriminierungsverbot. Eine unterschiedliche Behandlung von Arbeitnehmern aus anderen Mitgliedstaaten gegenüber den heimischen Arbeitnehmern ist daher unzulässig. Arbeitnehmer aus anderen Mitgliedstaaten haben das Recht, hinsichtlich aller Arbeitsbedingungen gleich behandelt zu werden. Daher schützt Art. 45 AEUV gleichermaßen vor unmittelbaren wie mittelbaren Diskriminierungen. Mittelbar diskriminierend sind Maßnahmen oder Regelungen, die zwar nicht an die Staatsangehörigkeit des Arbeitnehmers anknüpfen, jedoch eine Wirkung mit sich bringen, wonach überwiegend Arbeitnehmer aus anderen Mitgliedstaaten benachteiligt oder ihnen die Ausübung ihres Freizügigkeitsrechts und/oder der dazugehörigen Rechte spürbar erschwert werden können (EuGH *O'Flynn*, Slg. 1996, I-2617). Inwieweit darüber hinaus Art. 45 AEUV auch ein umfassendes Beschränkungsverbot enthält, ist noch nicht abschließend geklärt. Der EuGH hatte zwar in der Vergangenheit den Schutzgehalt der Arbeitnehmerfreizügigkeit auf ein Beschränkungsverbot ausgedehnt. Dabei ging es um Transferregelungen im Profifußball, wonach im Falle eines Wechsels der neue Verein dem alten Verein eine Entschädigung zahlen musste. Der Gerichtshof sah diese Regelungen als Beschränkung des Art. 45 AEUV an, da die Ausübung des Freizügigkeitsrechts dadurch erschwert werden würde (EuGH *Bosman*, Slg. 1995, I-4921). Die Reichweite dieses Beschränkungsverbots bedarf jedoch noch der weiteren Konkretisierung.

Weitere Rechte

Neben dem Diskriminierungsverbot vermittelt Art. 45 III AEUV dem Arbeitnehmer dann noch weitere Rechte, die im Folgenden dem Auszug der Norm entnommen werden können.

> (3) Sie gibt ... den Arbeitnehmern das Recht:
>
> a) sich um tatsächlich angebotene Stellen zu bewerben;
>
> b) sich zu diesem Zweck im Hoheitsgebiet der Mitgliedstaaten frei zu bewegen;
>
> c) sich in einem Mitgliedstaat aufzuhalten, um dort nach den für die Arbeitnehmer dieses Staates geltenden Rechts- und Verwaltungsvorschriften eine Beschäftigung auszuüben;
>
> d) nach Beendigung einer Beschäftigung im Hoheitsgebiet eines Mitgliedstaats unter Bedingungen zu verbleiben, welche die Kommission durch Verordnungen festlegt.

Art. 45 III AEUV

Die Arbeitnehmerfreizügigkeit kann nur effektiv durchgesetzt werden, wenn das Freizügigkeitsrecht des Betroffenen auch den Zugang zu der Arbeit umfasst. Hierzu gehört insbesondere der Zeitraum während der Bewerbung um eine Stelle. Zu diesem Zweck schützt Art. 45 III lit. a) die Einreise und den Aufenthalt des Betroffenen. Ob mit der Einreise neben der Bewerbung um eine Stelle noch ein weiterer Zweck verfolgt wird, ist unbeachtlich (EuGH *Levin*, Slg. 1982, 1035).

Das Recht aus Art. 45 III lit. a) AEUV wäre »zahnlos«, wenn sich der Betroffene in dem Mitgliedstaat zum Zwecke der Bewerbung nicht frei bewegen dürfte. Dies gewährleistet ihm daher Art. 45 III lit. b) AEUV. Diese beiden Rechte sind im Einzelnen noch durch Sekundärrechtsakte ausgestaltet worden.

Die weiteren Rechte aus Art. 45 III AEUV verleihen der Arbeitnehmerfreizügigkeit »Zähne«

Art. 45 III lit. c) verleiht dem Arbeitnehmer dann das Recht auf freie Bewegung in einem Mitgliedstaat, wenn er dort bereits eine Tätigkeit ausübt. Dieses Recht geht indes schon aus dem Diskriminierungsverbot hervor, da auch die inländischen Arbeitnehmer nach den ihnen national verliehenen Grundrechten Freizügigkeit in ihrem Heimatstaat genießen.

Schließlich gibt Art. 45 III lit. d) AEUV dem Arbeitnehmer nach Ende der Beschäftigung in einem anderen Mitgliedstaat ein Verbleiberecht. Dieses gilt nach dem einschlägigen Sekundärrecht (»Verbleibe-Verordnung«) auch für die Angehörigen des Arbeitnehmers. Zudem erwerben der Arbeitnehmer und seine Familienangehörige sogar ein Recht auf Dauer-Verbleib, wenn sie sich fünf Jahre lang ununterbrochen in dem Mitgliedstaat aufgehalten haben.

Die weiteren Rechte des Art. 45 III AEUV sind oft sekundärrechtlich ausgestaltet.

4.3. Bereichsausnahme und Rechtfertigung

Die Arbeitnehmerfreizügigkeit gehört zu den wenigen Grundfreiheiten, welche eine in der Praxis äußerst relevante Bereichsausnahme mit sich bringt. Zudem sind geschriebene Rechtfertigungsgründe zu beachten.

Bereichsausnahme für die öffentliche Verwaltung

Nach Art. 45 IV AEUV finden die Regelungen über die Arbeitnehmerfreizügigkeit keine Anwendung auf die Beschäftigung in der öffentlichen Verwaltung. Bei dieser Bestimmung handelt es sich um eine klassische Bereichsausnahme. Unter der öffentlichen Verwaltung versteht man eine Tätigkeit, welche eine Ausübung hoheitlicher Befugnisse mit sich bringt und sich auch auf die Wahrung der allgemeinen Belange der öffentlichen Hand bezieht (EuGH *CNR*, Slg. 1987, 2625). Hingegen ist eine Tätigkeit dann kein Bestandteil der öffentlichen Verwaltung, wenn lediglich eine Leistung erbracht wird, die einem öffentlichen Interesse (z.B. der Daseinsvorsorge) dient (EuGH *Kommission/Luxemburg*, Slg. 1996, I-3207).

Art. 45 IV AEUV ist eng auszulegen. Die Tätigkeit muss unmittelbar mit den staatlichen Kernaufgaben verbunden sein (EuGH *Kommission/Belgien*, Slg. 1980, 3881).

Es kommt daher nicht darauf an, ob der Betroffene lediglich »formal« nach den nationalen Vorschriften der Mitgliedstaaten Beschäftigter des öffentlichen Dienstes ist. Geboten ist vielmehr eine materielle Betrachtungsweise. So zählt zum Beispiel auch die Tätigkeit eines Studienreferendars nicht zu den staatlichen Kernaufgaben (EuGH *Lawrie-Blum*, Slg. 1986, 2121).

Schranke der öffentlichen Ordnung, Sicherheit und Gesundheit

Die in Art. 45 III AEUV beschriebenen Rechte gelten »vorbehaltlich der aus Gründen der öffentlichen Ordnung, Sicherheit und Gesundheit gerechtfertigten Beschränkungen«. Die Möglichkeiten der Rechtfertigung erscheinen somit geringer als bei der Warenverkehrsfreiheit. Die Rechtfertigungsgründe des Art. 45 III AEUV sind trotz alledem eng auszulegen.

Unter einer Beeinträchtigung der öffentlichen Ordnung sind Störungen der gesellschaftlichen Ordnung zu verstehen, womit eine bedeutende Gefahr für ein Interesse der Allgemeinheit verbunden sein muss (EuGH *Rutili*, Slg. 1975, 1231). Die öffentliche Sicherheit erfasst sowohl die äußere als auch die innere Sicherheit eines Staates (EuGH *Albore*, Slg. 2000, I-5965). Der Begriff der Gesundheit ist genauso wie im Rahmen der Rechtfertigungsprüfung bei der Warenverkehrsfreiheit auszulegen, so dass insoweit auf die dortigen Ausführungen verwiesen wird.

5. Niederlassungsfreiheit

Art. 49 AEUV

Niederlassungsfreiheit

> Die Beschränkungen der freien Niederlassung von Staatsangehörigen eines Mitgliedstaats im Hoheitsgebiet eines anderen Mitgliedstaats sind nach Maßgabe der folgenden Bestimmungen verboten. Das Gleiche gilt für Beschränkungen der Gründung von Agenturen, Zweigniederlassungen oder Tochtergesellschaften durch Angehörige eines Mitgliedstaats, die im Hoheitsgebiet eines Mitgliedstaats ansässig sind.
>
> Vorbehaltlich des Kapitels über den Kapitalverkehr umfasst die Niederlassungsfreiheit die Aufnahme und Ausübung selbstständiger Erwerbstätigkeiten sowie die Gründung und Leitung von Unternehmen, insbesondere von Gesellschaften im Sinne des Artikels 54 Absatz 2, nach den Bestimmungen des Aufnahmestaats für seine eigenen Angehörigen.

Niederlassungsfreiheit als weiteres Recht auf wirtschaftliche Mobilität

Die Niederlassungsfreiheit bildet einen weiteren Gewährleistungsfaktor für die wirtschaftliche Mobilität in der Union. Die Betroffenen sollen nur von ökonomischen Gesichtspunkten geleitet den Standort zur Ausübung ihrer Tätigkeit frei wählen dürfen.

Die Niederlassungsfreiheit umfasst im Gegensatz zur Arbeitnehmerfreizügigkeit das spezifische Freizügigkeitsrecht von Selbstständigen. Art. 49 AEUV legt diese Freizügigkeit zunächst für natürliche Person fest; juristische Personen werden durch Art. 49 II i.V.m. Art. 54 AEUV aber gleichermaßen vom Schutzbereich erfasst. Mit Art. 50 und Art. 53 AEUV finden sich gleich zwei Rechtsgrundlagen für Harmonisierungsmaßnahmen auf dem Gebiet des Niederlassungsrechts. Insbesondere die aus Art. 53 AEUV hervorgegangenen Richtlinien zur gegenseitigen Anerkennung von Berufsqualifikationen waren ein Meilenstein zur Verwirklichung der Niederlassungsfreiheit, wenngleich diese Anerkennungspflichten hinsichtlich der verschiedenen Berufsgruppen recht unterschiedlich fortgeschritten sind.

Art. 53 AEUV regelt die gegenseitige Anerkennung von Berufsqualifikationen.

Eine Bereichsausnahme für die öffentliche Verwaltung enthält dann Art 51 AEUV – insofern kann auf die obigen Ausführungen zur Arbeitnehmerfreizügigkeit verwiesen werden.

5.1. Anwendungsbereich

Im Mittelpunkt des Anwendungsbereiches der Art. 49 ff. AEUV steht der Begriff der Niederlassung. Der Kreis der begünstigten Personen erstreckt sich dabei sowohl auf natürliche als auch juristische Personen. Schwierig ist bisweilen die Abgrenzung zu anderen Grundfreiheiten, vor allem der Dienstleistungsfreiheit sowie der Kapitalverkehrsfreiheit.

Begriff der Niederlassung

Eine Niederlassung umfasst die tatsächliche Ausübung einer wirtschaftlichen Tätigkeit mittels einer festen Einrichtung in einem anderen Mitgliedstaat auf unbestimmte Zeit (EuGH *Kommission/Portugal-Wachdienste*, Slg. 2004, I-0000). De facto entsteht daraus sowohl ein »Ausübungsrecht« als auch ein »Aufenthaltsrecht«. Die Tätigkeit selbst kann dabei im Übrigen auch auf andere Mitgliedstaaten ausgerichtet sein. Wichtig ist stets das Vorhandensein eines grenzüberschreitenden Sachverhalts. Eine Niederlassung kann in mehreren Mitgliedstaaten erfolgen, weshalb zwischen »primärer« und »sekundärer« Niederlassung zu unterscheiden ist.

Zu unterscheiden ist zwischen »primärer« und »sekundärer« Niederlassung.

Unter primärer Niederlassung versteht man die erstmalige Aufnahme und Ausübung einer selbstständigen Erwerbstätigkeit oder die Gründung und Leitung von Unternehmen in einem anderen Mitgliedstaat (EuGH *Kommission/Frankreich – Steuergutschriften*, Slg. 1986, 273). Die sekundäre Niederlassung beruht hingegen auf der Gründung einer primären Niederlassung, sie bezeichnet also die weitere Ausübung einer selbstständigen Tätigkeit in einem anderen Mitgliedstaat mittels einer Zweigniederlassung, Tochtergesellschaft oder Agentur (EuGH *Baars*, Slg. 2000, I-2787). Primäre und sekundäre Niederlassung werden gleichermaßen von den Art. 49 ff. AEUV geschützt.

Persönlicher Schutzbereich

Zum einen können sich natürliche Personen auf die Niederlassungsfreiheit berufen. Voraussetzung hierfür ist lediglich die Staatsangehörigkeit eines Mitgliedstaats. Die betroffene Person muss »selbstständig« sein, sie darf sich somit nicht in einem abhängigen Beschäftigungsverhältnis befinden; in diesem Fall würde der Schutzbereich der Arbeitnehmerfreizügigkeit eröffnet sein. Die Art der ausgeübten selbstständigen Tätigkeit ist dagegen unerheblich, so lange es sich um eine wirtschaftliche Tätigkeit handelt.

Anknüpfungsmöglichkeiten an die Herkunft bei Gesellschaften

Über Art. 54 I AEUV wird der Kreis der geschützten Personen auf Gesellschaften ausgedehnt. Die Anknüpfung an die Staatsangehörigkeit kann bei Gesellschaften dabei über zweierlei Wege erfolgen:

- über den Gründungsort der Gesellschaft
- über den satzungsmäßigen Sitz, den Sitz der Hauptverwaltung oder die Hauptniederlassung der Gesellschaft

Umstritten ist, ob darüber hinaus eine tatsächliche Verbindung mit dem betroffenen Mitgliedstaat bestehen muss, oder ob auch eine reine »Briefkastenfirma« als Gesellschaft anzusehen ist. Der EuGH hat sich letzterer Auffassung angeschlossen (EuGH *Segers, Slg. 1986, 2375*).

Nach Art. 54 II AEUV gelten als Gesellschaften die Gesellschaften des bürgerlichen Rechts und des Handelsrechts, die Genossenschaften sowie die juristischen Personen des öffentlichen und privaten Rechts, die keinen Erwerbszweck verfolgen.

Verpflichtete der Art. 49 ff. AEUV sind zunächst die Mitgliedstaaten (»...Beschränkungen ... eines anderen Mitgliedstaat...«).

Bindung intermediärer Gewalten an die Niederlassungsfreiheit

Der EuGH hat indes bereits entschieden, dass wie der Arbeitnehmerfreizügigkeit ebenso der Niederlassungsfreiheit als Personenverkehrsfreiheit insofern eine mittelbare Drittwirkung zukommt, als dass auch intermediäre Gewalten an Art. 49 ff. AEUV gebunden sind. In seinem jüngsten Leiturteil befand der Gerichtshof, dass Gewerkschaften als kollektive Regelgeber an die Niederlassungsfreiheit gebunden sind. Die finnische Gewerkschaft FSU weigerte sich damals, gegenüber dem Unternehmen Viking ihre Zustimmung zu einem neuen Tarifvertrag abzugeben, welcher die Errichtung einer neuen Niederlassung beinhaltete. Um die Gesellschaft dazu zu bringen, von der Errichtung dieser neuen Niederlassung abzusehen, bestreikte die FSU das Schiff Rosella der Gesellschaft, mittels welchem die neue Niederlassung errichtet werden sollte. Der EuGH sah in dieser Maßnahmen die Ausübung faktischen Zwangs durch einen kollektiven Regelgeber (EuGH *Viking*, Slg. 2007, I-10779).

Abgrenzung zu anderen Grundfreiheiten

Hinsichtlich der Abgrenzung von Niederlassungsfreiheit und Arbeitnehmerfreizügigkeit wurde bereits dargelegt, dass diese nach den Kriterien der weisungsabhängigen Tätigkeit sowie der selbstständigen Tätigkeit vorzunehmen ist.

Schwierigkeiten bereitet dann vor allem die Abgrenzung zwischen Niederlassungsfreiheit und Dienstleistungsfreiheit. Eine solche ist schon deshalb notwendig, weil nach Art. 57 I AEUV die Dienstleistungsfreiheit gegenüber der Niederlassungsfreiheit subsidiär ist. Als Abgrenzungskriterien dienten bisher der Begriff der Niederlassung, die Dauer des Aufenthalts sowie die Regelmäßigkeit der Tätigkeit (EuGH *Gebhard*, Slg. 1995, I-4165). Inzwischen stellt der EuGH zusätzlich noch auf die Intention der Parteien ab, was folgendes **Beispiel** (nach EuGH *Kommission/Deutschland*, Slg. 1986, 3755) verdeutlicht:

Im Mitgliedstaat D bestimmt das dortige Versicherungsaufsichtsgesetz, dass Direktversicherer, welche ihre Tätigkeit im Mitgliedstaat D durch Vermittler erbringen wollen, dafür eine Niederlassung oder Zulassung benötigen. Zudem dürften einheimische Versicherer keine Verträge mit ausländischen Versicherern vermitteln.

Der Gerichtshof sah in dieser Konstellation vorrangig den Schutzbereich der Niederlassungsfreiheit als eröffnet an. Denn eine Niederlassung könne nach der Intention der Parteien auch dauerhaft vorliegen, wenn die Tätigkeit in dem betroffenen Mitgliedstaat lediglich durch ein Büro wahrgenommen wird, wie hier hinsichtlich der Vermittlung von Versicherungsleistungen.

Schließlich bereitet auch die Abgrenzung von Niederlassungsfreiheit und Kapitalverkehrsfreiheit bei Konstellationen aus dem Steuerrecht oder der Beteiligung an einem Unternehmen eines anderen Mitgliedstaats Schwierigkeiten. Dies wird auch durch die hierzu ergangene und nicht immer einheitliche Rechtsprechung des EuGH bestätigt (vgl. dazu auch S. 76 ff.). Grundsätzlich ist dann vom Vorliegen einer Niederlassung auszugehen, wenn durch die Höhe einer Beteiligung an einer Gesellschaft ein bestimmender Einfluss auf die Gesellschaft und deren Entscheidungen ausgeübt werden kann; ist dies nicht der Fall ist der Schutzbereich der Kapitalverkehrsfreiheit eröffnet (EuGH *Baars*, Slg. 2000, I-2805).

5.2. Beschränkungen

Art. 49 ff. AEUV enthalten ein Diskriminierungsverbot sowie ein umfassendes Beschränkungsverbot.

Im Folgenden sollen die verschiedenen Beschränkungsformen des Rechts auf freie Niederlassung erörtert werden. Inzwischen ist man sich einig, dass die Niederlassungsfreiheit nicht nur ein Diskriminierungsverbot, sondern auch ein umfassendes Beschränkungsverbot enthält.

Diskriminierungsverbot

Aus Art. 49 AEUV ergibt sich ein Verbot von unmittelbaren und mittelbaren Diskriminierungen. Jede Unterscheidung nach der Staatsangehörigkeit ist danach unzulässig. Dies gilt auch für Regeln, welche die Ausübung der Tätigkeit betreffen. Unmittelbare Diskriminierungen können zum einen durch ein Verbot der Aufnahme bestimmter Tätigkeiten für Ausländer erfolgen. Zum anderen ist eine Diskriminierung auch im Falle von speziellen Genehmigungserfordernissen für Ausländer bereits gegeben. Auch das Erfordernis, sich zuvor in den betroffenen Mitgliedstaaten aufgehalten haben zu müssen, führt zu einer Ungleichbehandlung gegenüber Inländern (EuGH *Kommission/Luxemburg*, Slg. 1993, I-840).

Auch Maßnahmen des Herkunftsstaates können verboten sein.

Zu beachten ist, dass auch Behinderungen des »Wegzugs« durch den Herkunftsstaat gegenüber seinen eigenen Angehörigen eine Diskriminierung darstellt (*Geiger/Khan/Kotzur*, Art. 49 AEUV, Rdn. 10).

Verboten sind ferner mittelbare und versteckte Ungleichbehandlungen. Hierbei sind mehrere Konstellationen denkbar, in denen eine Regelung zwar nicht an die Staatsangehörigkeit anknüpft, jedoch faktisch Ausländer in besonderem Maße trifft. Die Rechtsprechung ist hier stark einzelfallgeprägt, so dass man sich bei der Bearbeitung derartiger Konstellationen stets obige Grundregeln vor Augen halten sollte. Als mittelbare Diskriminierungen hat der EuGH etwa einen höheren Steuersatz für bestimmte Ausländer (EuGH *Asscher*, Slg. 1996, I-3113) oder die vorzugsweise Erteilung von Aufträgen an von der öffentlichen Hand kontrollierten Unternehmen (EuGH *Kommission/ Italien*, Slg. 1989, 4035) erachtet.

Umfassendes Beschränkungsverbot

Nach dem Wortlaut des Art. 49 I AEUV sind »Beschränkungen der freien Niederlassung ... verboten«. Schon hier wird angedeutet, dass der Niederlassungsfreiheit ein umfassendes Beschränkungsverbot zu Grunde liegt. Der EuGH und die Literatur haben dies im Laufe der Zeit bestätigt. Danach sind sämtliche Hindernisse, welche die Errichtung einer Niederlassung oder die Ausübung einer selbstständigen Tätigkeit in einem anderen Mitgliedstaat betreffen, unzulässig. Konkret ist damit jede Maßnahme oder Regelung, welche geeignet ist, die Ausübung selbstständiger Erwerbstätigkeiten durch Angehörige eines anderen Mitgliedstaats zu erschweren oder weniger attraktiv zu machen, verboten (EuGH *Gebhard*, Slg. 1995, I-4165). Durch dieses Beschränkungsverbot erübrigt sich oft auch die schwierige Unterscheidung zwischen mittelbaren Diskriminierungen und sonstigen Beschränkungen, da im Zweifel jedenfalls Letzteres angenommen werden kann.

Bei der Niederlassungsfreiheit führt das umfassende Beschränkungsverbot daher in beachtlichem Maße zu einer Betonung des Herkunftslandsprinzips.

Betonung des Herkunftslandsprinzips

Deutlich wird dies beispielsweise bei der Frage der Anerkennung ausländischer Berufsbefähigungsnachweise. So sind jene Berufsqualifikationen, welche im Heimatstaat erworben werden, nach Art. 49 I AEUV grundsätzlich in einem anderen Mitgliedstaat anzuerkennen, sofern dies nicht ohnehin schon auf Grundlage von Art. 53 AEUV sekundärrechtlich für die betroffene Berufsgruppe geregelt wurde. Aber auch in anderen Bereichen, etwa der Bedingungen hinsichtlich der Ausübung der jeweiligen Tätigkeit, kann das Beschränkungsverbot des Art. 49 I AEUV recht weit verstanden werden.

5.3. Rechtfertigung

Eingriffe in die Niederlassungsfreiheit können sowohl durch geschriebene als auch ungeschriebene Schranken gerechtfertigt sein. Besonderheiten ergeben sich bei der Einschränkung der Mobilität von Gesellschaften.

Die Rechtfertigungsgründe

Eingriffe können zunächst gem. Art. 52 I AEUV zum Schutz der öffentlichen Ordnung, Sicherheit und Gesundheit gerechtfertigt sein. Diese Schranke betrifft ausschließlich diskriminierende Maßnahmen, was aus dem Wortlaut abgeleitet werden kann (»Maßnahmen...die eine Sonderregelung für Ausländer vorsehen...«). Die Klausel entspricht der von den übrigen Grundfreiheiten bekannten geschriebenen Schranke. Die Schutzgüter des Art. 52 I AEUV sind daher eng auszulegen. Es bedarf insoweit einer hinreichenden und konkreten Gefährdung eines Grundinteresses der Gesellschaft. Die Maßstäbe hierfür sind teils dem auf Grundlage von Art. 52 II AEUV ergangenem Sekundärrecht zu entnehmen. Stets ist dabei aber der Verhältnismäßigkeitsgrundsatz zu wahren, so dass die in Rede stehenden Maßnahmen zur Zielerreichung geeignet und erforderlich sein müssen.

Neben Art. 52 I AEUV besteht mittels Übertragung der »Cassis de Dijon«-Formel aber auch die Möglichkeit, nichtdiskriminierende Eingriffe zu rechtfertigen. Eine Beschränkung ist daher zulässig, wenn zwingende Gründe des Allgemeinwohls dies erfordern (EuGH *Gebhard*, Slg. 1995, I-4165).

> Rechtfertigung von besonderen Berufsbefähigungsnachweisen insbesondere durch die »Cassis de Dijon«-Formel möglich

Besonders relevant wird dies bei der Problematik der Anerkennung von ausländischen Berufsqualifikationen. So kann die Voraussetzung besonderer Befähigungsnachweise durch den Zielstaat gerechtfertigt sein, wenn dies beispielsweise im Interesse des Gesundheitsschutzes oder des allgemeinen Schutzniveaus des Mitgliedstaats im betreffenden Bereich liegt. Jedoch darf eine im Heimatstaat erworbene Berufsqualifikation nicht pauschal als unzureichend gewertet werden. Vielmehr muss der Zielstaat prüfen, ob die erworbene Qualifikation gegenüber der nach inländischem Recht erforderlichen Qualifikation gleichwertig ist (EuGH *de Castro*, Slg. 1998, I-6767). Ist dies nur teilweise der Fall, so muss der Betroffene die Möglichkeit haben, durch andere Qualifikationsnachweise seine Befähigung insgesamt nachzuweisen (EuGH *Vlassopoulou*, Slg. 1992, I-3025). Dies ist Ausprägung des allgemeinen Grundsatzes der Verhältnismäßigkeit.

Auch hier zeigt sich jedoch wiederum, dass der EuGH diesen Grundsätzen bei manchen Berufsgruppen mehr Bedeutung zumisst als bei anderen. Dazu folgendes **Beispiel** (nach EuGH *Doc Morris II*, Slg. 2009, I-0000):

Im Mitgliedstaat D ist für den Betrieb einer Apotheke eine nach dem Apothekengesetz abzulegende Approbation erforderlich. Zudem darf eine Apotheke nur in Form der Gesellschaft bürgerlichen Rechts oder der Offenen Handelsgesellschaft betrieben werden. Der Approbationsinhaber darf dabei lediglich bis zu drei Filialen betreiben. Ausländischen Kapitalgesellschaften ist der Betrieb einer Apotheke im Mitgliedstaat D daher verwehrt, auch wenn deren Gesellschafter entsprechende Befähigungsnachweise nach dem Recht ihres Heimatstaats vorweisen können.

Der EuGH sah diese Regelung als eine zulässige Beschränkung der Niederlassungsfreiheit aus zwingenden Gründen des Allgemeininteresses an. Konkret seien die Regelungen erforderlich, um den Gesundheitsschutz der Bevölkerung sowie das finanzielle Gleichgewicht der Sozialversicherungssysteme sicherzustellen. Die Mitgliedstaaten könnten dabei das Schutzniveau im Rahmen des ihnen zustehenden Ermessensspielraums auf Grundlage einer Vorsorgeprognose festlegen. Die konkrete Ausgestaltung sei wegen der überragenden Bedeutung von Arzneimitteln und der damit verbunden Gefahren, wie der Verschwendung von öffentlichen Finanzmitteln, im Ergebnis auch verhältnismäßig. Dies verdeutlicht einmal mehr, dass der EuGH bei der Frage der Rechtfertigung von Beschränkungen für Belange des Gesundheitsschutzes eher empfänglich ist als für andere Belange der Mitgliedstaaten.

Die Rechtsprechung zur Mobilität von Gesellschaften

Eine besondere Rolle bei der Diskussion um die Rechtfertigung von Beschränkungen der Art. 49 ff. AEUV nimmt die Rechtsprechung des EuGH zur Mobilität von Gesellschaften ein. Die hierzu ergangenen Entscheidungen beschäftigen sich neben besonderen Schutzgütern auch mit der Kollision verschiedener Gesellschaftsrechtsordnungen sowie mit dem Missbrauch der Grundfreiheiten.

In der Ausgangsentscheidung »Daily Mail« ging es um eine englische Holding, welche aus steuerlichen Gründen ihren Sitz in die Niederlande verlegen wollte. Die dafür erforderliche Genehmigung der britischen Behörde wurde verweigert.

»Daily Mail«: Keine Verletzung der Niederlassungsfreiheit durch reine »Wegzugsbeschränkung«

Der EuGH sah in dieser »Wegzugsbeschränkung« keinen Verstoß gegen Art. 49, 52 AEUV, da die Gesellschaft nur nach englischem Recht rechtsfähig sei und darüber hinaus keine Realität habe (EuGH *Daily Mail*, Slg. 1988, I-5505).

Im Folgeurteil »Centros« wollte ein dänisches Ehepaar für ihre in England gegründete Gesellschaft eine Zweigniederlassung in Dänemark errichten. Die dänische Behörde verweigerte dies mit dem Argument, dass die Gesellschaft in England überhaupt keine Geschäftstätigkeit entfalte und dort nur zur Umgehung der dänischen Eigenkapitalvorschriften gegründet worden sei. Dies genügte dem EuGH nicht für eine Rechtfertigung.

»Centros«: Keine Rechtfertigung wegen missbräuchlicher Umgehung nationalen Rechts betreffend der Vorschriften über die Errichtung von Gesellschaften

Zwar hat der Gerichtshof in seinem Urteil anerkannt, dass der missbräuchliche Entzug von nationalen Vorschriften mittels der Grundfreiheiten nicht gestattet sei, jedoch gelte dies nur für Vorschriften über die Errichtung, nicht aber über die Ausübung von Gesellschaften (EuGH *Centros*, Slg. 1999, I-1459).

Die Grundfreiheiten des AEU-Vertrages

»Überseering« und »Inspire Art«: Beurteilung der Rechtsfähigkeit einer Gesellschaft nach dem Recht des Gründungsstaates der Gesellschaft

In der Sache »Überseering« klagte eine niederländische Gesellschaft gegen ein deutsches Unternehmen wegen durch dieses in Deutschland für Überseering angeblich mangelhaft durchgeführter Renovierungsarbeiten. Während des Prozesses vor dem nationalen Gericht erwarben zwei Deutsche die Mehrheit an Überseering. Das deutsche Gericht wies deshalb die Klage ab, weil Überseering nun seinen tatsächlichen Sitz in Deutschland habe, die Vorschrift des deutschen Kapitalgesellschaftsrechts aber nicht erfülle. Der EuGH sah darin keinen ausreichenden Rechtfertigungsgrund und stellte eine Verletzung von Art. 49, 52 AEUV fest, da kein zwingender Grund des Allgemeinwohls gegeben war (EuGH *Überseering*, Slg. 2002, I-9919).

Einschneidend war dann die Entscheidung in der Sache »Inspire Art«. Es ging um einen Antrag einer englischen Gesellschaft auf Eintragung einer Zweigniederlassung in das niederländische Register. Nach einem niederländischen Gesetz musste die englische Gesellschaft aber die Bezeichnung »formale ausländische Gesellschaft« führen. Dem schob der EuGH einen Riegel vor.

Denn eine Gesellschaft sei als solche nach dem Recht ihres Gründungsstaats zu beurteilen und anzuerkennen, wenn mit der Aufnahme der Tätigkeit in einem anderen Mitgliedstaat kein Rechtsmissbrauch verbunden ist. Letzteres sei hier nicht ersichtlich (EuGH *Inspire Art*, Slg. 2003, I-10155).

Im Urteil »Sevic« hat der Gerichtshof dann schließlich entschieden, dass auch grenzüberschreitende Verschmelzungen unter den Schutzbereich der Niederlassungsfreiheit fallen. Die Verweigerung der Eintragung einer Verschmelzung (hier einer »Hineinverschmelzung«) sei nur gerechtfertigt, wenn dies zum Schutze von Gläubigern, Minderheitsgesellschaftern oder Arbeitnehmern erforderlich ist (EuGH *Sevic*, Slg. 2005, I-425).

»Sevic« und »Cartesio«: Uneinheitliche Rechtsprechung im Falle von Verschmelzung und Wegzug von Gesellschaften

Allerdings hat der Gerichtshof jüngst in der Sache »Cartesio« befunden, dass im Falle eines Wegzugs durch »Hinausverschmelzung« eine Regelung, die es einer nationalen Gesellschaft verwehrt, nach einem Wegzug ihre gründungsmäßige Rechtsform beizubehalten, nicht gegen die Niederlassungsfreiheit verstößt (EuGH *Cartesio*, Slg. 2008, I-9641).

Missbrauch der Grundfreiheiten durch Umgehung nationale Vorschriften als Rechtfertigungsgrund

Die obige Rechtsprechung lässt erkennen, dass eine Umgehung der Vorschriften des Gesellschaftsrechts des Zielstaates einen Missbrauch der Grundfreiheiten darstellen und somit daraus eine Rechtfertigung von Beschränkungen resultieren kann. Wann genau ein solcher Missbrauch vorliegt, ist freilich oftmals schwierig zu bestimmen.

Die Voraussetzungen dafür sind jedoch eng gezogen. Insbesondere kann im Hinblick auf die Anerkennung der Rechtsfähigkeit nicht einfach auf den tatsächlichen Sitz der Hauptverwaltung (»Sitztheorie«) abgestellt werden – die Rechtsfähigkeit der Gesellschaft ist vielmehr nach dem Rechts des Gründungsstaates zu beurteilen (»Gründungsrechtstheorie«). Im Einzelnen ist hier aber nach wie vor Vieles umstritten.

»Sitztheorie« vs. »Gründungsrechtstheorie«

6. Dienstleistungsfreiheit

Art. 56 AEUV

Dienstleistungsfreiheit

Die Beschränkungen des freien Dienstleistungsverkehrs innerhalb der Union für Angehörige der Mitgliedstaaten, die in einem anderen Mitgliedstaat als demjenigen des Leistungsempfängers ansässig sind, sind nach Maßgabe der folgenden Bestimmungen verboten.

Das Europäische Parlament und der Rat können gemäß dem ordentlichen Gesetzgebungsverfahren beschließen, dass dieses Kapitel auch auf Erbringer von Dienstleistungen Anwendung findet, welche die Staatsangehörigkeit eines dritten Landes besitzen und innerhalb der Union ansässig sind.

Die Dienstleistungsfreiheit gewährleistet die Erbringung grenzüberschreitender Dienstleistungen in der Union. Ausgenommen sind nach Art. 62 i.V.m. 51 AEUV Tätigkeiten in Ausübung öffentlicher Gewalt. Sie ergänzt dabei die anderen Grundfreiheiten, vor allem die Niederlassungsfreiheit oder die Warenverkehrsfreiheit. Die beiden Letzteren gehen der Dienstleistungsfreiheit aber vor, da sie einen spezielleren Anwendungsbereich aufweisen. Die Abgrenzung ist mitunter schwierig; in der Regel ist auf den Schwerpunkt der inhaltlich betroffenen Freiheiten abzustellen. Art. 58 AEUV regelt dann explizit das besondere Verhältnis zu Verkehrsdienstleistungen und dem Kapitalverkehr. Das Verbot aus Art. 56 AEUV ist unmittelbar anwendbar, unter Privaten bindet es unmittelbar aber nur intermediäre Gewalten (vgl. insofern zur Niederlassungsfreiheit S. 58). Nach Art. 62 AEUV kommen die Regelungen der Art. 51 bis 54 AEUV auch bei der Dienstleistungsfreiheit zur Anwendung.

Konkretisiert wird Art. 56 AEUV vor allem durch die Dienstleistungsrichtlinie (EG/2006/123), welche die Wettbewerbsfähigkeit der EU im Dienstleistungssektor steigern soll, wobei viele Dienstleistungsbereiche vom Anwendungsbereich der Richtlinie ausgenommen sind.

Die Dienstleistungsrichtlinie als wichtiger Faktor für die Liberalisierung des Dienstleistungsverkehrs innerhalb der EU

Kerngehalt der Dienstleistungsrichtlinie ist die strenge Beibehaltung des Herkunftslandsprinzips, die Umsetzung verschiedener Liberalisierungsaufträge sowie die Schaffung einheitlicher Ansprechpartner für Dienstleistungen (*Geiger/Khan/Kotzur*, Art. 57 AEUV, Rdn. 9, 10). Wichtige Neuerungen enthält die Richtlinie zudem im Hinblick auf die Vereinfachung des Verwaltungsverfahrens in den Mitgliedstaaten. Die Regelungen der Richtlinie sind in Wissenschaft und Praxis im Einzelnen aber noch sehr umstritten. Weitere Liberalisierungsmaßnahmen können im Übrigen gem. Art. 59, 60 AEUV durch den Erlass von neuem Sekundärrecht verwirklicht werden.

6.1. Anwendungsbereich

Der Begriff der Dienstleistung ist das zentrale Tatbestandsmerkmal der Art. 56 ff. AEUV. Die Dienstleistungserbringung selbst kann dann auf unterschiedlichem Wege erfolgen.

Dienstleistungen

Der Begriff der Dienstleistung wird in Art. 57 AEUV näher beschrieben. Die Vorschrift ist der wichtigste Ausgangspunkt im Rahmen der Prüfung, ob eine Dienstleistung vorliegt.

Dienstleistungen	Art. 57 AEUV

Dienstleistungen im Sinne der Verträge sind Leistungen, die in der Regel gegen Entgelt erbracht werden, soweit sie nicht den Vorschriften über den freien Waren- und Kapitalverkehr und über die Freizügigkeit der Personen unterliegen.

Als Dienstleistungen gelten insbesondere:

a) gewerbliche Tätigkeiten,

b) kaufmännische Tätigkeiten,

c) handwerkliche Tätigkeiten,

d) freiberufliche Tätigkeiten.

Unbeschadet des Kapitels über die Niederlassungsfreiheit kann der Leistende zwecks Erbringung seiner Leistungen seine Tätigkeit vorübergehend in dem Mitgliedstaat ausüben, in dem die Leistung erbracht wird, und zwar unter den Voraussetzungen, welche dieser Mitgliedstaat für seine eigenen Angehörigen vorschreibt.

Art. 57 AEUV macht nochmals deutlich, dass die Dienstleistungsfreiheit subsidiär gegenüber den anderen spezielleren Grundfreiheiten ist.

Subsidiarität der Dienstleistungsfreiheit

Art. 57 II AEUV enthält eine Aufzählung verschiedener Tätigkeiten, welche allesamt als Dienstleistungen einzustufen sind. Die Aufzählung in Art 57 II AEUV ist nicht abschließend, sondern hat lediglich eine gewisse Umgrenzungsfunktion. Generell ist der Begriff der Dienstleistung sehr weit zu verstehen. So hat der EuGH in der Vergangenheit bereits auch andere Tätigkeiten über die Einordnung des Art. 57 AEUV hinaus als Dienstleistungen eingeordnet. Dies gilt beispielsweise für sportliche (EuGH *Lehtonen*, Slg. 2000, I-2681) oder soziale (EuGH *Sodemare*, Slg. 1997, I-3395) Tätigkeiten.

Unabhängig davon, um was für eine Tätigkeit es sich genau handelt, haben sich für den Begriff der Dienstleistung auch drei ungeschriebene Tatbestandsmerkmale aus Art. 56, 57 AEUV herausgebildet. So muss die Tätigkeit eine Selbstständige sein, was aus der Aufzählung des Art. 57 II AEUV hervorgeht, da es sich dort ausschließlich um selbstständige Tätigkeiten handelt. In Anlehnung an die der Dienstleistungsfreiheit spezielleren Vorschriften über die Niederlassungsfreiheit muss es zudem um eine erwerbswirtschaftliche Tätigkeit gehen. Die Tätigkeit muss also gegen Entgelt, gleich welcher Art, erbracht werden. Letztlich muss die Dienstleistung einen grenzüberschreitenden Bezug aufweisen, was bereits auch für die übrigen Grundfreiheiten gilt (vgl. zu diesen Voraussetzungen *Geiger/Khan/Kotzur*, Art. 57 AEUV, Rdn. 5-7).

Arten der Dienstleistungserbringung

Bei der Feststellung des grenzüberschreitenden Bezugs der Dienstleistung ist zu beachten, dass die Dienstleistungserbringung über die Grenze auf verschiedenem Wege erfolgen kann.

Es gibt vier Varianten der grenzüberschreitenden Dienstleistungserbringung.

Zunächst kann sich der Dienstleistungserbringer von einem Mitgliedstaat in einen anderen Mitgliedstaat zum Dienstleistungsempfänger begeben (»aktive Dienstleistung«). Dies ist der klassische Fall der Dienstleistungserbringung. Beispiele hierfür sind der Vertreter, welcher sich zu einem Kunden begibt oder der Rechtsanwalt, der einen Mandanten aufsucht. Umgekehrt kann sich aber auch der Empfänger von einem Mitgliedstaat in einen anderen zum Erbringer begeben (»passive Dienstleistung«). Dies ist etwa der Fall, wenn ein Patient in einem anderen Mitgliedstaat medizinische Behandlung in Anspruch nimmt (EuGH *Luisi*, Slg. 1984, 377). Die Dienstleistung kann aber auch schlichtweg nur übermittelt werden, etwa auf elektronischem Wege. Dazu zählen auch Rundfunk und Fernsehen (EuGH *TV 10*, Slg. 1995, I-4795). Schließlich ist es auch denkbar, dass Erbringer und Empfänger gemeinsam in einem anderen Mitgliedstaat das Dienstleistungsgeschäft abwickeln. Dies trifft zum Beispiel auf die Inanspruchnahme der Tätigkeit eines Fremdenführers zu (EuGH *SETTG*, Slg. 1997, I-3091).

Die Einordnung in diese vier Kategorien der grenzüberschreitenden Dienstleistungserbringung ermöglicht es, die Reichweite der Art. 56 ff. AEUV strukturell zu erfassen. Zudem kann im Zusammenhang mit der

Falllösung somit schneller erkannt werden, wo genau eine Maßnahme anknüpft.

Übersicht zu den Möglichkeiten der grenzüberschreitenden Dienstleistungserbringung

1) »Aktive Dienstleistung«: Der Erbringer der Dienstleistung begibt sich von einem Mitgliedstaat zum Empfänger in einen anderen Mitgliedstaat

2) »Passive Dienstleistung«: Der Empfänger begibt sich von einem Mitgliedstaat zum Erbringer in einen anderen Mitgliedstaat

3) »Korrespondenzdienstleistung«: Die Dienstleistung wird von einem Mitgliedstaat in einen anderen übermittelt

4) »Externe Dienstleistung«: Erbringer und Empfänger begeben sich beide in einen anderen Mitgliedstaat, wo die Dienstleistung erbracht wird

---

6.2. Beschränkungen

Wie bei den bisher erörterten Grundfreiheiten kann auch die Dienstleistungsfreiheit durch diskriminierende und nichtdiskriminierende Maßnahmen beschränkt werden.

Diskriminierungen

Sowohl der Dienstleistungserbringer als auch der Dienstleistungsempfänger dürfen nicht aus Gründen der Staatsangehörigkeit bei der Ausübung ihres Rechts aus Art. 56 AEUV diskriminiert werden. Insofern gilt das Gebot der Inländergleichbehandlung. Für den Dienstleistungsempfänger ist dies besonders bei Gesundheitsdienstleistungen relevant, für welche er sich in einen anderen Mitgliedstaat begibt. Ungleichbehandlungen des Dienstleistungsempfängers gegenüber einheimischen Patienten sind daher verboten. Daher darf die Erstattung von Behandlungskosten des Dienstleistungsempfängers in einem anderen Mitgliedstaat auch nicht von der Genehmigung dessen Sozialversicherungsträgers abhängig gemacht werden (EuGH *Kohll*, Slg. 1998, I-1931).

Problem des generellen Verbots einer Tätigkeit in einem Mitgliedstaat

Probleme bereiten dann jene Konstellationen, in denen eine Tätigkeit in einem Mitgliedstaat verboten ist, in einem anderen aber nicht.

Zu nennen ist in diesem Zusammenhang vor allem der Schwangerschaftsabbruch. Begibt sich der Dienstleistungserbringer in den Staat des Dienstleistungsempfängers und ist dort die Tätigkeit verboten, ist schon keine Diskriminierung gegeben, da das Verbot gleichermaßen für Inländer gilt. Fraglich ist aber, ob dies auch im umgekehrten Fall gilt, wenn der Dienstleistungsempfänger als Angehöriger eines Staats mit einem Verbot sich zum Dienstleistungserbringer in einen Staat begibt, wo die Tätigkeit erlaubt ist. Der EuGH hat entschieden, dass hier die Dienstleistungsfreiheit zur Anwendung kommt, da ansonsten sich das in Rede stehende Verbot über die Grenzen des eigenen Staates erstrecke und somit den Markt für Dienstleistungen auch in dem Zielstaat behindere (EuGH *SPUC*, Slg. 1991, I-4685).

Sonstige Beschränkungen

Nach dem Wortlaut des Art. 56 AEUV umfasst die Dienstleistungsfreiheit aber auch ein Beschränkungsverbot, so dass nichtdiskriminierende Maßnahmen ebenfalls zu einer Verletzung führen können. Daher sind sämtliche Beschränkungen unzulässig, die zwar unterschiedslos gelten, aber geeignet sind, die Tätigkeit eines in einem anderen Mitgliedstaat ansässigen Dienstleistenden, der dort Dienstleistungen erbringt, zu verhindern oder zu beeinträchtigen (EuGH *Vander Elst*, Slg. 1994, I-3803). Dieses Verbot gilt zum einen für Mitgliedstaaten, in denen die Dienstleistung erbracht wird, sowie zum anderen für Mitgliedstaaten, von deren Gebiet sie ausgeht (EuGH *Alpine Investments*, Slg. 1995, I-1141).

Kein Verbot im Hinblick auf Regelungen, welche lediglich die Modalitäten der Dienstleistungserbringung regeln

In Anlehnung an die »Keck«-Formel fallen darunter aber nicht Regelungen, welche nicht an den Zugang zur Dienstleistung, sondern lediglich an die Modalitäten der Dienstleistungserbringung anknüpfen.

Dies zugrunde legend können als sonstige Beschränkungen beispielsweise erachtet werden: Vorbehalt der Aufrechterhaltung gewerblicher Schutzrechte für Patentanwälte, deren Berufsstand es nur in einem Mitgliedstaat gibt (EuGH *Saeger*, Slg. 1991, I-4221), Vorbehalt der gerichtlichen Einziehung fremder Forderungen für Rechtsanwälte (EuGH *Broede*, Slg. 1996, I-6511) oder Verbot der Verbreitung von Informationen über Abtreibungskliniken in anderen Mitgliedstaaten (EuGH *Grogan*, Slg. 1991, I-4685).

6.3. Rechtfertigung

Eingriffe in die Dienstleistungsfreiheit können unter den Voraussetzungen der geschriebenen Schranken gerechtfertigt sein. Darüber hinaus wurden in der Vergangenheit die Rechtfertigungsmöglichkeiten nach der »Cassis de Dijon«-Formel im Bereich des Glücksspiels besonders intensiv diskutiert.

Schranke der öffentlichen Ordnung, Sicherheit und Gesundheit

Über die Verweisung des Art. 62 AEUV gelten für die Kapitel über die Dienstleistungsfreiheit auch die Vorschriften des Art. 51 bis 54 AEUV. Von dieser Verweisung ist daher ebenso die Möglichkeit der Rechtfertigung aus Gründen der öffentlichen Ordnung, Sicherheit und Gesundheit erfasst. Die Schranke ist wie bei den anderen Freiheiten auch hier eng auszulegen.

Ein Klassiker im Zusammenhang mit den Schutzgütern der Öffentlichen Ordnung (und Sicherheit) ist der Betrieb eines sog. »Laserdromes«. Dazu folgendes **Beispiel** (nach EuGH *Omega*, Slg. 2004, I-9609):

Im Mitgliedstaat A betreibt Z ein sog. »Laserdrome«. Darunter versteht man ein Freizeitspiel, bei welchem volljährige Besucher gegen Entgelt mit Waffen und sonstigen Gerät ausgerüstet in einem Hindernisparcours gegeneinander im Rahmen eines simulierten Kampfes antreten können. Für jede mit den imitierten Laserwaffen erzielten Treffer sammeln die Teilnehmer Punkte. Die zuständige Behörde untersagte aus Gründen der öffentlichen Ordnung und Sicherheit den Betrieb des Laserdromes, da es dabei um nichts anderes als um »gespieltes Töten« handle, was nicht mit dem Grundrecht der Menschenwürde in Einklang zu bringen sei.

In Frage kam einzig eine Rechtfertigung zum Schutz der öffentlichen Ordnung, da eine Gefährdung der öffentlichen Sicherheit nicht ersichtlich war. Der EuGH stellte fest, dass die Untersagung des Betriebes zum Schutz der öffentlichen Ordnung gerechtfertigt war. So sei die Untersagung zunächst geeignet, den Schutz der Menschenwürde, der durch das Nachspielen von Tötungen berührt ist, sicherzustellen. Auch

»Laserdrome«-Fälle sind Klassiker im Zusammenhang mit einer Rechtfertigung zum Schutz der öffentlichen Ordnung.

sei keine mildere und dabei genauso effektive Maßnahme zur Sicherstellung des Grundrechtsschutzes ersichtlich, womit auch die Erforderlichkeit der Untersagung vom Gerichtshof bejaht wurde.

Zum Schutz der Gesundheit können schließlich etwa Maßnahmen zur Erhaltung eines bestimmten Umfangs der medizinischen Versorgung der Bevölkerung (EuGH *Kohll*, Slg. 1998, I-1931) ergriffen oder Verbote zur Werbung für bestimmte Berufsgruppen, wie Heilpraktiker, erlassen werden (EuGH *Deutsche Paracelsus Schulen*, Slg. 2002, I-6540).

Rechtfertigung wegen zwingenden Erfordernissen des Allgemeinwohls

Bekämpfung von Spielsucht und Verbraucherschutz als zwingende Erfordernisse bei staatlichen Maßnahmen im Bereich des Glücksspiels

Der Rechtfertigung wegen zwingender Erfordernisse des Allgemeinwohls nach der »Cassis de Dijon«-Formel kommt bei der Dienstleistungsfreiheit besondere Bedeutung zu. Dies gilt namentlich für den Bereich des Glücksspiels, insbesondere im Rahmen von Sportwetten, da die Mitgliedstaaten hier bei der nationalen Gesetzgebung immer wieder das Ziel einer staatlichen Monopolstellung verfolgen. Ein staatliches Glücksspielmonopol ist grundsätzlich nur gerechtfertigt, wenn es sich systematisch an der Bekämpfung der Spielsucht und dem Verbraucherschutz ausrichtet. Mit der Zeit hat sich zur Problematik eine Reihe von Entscheidungen angehäuft – die wichtigsten werden im Folgenden erörtert.

Staatliche Glücksspielmonopole sind nach dem EuGH nur unter engen Voraussetzungen gerechtfertigt.

Bereits im Jahr 2003 war der Gerichtshof in der Sache »Gambelli« mit einer italienischen Regelung im Glücksspielsektor, welche spezielle Voraussetzungen vorsah, die ausländische Anbieter zur Erlangung einer Konzession erfüllen müssen, befasst. Die daraus entstehende Beschränkung des freien Dienstleistungsverkehrs könne nicht gerechtfertigt werden. Zwar stelle der Verbraucherschutz, die Bekämpfung von Spielsucht und Betrug zwingende Erfordernisse des Allgemeinwohls dar. Der Eingriff in die Dienstleistungsfreiheit sei aber nicht verhältnismäßig, da dem die gleichzeitige Ausbreitung staatlicher Glücksspiele in Italien entgegenstehe. Staatliche Glücksspielmonopole in bestimmten Bereichen seien daher auch nur unter engen Voraussetzungen zulässig (EuGH *Gambelli*, Slg. 2003, I-13031).

In der Sache »Liga Portuguesa« bezog das Gericht dann auch Stellung zur Zulässigkeit des Anbietens bzw. der Vermittlung von Online-Glücksspielen. Ein österreichisches Unternehmen bot im Internet über verschiedene Formen Online-Glücksspiele, vor allem im Bereich des Sports, an. Das Unternehmen verfügte über eine Erlaubnis der österreichischen Behörden, nicht aber der deutschen Behörden. In einem Bundesland erging daher ein Bescheid an das Unternehmen, welcher die Werbung und Vermittlung von Online-Glücksspielen in dem betroffenen Bundesland untersagte.

Hier verneinte der EuGH einen Verstoß gegen die Dienstleistungsfreiheit, da die Untersagungsverfügung gerechtfertigt war. Die Maßnahmen seien vorliegend verhältnismäßig, da bei Online-Glücksspielen wegen dem fehlenden Kontakt zwischen Verbraucher und Anbieter besondere Gefahren für den Verbraucher entstünden (EuGH *Liga Portuguesa*, Slg. 2009, I-7633).

> Online-Glücksspiele weisen ein besonderes Gefahrenpotential für den Verbraucher auf.

Erst jüngst hatte der EuGH schließlich in der Sache »Markus Stoß u.a.« über die Vereinbarkeit der Bestimmungen des deutschen Glücksspielstaatsvertrags mit der Dienstleistungsfreiheit, insbesondere im Hinblick auf die Art und Weise staatlicher Werbekampagnen und der damit verbundenen Divergenz bei dem Umgang mit dem staatlichen Monopol unterliegenden sowie außerhalb dieses Monopols befindlichen Glücksspielen, zu entscheiden. Das Gericht stellte fest, dass die streitgegenständlichen Regelungen des deutschen Glücksspielstaatsvertrags nicht mit Art. 56 AEUV vereinbar sind. Denn der staatliche Monopolinhaber hat seine Werbung nicht auf das zur Verfolgung der Verbraucherschutzziels notwendige Maß beschränkt, womit eine kohärente und systematische Bekämpfung des Glücksspiels insgesamt nicht mehr gegeben und die Regelungen damit im Ergebnis unverhältnismäßig seien (EuGH *Markus Stoß u.a.*, Urteil vom 8.9.2010, noch nicht in amtl. Slg.).

7. Kapitalverkehrsfreiheit

Die Kapitalverkehrsfreiheit hat mit der Zeit eine immer wichtigere Rolle im Kreis der Grundfreiheiten eingenommen. Dies liegt an der zwischenzeitlich überragenden Bedeutung grenzüberschreitender Investitionen im modernen Wirtschaftsverkehr. Streng genommen gewährleistet Art. 63 AEUV gleich zwei Freiheitsrechte: Zum einen die Freiheit des Kapitalverkehrs, zum anderen die Freiheit des Zahlungsverkehrs.

Art. 63 AEUV

Freier Kapital- und Zahlungsverkehr

(1) Im Rahmen der Bestimmungen dieses Kapitels sind alle Beschränkungen des Kapitalverkehrs zwischen den Mitgliedstaaten sowie zwischen den Mitgliedstaaten und dritten Ländern verboten.

(2) Im Rahmen der Bestimmungen dieses Kapitels sind alle Beschränkungen des Zahlungsverkehrs zwischen den Mitgliedstaaten sowie zwischen den Mitgliedstaaten und dritten Ländern verboten.

Die Kapitalverkehrsfreiheit gliedert sich also in die Freiheit des Kapital- und des Zahlungsverkehrs. Der Kapitalverkehr i.S.d. Art. 63 I AEUV umfasst Kapitalbewegungen in Form von Investitionen. Kapitalbewegungen, bei denen es sich um eine Zahlung handelt und somit um eine Gegenleistung für eine Transaktionen, fallen dagegen unter den Begriff des Zahlungsverkehrs (*Geiger/Khan/Kotzur*, Art. 63 AEUV, Rdn. 6). Die folgenden Ausführungen werden sich im Schwerpunkt der Kapitalverkehrsfreiheit nach Art. 63 I AEUV widmen. Die Kapital- und Zahlungsverkehrsfreiheit weisen die Besonderheit auf, dass sie sich im Vergleich zu den anderen Grundfreiheiten auch auf Transaktionen mit Drittstaaten erstrecken, der räumliche Anwendungsbereich also insofern erweitert wird (sog. »erga-omnes«-Wirkung).

Art. 63 AEUV umfasst auch Transaktionen mit Drittstaaten = »erga omnes«-Wirkung.

Damit verbunden sind mehrere dogmatische Probleme, auf welche an späterer Stelle noch gesondert eingegangen werden soll. Art. 63 AEUV ist unmittelbar anwendbar. Eine Drittwirkung unter Privaten ist aber zu verneinen, da die Kapitalverkehrsfreiheit mit dem Transaktionsgegenstand »Kapital« eine reine Produktverkehrs-, und keine Personenverkehrsfreiheit darstellt. Hauptanwendungsfälle der Kapitalverkehrsfreiheit sind neben den börslichen Finanzgeschäften vor allem Konstellationen aus dem Steuerrecht sowie Investitionen im Rahmen von Unternehmensbeteiligungen.

7.1. Anwendungsbereich

Schwierigkeiten im Rahmen der Bestimmung des Anwendungsbereiches bereitet neben den allgemeinen Definitionen zum einen die Geltung des Art. 63 AEUV auch auf Drittstaatensachverhalte sowie die (teils damit zusammenhängende) Abgrenzung zur Niederlassungsfreiheit.

Kapitalverkehr

Eine nähere Bestimmung des Begriffes des Kapitalverkehrs findet sich weder im AEU-Vertrag noch ausdrücklich in der Rechtsprechung des EuGH.

Daher ist von einem weiten Begriffsverständnis auszugehen. Zunächst umfasst Kapitalverkehr alle auf Geld- oder Sachkapital ausgerichtete Transaktionen, welche nicht direkt unter den Waren- und Dienstleistungsverkehr fallen (*Geiger/Khan/Kotzur*, Art. 63 AEUV, Rdn. 4). Zudem kommt der Nomenklatur der Richtlinie EWG/88/361 bei der Begriffsbestimmung ein gewisser Hinweischarakter zu. Dort sind Geschäfte aufgelistet, welche allesamt Kapitalverkehrsgeschäfte darstellen. Dazu gehören etwa Direktinvestitionen, Immobilieninvestitionen, Wertpapiergeschäfte oder Kreditgeschäfte. Diese Aufzählung ist aber nicht abschließend. Auch bloße Kapitalanlagen in Form von Portfolioinvestitionen sind vom Kapitalverkehr erfasst. In jedem Fall erforderlich ist schließlich ein grenzüberschreitender Sachverhalt; ausreichend ist hierfür aber bereits die Zirkulationsfähigkeit ausländischen Kapitals im Inland.

> Der Begriff des Kapitalverkehrs ist weit zu verstehen.

Der Schutz dieser Transaktionen gilt nach Art. 63 I AEUV sowohl zwischen den Mitgliedstaaten als auch im Verkehr mit Drittstaaten. Die Erweiterung auf Drittstaatensachverhalte ist nicht unproblematisch. Auf Grund der unterschiedlichen ökonomischen Interessenslagen von EU-Staaten und Drittstaaten wurde in der Vergangenheit des Öfteren versucht, im Rahmen des Schutzbereiches Drittstaaten ein geringeres Schutzniveau zuzusprechen als den Mitgliedstaaten der Union.

> Keine Abstufung des Schutzniveaus von Art. 63 AEUV bei Drittstaatensachverhalten

Ein solch abgestuftes Schutzniveau ist indes mit dem Wortlaut des Art. 63 I AEUV nicht vereinbar. Zudem regeln Art. 64 und 66 AEUV explizit Ausnahmen des freien Kapitalverkehrs mit Drittstaaten, womit im Umkehrschluss eine weitere Reduzierung des Schutzbereiches abzulehnen ist.

Zahlungsverkehr

Der Zahlungsverkehr ist in Abgrenzung zum Kapitalverkehr die Übertragung von Geld oder geldwerten Mitteln als Gegenleistung einer Transaktion. Ob die Zahlungsverkehrsfreiheit als eigene Freiheit oder lediglich als eine Annexfreiheit anzusehen ist, ist umstritten. Für die Fallbearbeitung hat dieser theoretische Streit jedoch in der Regel keinerlei Bedeutung. Die Zahlungsverkehrsfreiheit gilt nach Art. 63 II AEUV ebenfalls auch im Verkehr mit Drittstaaten. Dahingehend hat der Zahlungsverkehr sogar noch eine weitergehende Liberalisierung als der Kapitalverkehr erfahren, da die Ausnahmevorschrift des Art. 64 AEUV ihrem Wortlaut nach auf den Zahlungsverkehr nicht anzuwenden ist. Da die Zahlungsverkehrsfreiheit nach Art. 63 II AEUV in Ausbildung und Praxis aus rechtlicher Sicht weniger Bedeutung hat, beschränken sich die folgenden Ausführungen auf die in Art. 63 I AEUV geregelte Kapitalverkehrsfreiheit.

Abgrenzung zur Niederlassungsfreiheit

Die Abgrenzung von Kapitalverkehrsfreiheit und Niederlassungsfreiheit gehört zu den umstrittensten Fragen der grundfreiheitlichen Dogmatik. Unstreitig ist, dass unter Art. 63 I AEUV zunächst sog. »Portfolioinvestitionen« fallen, welche bloße Kapitalanlagen zur Ertragserzielung darstellen (EuGH *Kommission/ Belgien – Goldene Aktien I*, Slg. 2002, I-4809). Allerdings umfasst der Schutzbereich ebenso die sog. »Direktinvestitionen«, bei denen die faktische Beteiligung an Verwaltung und Kontrolle einer Gesellschaft ermöglicht wird (EuGH *Kommission/Belgien – Goldene Aktien I*, Slg. 2002, I-4809).

Unterscheide »Portfolioinvestitionen« und »Direktinvestitionen«

Die Problematik hat im Vergleich zu den Konkurrenzen bei den übrigen Freiheiten besondere Relevanz. Denn auf Grund der »erga omnes«-Wirkung der Kapitalverkehrsfreiheit hängt der räumliche und persönliche Anwendungsbereich der in Rede stehenden Konstellation von der Lösung dieser Konkurrenzproblematik ab.

Relevanz des Konkurrenzverhältnisses bei Drittstaatensachverhalten

Würde man der Niederlassungsfreiheit den Vorrang einräumen, bestünde die Gefahr der Aushöhlung des grundfreiheitlichen Schutzes von Drittstaatenangehörigen. Lässt man stattdessen die Kapitalverkehrsfreiheit vorrangig zur Anwendung kommen, könnte damit eine unnatürliche Ausdehnung der Grundfreiheiten auf Drittstaatensachverhalte verbunden sein.

Der EuGH versuchte in seiner Rechtsprechung, insbesondere zu steuerlichen Sachverhalten sowie zu Unternehmensbeteiligungen, zu einer Lösung des schwierigen Konkurrenzverhältnisses beizutragen. In älteren Entscheidungen umging der Gerichtshof noch eine klare Stellungnahme. So stellt er fest, dass »sich die Prüfung der einen Grundfreiheit erübrige, wenn eine Verletzung der anderen festgestellt wurde« (EuGH *Baars*, Slg. 2000, I-2787). In seinen neueren Entscheidungen entwickelte der EuGH dann seine sog. »Schwerpunktrechtsprechung«.

»Schwerpunktrechtsprechung« des EuGH

Danach solle die Freiheit vorrangig anwendbar sein, die im Einzelfall bei natürlicher Betrachtung des Sachverhalts im Schwerpunkt betroffen sei (EuGH *Hölböck*, Slg. 2007, I-0000). Diese Schwerpunktrechtsprechung wurde bisweilen zu Recht als mit Rechtsunsicherheiten behaftet kritisiert, weshalb im Falle des Vorliegens einer Direktinvestition einer parallelen Anwendbarkeit von Kapitalverkehrsfreiheit und Niederlassungsfreiheit den Vorzug zu geben sei.

7.2. Beschränkungen

Beschränkungen können sowohl durch diskriminierende als auch nichtdiskriminierende Maßnahmen erfolgen. Zudem gibt es spezielle Regeln für die Beschränkung des Kapitalverkehrs mit Drittstaaten.

Diskriminierende Maßnahmen

Die Kapitalverkehrsfreiheit enthält wie die übrigen Grundfreiheiten auch ein Verbot diskriminierender Maßnahmen. Unzulässig sind danach sowohl unmittelbare als auch mittelbare Diskriminierungen. Sofern eine Maßnahme, welche den Kapitalverkehr regelt, hinsichtlich des Zugangs zu der gegenständlichen Investition oder aber auch hinsichtlich der Modalitäten dieser Investition an die Staatsangehörigkeit anknüpft, ist eine unmittelbare Diskriminierung gegeben. Eine mittelbare Diskriminierung liegt dagegen vor, wenn lediglich faktisch ausländische Staatsangehörige in besonderem Maße von einer Regelung betroffen sind.

Umfassendes Beschränkungsverbot

Bei der Kapitalverkehrsfreiheit ist schon vom Wortlaut des Art. 63 AEUV ausgehend klar, dass die Norm ein umfassendes Beschränkungsverbot festlegt (»alle Beschränkungen...verboten«). Der EuGH hat diesem Verbot unterschiedslos anwendbarer Maßnahmen bei der Kapitalverkehrsfreiheit einen recht weiten Schutzgehalt verliehen.

Das Beschränkungsverbot des Art. 63 Abs. 1 AEUV ist sehr weit gefasst.

So stellten etwa Hindernisse beim Erwerb von Unternehmensanteilen durch staatliche Sonderrechte/Goldene Aktien (EuGH *Kommission/Belgien – Goldene Aktien I*, Slg. 2002, I-4809), die Eintragungspflicht einer Hypothek in inländischer Währung (EuGH *Trummer*, Slg. 1999, I-1671), das Verbots des Erwerbs von Auslandsanleihen für im Inland ansässige Personen (EuGH *Kommission/Belgien*, Slg. 2000, I-7613) oder der Ausschluss bestimmter Steuervergünstigungen (EuGH *Riksskatteverket*, Slg. 2002, I-10847) allesamt unzulässige Beschränkungen nach Art. 63 I AEUV dar.

Die damit verbundene Ausdehnung des Schutzbereiches auf sämtliche unterschiedslos anwendbare Maßnahmen erscheint nicht unproblematisch. Gerade im Bereich des Kapitalverkehrs kann dies zu einer reinen Psychologisierung des Schutzbereiches des Art. 63 AEUV führen. Immerhin gibt es zahlreiche Regelungen, die den Marktzugang für ausländische Investoren wie auch deren Marktverhalten überhaupt nicht unmittelbar berühren. Eine Einschränkung wäre aber durch eine entsprechende Anwendbarkeit der »Keck«-Formel denkbar. Zwar hat der EuGH eine Übertragbarkeit der »Keck«-Formel auf die Kapitalverkehrsfreiheit prinzipiell bejaht, jedoch bisher diesem Ansatz in den jeweiligen Entscheidungen im konkreten Fall eine Absage erteilt (EuGH *VW-Gesetz*, Slg. 2007, I-8995 sowie EuGH *Kommission / Portugal – Goldene Aktien I*, Slg. 2002, I-4731). Für die Zukunft wird daher zu erwägen sein, ob es nicht einer Revision der »Keck«-Formel bedarf, um dieser im Interesse einer umfassenden Konvergenz der Grundfreiheiten auch im Bereich der Kapitalverkehrsfreiheit Geltung zu verleihen.

Beschränkungen gegenüber Drittstaaten

Spezielle Beschränkungsmöglichkeiten im Drittstaatenverkehr nach Art. 64, 66 AEUV

Nach Art. 64 und 66 AEUV gelten für bestimmte Beschränkungen gegenüber Drittstaaten besondere Regeln. Ob diese Vorschriften dogmatisch als spezielle Regelungen über die Beschränkung oder als besondere Rechtfertigungsgründe einzuordnen sind, soll vorliegend dahingestellt bleiben.

Nach Art. 64 I AEUV sind Beschränkungen für Drittstaaten, die aus den am 31.12.1993 erlassenen Vorschriften zur Regelung bestimmter ausländischer Direktinvestitionen resultieren, vom Beschränkungsverbot des Art. 63 I AEUV ausgenommen. Für Bulgarien, Estland und Ungarn ist der maßgebliche Zeitpunkt dahingehend der 31. Dezember 1999. Die Norm steht im Zusammenhang mit der fortlaufenden Anwendung diverser Reziprozitätsvorschriften im Finanzmarktsektor (*Geiger/Khan/Kotzur*, Art. 64 AEUV, Rdn. 2). Nach Art. 64 II AEUV können Rat und Parlament auch neue Beschränkungsregeln für den Kapitalverkehr mit Drittstaaten beschließen. Art. 66 AEUV legt schließlich die Zulässigkeit von Maßnahmen zur Beseitigung einer (drohenden) schwerwiegenden Störung des Funktionierens der Wirtschafts- und Währungsunion gegenüber Drittstaaten fest.

7.3. Rechtfertigung

Die Rechtfertigung von Beschränkungen spielt bei der Kapitalverkehrsfreiheit eine große Rolle. Denn hier machen die Mitgliedstaaten häufig geltend, dass protektionistische Eingriffe in den freien Kapitalverkehr auf Grund der Wahrung nationaler Interessen zulässig seien.

Geschriebene Rechtfertigungsgründe

Zentrale Vorschrift ist Art. 65 AEUV. Nach Art. 65 I lit. a) AEUV bleiben zunächst Regelungen des nationalen Steuerrechts, die Steuerpflichtige mit unterschiedlichem Wohnort oder Kapitalanlageort unterschiedlich behandeln, vom Beschränkungsverbot unberührt. Dies trägt der Tatsache Rechnung, dass die unterschiedlich komplex ausgestalteten Steuersysteme der einzelnen Mitgliedstaaten eine Unterscheidung zwischen Steuerinländer und Steuerausländer nahe legen. Art. 65 I lit. b) 1. Alt. AEUV erlaubt dann auch Ausnahmen von Art. 63 I AEUV zum Schutz der nationalen Rechtsordnung, insbesondere auf dem Gebiet des Steuerrechts und der Aufsicht über die Finanzinstitute, sofern diese unerlässlich sind.

Versuche der Mitgliedstaaten, Eingriffe in den freien Kapitalverkehr unter Berufung auf Gründe der öffentlichen Ordnung und Sicherheit zu rechtfertigen, hat im Zusammenhang mit Unternehmensbeteiligungen zu einer Reihe von wichtigen Entscheidungen durch den EuGH geführt.

Der Gerichtshof hat zunächst erklärt, dass es sich bei einer Berufung auf die öffentliche Ordnung und Sicherheit um eine tatsächliche und hinreichend schwere Gefährdung eines öffentlichen Grundinteresses handeln muss (EuGH *Kommission/Frankreich – Goldene Aktien I*, Slg. 2002, I-4781). Das Schutzgut ist eng auszulegen, weshalb dieses Interesse nicht wirtschaftspolitischer oder allgemein finanzieller Art sein darf; vielmehr muss ein Grundinteresse der Bevölkerung, wie etwa die Energieversorgung, betroffen sein (EuGH *Kommission/Italien – Goldene Aktien II*, Slg. 2005, I-4933). Als Konsequenz des in Art. 65 III AEUV zum Ausdruck kommenden allgemeinen Verhältnismäßigkeitsgrundsatzes muss die Maßnahme zur Sicherstellung dieses Grundinteresses dann auch geeignet und erforderlich sein, was auch die Vor-

Die öffentliche Ordnung und Sicherheit als Dreh- und Angelpunkt mitgliedstaatlichen Protektionismus

hersehbarkeit der Rechtsfolgen umfasst. Der Gerichtshof gibt hier ebenfalls einen strengen Prüfungsmaßstab vor. Dies gilt vor allem für die Prüfung der Erforderlichkeit. So wurde ein Veto-Recht einer Regierung gegen einen Anteilserwerb an einem inländischen Unternehmen in Form eines vorherigen Genehmigungserfordernisses nicht als erforderlich erachtet, da ein nachträgliches Widerspruchsrecht eine mildere Maßnahme dargestellt hätte (EuGH *Eon/Endesa*, Slg. 2008, I-0000). Den Mitgliedstaat trifft im Übrigen die Darlegungslast, dass die in Rede stehende Maßnahme erforderlich ist.

Keine abgeschwächte Prüfung der Verhältnismäßigkeit bei Drittstaatensachverhalte

Abzulehnen sind schließlich jene Ansätze, welche eine Abschwächung der Verhältnismäßigkeitsprüfung im Falle von Beschränkungen gegenüber Drittstaaten verlangen. Dies wurde beispielsweise im Rahmen der Diskussionen um die jüngste Novelle des deutschen Außenwirtschaftsgesetzes, welche ausschließlich Beschränkungen für Drittstaatensachverhalte vorsah, relevant. Mit dem Wortlaut und der Systematik der Art. 63 ff. AEUV ist es indes unvereinbar, bei der Verhältnismäßigkeitsprüfung insofern andere Maßstäbe anzulegen als bei unionsinternen Sachverhalten.

Ungeschriebene Rechtfertigungsgründe

Übertragung der »Cassis de Dijon«-Formel im Rahmen der ungeschriebenen Rechtfertigungsgründe

In Anlehnung an die »Cassis de Dijon«-Formel können nichtdiskriminierende Eingriffe aus zwingenden Erfordernissen des Allgemeininteresses gerechtfertigt werden. Hierbei ist wiederum zu beachten, dass rein wirtschaftliche Interessen keine zwingenden Erfordernisse darstellen. Dies gilt auch für steuerrechtliche Konstellationen, in denen sich die Mitgliedstaaten auf die Kohärenz des nationalen Steuersystems berufen. Ein Eingriff ist insoweit keinesfalls zu rechtfertigen (EuGH *Lenz*, Slg. 2004, I-7063).

Wie weit die Interpretation der zwingenden Erfordernisse durch die Mitgliedstaaten gehen kann, zeigt folgendes **Beispiel** (nach EuGH *VW-Gesetz*, Slg. 2007, I-8995):

Im Mitgliedstaat D wurde von der Regierung für eine große Automobilfirma gesetzlich mittels eines vom allgemeinen Gesellschaftsrechts abweichenden qualifizierten Mehrheitserfordernisses für bestimmte Entscheidungen der Gesellschaft sowie einer »Sperrminorität« eine Absicherung gegen unerwünschte Übernahmen geschaffen. Der Mitgliedstaat D berief sich darauf, dass diese Regelungen aus zwingenden Erfordernissen des Allgemeininteresses gerechtfertigt seien.

Der EuGH hat sämtlichen als zwingende Erfordernisse in Betracht kommenden Gründen eine Absage erteilt. So könne zunächst das Interesse der Sicherung von Arbeitsplätzen in Ausnahmefällen zwar legitim sein. Die gegenständlichen Regelungen dienen indes nicht dem Schutz der Arbeitnehmer, sondern den Interessen der Aktionäre. Auch die Wissenschaftsförderung kann nicht zur Rechtfertigung herangezogen werden, da der Einschnitt in Fördergelder im Falle einer unerwünschten Übernahme sich als verhältnismäßig gering darstellen würde. Schließlich sind die Regelungen auch unter Berücksichtigung des Schutzes von Minderheitsinteressen, wie die der Minderheitsaktionäre, unangemessen – es wäre jedenfalls ein milderes Mittel, die Eingriffe auf die Situationen zu beschränken, in denen Minderheitsinteressen konkret betroffen sind.

Übersicht zur Drittstaatenproblematik bei Art. 63 AEUV

1) Schutzbereich: Drittstaatensachverhalte sind gleichermaßen geschützt wie unionsinterne Sachverhalte

   = keine Reduzierung des Schutzniveaus für Drittstaaten

2) Beschränkungen: Diskriminierungen von Drittstaaten sind mit Ausnahme der Art. 64, 66 AEUV verboten

   = daher kein unterschiedlicher Beschränkungsmaßstab

3) Rechtfertigung: gleiche Bewertung im Rahmen der Rechtfertigungsgründe

   = daher auch kein unterschiedlicher Prüfungsmaßstab bei der Verhältnismäßigkeit

8. Das allgemeine Diskriminierungsverbot

Art. 18 AEUV

Diskriminierungsverbot

> Unbeschadet besonderer Bestimmungen der Verträge ist in ihrem Anwendungsbereich jede Diskriminierung aus Gründen der Staatsangehörigkeit verboten.
>
> Das Europäische Parlament und der Rat können gemäß dem ordentlichen Gesetzgebungsverfahren Regelungen für das Verbot solcher Diskriminierungen treffen.

Neben den Grundfreiheiten soll im Rahmen dieses Kapitels auch das allgemeine Diskriminierungsverbot gem. Art. 18 AEUV als wichtiger Bestandteil der materiellen Gewährleistungen des europäischen Wirtschaftsrechts erörtert werden.

Bedeutung und Einordnung

Das allgemeine Diskriminierungsverbot nach Art. 18 AEUV stellt einen fundamentalen Grundsatz des Unionsrechts dar. Es kann zudem als eine wichtige Voraussetzung für das Funktionieren des Binnenmarktes angesehen werden. Art. 18 AEUV bezieht sich auf Ungleichbehandlungen, die auf Grund der Staatsangehörigkeit innerhalb der Union erfolgen. Insoweit ist die Vorschrift Ausprägung des allgemeinen Gleichheitssatzes (EuGH *Hochstrass*, Slg. 1980, 3005). Nach Art. 18 II AEUV haben Parlament und Rat eine Rechtssetzungsbefugnis zur Konkretisierung dieses Diskriminierungsverbots – die Verabschiedung von Antidiskriminierungsmaßnahmen jenseits der Ungleichbehandlung auf Grund der Staatsangehörigkeit regelt hingegen Art. 19 AEUV. Schließlich wird durch das allgemeine Diskriminierungsverbot auch eine Grundlage gelegt, dass im grenzüberschreitenden Wirtschaftsverkehr innerhalb der Union Hemmnisse, welche in der Privilegierung der eigenen Staatsangehörigen begründet sind, abgebaut werden. Art. 18 AEUV kommt daher auf dem Gebiet des europäischen Wirtschaftsrechts eine wichtige Bedeutung zu.

Zu klären ist darüber hinaus das Verhältnis von Art. 18 AEUV zu anderen Vorschriften. Nach Art. 18 I AEUV gilt das allgemeine Diskriminierungsverbot »unbeschadet besonderer Bestimmungen der Verträge...«.

Dies bedeutet zum einen, dass besondere Diskriminierungsverbote des Unionsrechts Art. 18 I AEUV vorgehen. Zu nennen sind insofern beispielsweise die Unionsbürgerschaft nach Art. 20, 21 AEUV oder die Gleichstellung von Männern und Frauen im Erwerbsleben nach Art. 157 AEUV. Art. 18 AEUV kann jedoch als Auslegungshilfe im Rahmen besonderer Diskriminierungsverbote, etwa im Zusammenhang mit der Unionsbürgerschaft, herangezogen werden (EuGH *Gracia Avello*, Slg. 2003, I-11613). Zum anderen enthalten aber auch die Grundfreiheiten allesamt ein Verbot der Diskriminierung.

<small>Beachte das Konkurrenzverhältnis von Art. 18 AEUV zu den besonderen Diskriminierungsverboten</small>

Hinsichtlich des Konkurrenzverhältnisses ist unter Berücksichtigung des Wortlauts des Art. 18 I AEUV davon auszugehen, dass im Falle von diskriminierenden Maßnahmen das allgemeine Diskriminierungsverbot hinter die Grundfreiheiten zurücktritt; eine gefestigte Rechtsprechung hierzu fehlt allerdings bisher.

<small>Beachte das Konkurrenzverhältnis von Art. 18 AEUV zu den Grundfreiheiten</small>

Anwendungsbereich

Voraussetzung für die Anwendbarkeit von Art. 18 AEUV ist zunächst, dass es sich bei den Betroffenen um Staatsangehörige der Mitgliedstaaten handelt (EuGH *Martinez Sala*, Slg. 1998, I-2691). Dies bedeutet im Umkehrschluss, dass sich Drittstaatenangehörige nicht auf das allgemeine Diskriminierungsverbot berufen können. Unschädlich ist hingegen eine doppelte Staatsbürgerschaft (EU- und Drittstaatenangehörigkeit). Juristische Personen sind im Übrigen ebenfalls von Art. 18 AEUV geschützt – der EuGH wendet die Norm zudem auch auf andere Gesellschaftsformen der Mitgliedstaaten an (EuGH *Hatrex*, Slg. 1994, I-467).

Der Kreis der Adressaten geht aus Art. 18 AEUV selbst nicht hervor. Die Norm bindet zunächst die Union und die Mitgliedstaaten. Fraglich ist, ob auch eine Drittwirkung unter Privaten möglich ist.

<small>Art. 18 AEUV kommt bis dato lediglich eine mittelbare Drittwirkung zu.</small>

Die Problematik ist in der Rechtsprechung wohl noch nicht abschließend entschieden. Fest steht jedoch, dass eine mittelbare Drittwirkung insoweit zu bejahen ist, als dass auch private kollektive Regelgeber an Art. 18 AEUV gebunden sind, soweit sie entsprechende Befugnisse zur einseitigen Regelsetzung innehaben (EuGH *Walrave*, Slg. 1974, 1405).

Das allgemeine Diskriminierungsverbot nimmt Bezug auf jede Form der Ungleichbehandlung aus Gründen der Staatsangehörigkeit. Es kommt meist in Verbindung mit dem Freizügigkeitsrecht der Unionsbürger aus Art. 21 AEUV zur Anwendung. So fallen insbesondere jene Konstellationen in den Schutzbereich, bei welchen eine nach dem Gesetz eines Mitgliedstaats begehrte Leistung auf Grund der Staatsangehörigkeit des Betroffenen vorenthalten wird (EuGH *Grzelczyk*, Slg. 2001, I-6193).

Zwar verleiht Art. 18 AEUV grundsätzlich keinen unmittelbaren Leistungsanspruch, jedoch kann aus der Vorschrift ein Recht auf »gleiche Teilhabe« abgeleitet werden. Ein weiterer Anwendungsfall ist gegeben, wenn ein Sachverhalt eine gewisse Nähe zu den Grundfreiheiten ausweist. Zwar ist dann deren Schutzbereich nicht direkt eröffnet, jedoch kann das in Rede stehende Verhalten unter Umständen zumindest in Zusammenhang mit den Freiheiten gebracht werden (EuGH *Phil Collins*, Slg. 1993, I-5145).

Aus Art. 18 I AEUV folgt auch ein Recht auf »gleiche Teilhabe«.

Diskriminierungen und deren Rechtfertigung

Diskriminierungen nach Art. 18 AEUV in Form von Ungleichbehandlungen, welche an die Staatsangehörigkeit anknüpfen, können auf zweierlei Wege erfolgen.

Zum einen kann es zu einer Ungleichbehandlung vergleichbarer Sachverhalte kommen. Hierbei wird weiter zwischen unmittelbaren und mittelbaren Diskriminierungen unterschieden. Ein Beispiel für eine unmittelbare Diskriminierung ist das Erfordernis zusätzlicher Berufsqualifikationen für EU-Ausländer, ein Beispiel für eine mittelbare Diskriminierung wäre das Vorliegen gleicher Qualifikationserfordernisse, wobei dies jedoch faktisch überwiegend für EU-Ausländer zu einer Behinderung führt. Zum anderen ist es auch vorstellbar, dass ungleichartige Sachverhalte gleich behandelt werden. Auch ohne eine Anknüpfung an die Unterschiedlichkeit der betroffenen Personen handelt es sich dabei um eine Diskriminierung, da bei diesen Fällen gerade die Ungleichartigkeit der Sachverhalte eine Unterscheidung nach der Staatsangehörigkeit gebieten kann (EuGH *Garcia Avello*, Slg. 2003, I-11613).

Unterscheide zwischen der Ungleichbehandlung vergleichbarer Sachverhalte und der Gleichbehandlung ungleichartiger Sachverhalte.

Auf der Rechtfertigungsebene lässt sich schnell feststellen, dass im Vergleich zu den Grundfreiheiten die Art. 18 ff. AEUV keine ausdrücklich normierten Rechtfertigungsgründe vorsehen. Da Art. 18 AEUV nur Diskriminierungen erfasst, erübrigt sich auch die Frage nach der Übertragbarkeit der »Cassis de Dijon«-Formel. Der EuGH hat daher in seiner Rechtsprechung eine spezielle Rechtfertigungsformel entwickelt. Danach kann eine Diskriminierung gerechtfertigt sein, wenn sie »auf objektiven, von der Staatsangehörigkeit des Betroffenen unabhängigen Erwägungen beruht und in einem angemessenen Verhältnis zu dem Zweck steht, der mit den nationalen Rechtsvorschriften verfolgt wird« (EuGH *Bidar*, Slg. 2005, I-2119). Tendenziell lässt der

Gerichtshof eine solche Rechtfertigung aber eher bei mittelbaren, und nicht bei unmittelbaren Diskriminierungen zu. Zentrale Kriterien bilden dabei die Notwendigkeit einer objektiven Erwägung sowie die Unabhängigkeit dieser Erwägung von der Staatsangehörigkeit. Diese Kriterien enthalten im Übrigen auch gewisse Elemente einer Verhältnismäßigkeitsprüfung.

9. Wiederholungsfragen

1. Welche Funktionen kommen den Grundfreiheiten zu? S. 30 ff.
2. Was versteht man unter dem Begriff der »Drittwirkung«? Für welche Grundfreiheiten besteht eine solche Drittwirkung? S. 35 ff.
3. Im Zusammenhang mit der Warenverkehrsfreiheit nach Art. 34 AEUV hat der EuGH zur Konkretisierung des Beschränkungsbegriffs zwei Formeln entwickelt – wie heißen diese und was besagen diese? S. 32 ff.
4. Welche Rechtfertigungsgründe gibt es bei Art. 34 ff. AEUV? Was besagt die »Cassis de Dijon«-Formel? Lösung S. 40 ff.
5. Wer ist Arbeitnehmer i.S.v. Art. 45 AEUV? Lösung S. 51
6. Was ist eine »primäre«, was eine »sekundäre« Niederlassung i.S.v. Art. 49 AEUV? Lösung S. 57
7. Welche Probleme ergeben sich bei der Einschränkung der Mobilität von Gesellschaften vs. Niederlassungsfreiheit? Lösung S. 61 ff.
8. Welche Arten der Dienstleistungserbringung i.S.v. Art. 56 AEUV gibt es? Lösung S. 68 ff.
9. Was versteht man in Zusammenhang mit der Kapitalverkehrsfreiheit nach Art. 63 AEUV unter »erga omnes«-Wirkung? Wie wirkt sich diese im Rahmen der Prüfung von Anwendungsbereich, Eingriff und Rechtfertigung aus? Lösung S. 74 ff.
10. Unter welchen Voraussetzungen können Diskriminierungen i.S.v. Art. 18 I AEUV gerechtfertigt sein? Lösung S. 84 ff.

Wettbewerbsrecht

1.	**Struktur und Anwendungsbereich**	**88**
1.1.	Überblick	88
1.2.	Adressaten des europäischen Wettbewerbsrechts	89
2.	**Kartellrecht**	**91**
2.1.	Der Verbotstatbestand des Art. 101 AEUV	92
2.2.	Der Missbrauchstatbestand des Art. 102 AEUV	97
3.	**Fusionskontrolle**	**100**
4.	**Beihilferecht**	**104**
4.1.	Der Tatbestand des Art. 107 I AEUV	104
4.2.	Ausnahmen und Rechtfertigung	109
4.3.	Verfahren	112
5.	**Vergaberecht**	**116**
5.1.	EU-Vergaberecht und nationales Vergaberecht	116
5.2.	Die Ausschreibung	117
5.3.	Das Vergabeverfahren	120
6.	**Dienstleistungen von allgemeinem wirtschaftlichem Interesse**	**123**
6.1.	Öffentliche Unternehmen, Art. 106 I AEUV	124
6.2.	Die Daseinsvorsorge, Art. 106 II AEUV	125
7.	**Wiederholungsfragen**	**128**

1. Struktur und Anwendungsbereich

Das Wettbewerbsrecht stellt neben den Grundfreiheiten den zweiten großen Bereich der materiellen Gewährleistungen des europäischen Wirtschaftsrechts, speziell des Funktionierens des Binnenmarktes, dar. Im Vergleich zu den allgemeinen Prinzipien sowie den Grundfreiheiten ist das europäische Wettbewerbsrecht systematisch jedoch als eine besondere Materie des europäischen Wirtschaftsrechts einzuordnen, da es erst hinter den Vorschriften über den Raum, der Freiheit, der Sicherheit und des Rechts in den Art. 101-109 AEUV geregelt ist. Der räumliche Anwendungsbereich ist nach Art. 52, 355 AEUV dabei auf das Gebiet der Mitgliedstaaten festgelegt.

1.1. Überblick

Erfasst sind sowohl offene als auch versteckte Diskriminierungen.

Ausrichtung und Inhalt des europäischen Wettbewerbsrechts beruhen auf dem Grundsatz des offenen Wettbewerbs, welcher sich aus Art. 3 III EUV ergibt.

Zwar spricht Art. 3 III EUV zunächst nur von einer »Wettbewerbsfähigkeit«, welche die Union erreichen soll. Jedoch ist im Zusammenhang mit dem Binnenmarktziel die Deutung einer wettbewerbsfähigen Wirtschaft nur dahingehend möglich, dass sich dieser Wettbewerb als offen gestaltet. Dies folgt auch aus Art. 119 I, 120 AEUV, welche von einer »offenen Marktwirtschaft mit freiem Wettbewerb« sprechen. Ein offener Wettbewerb bedeutet zum einen, dass jeder Wirtschaftsteilnehmer gleichermaßen am Wettbewerb in der Union teilnehmen darf. Zum anderen soll es zu keinen Wettbewerbsverfälschungen und Wettbewerbsverzerrungen kommen. (Staatliche) Eingriffe in den Wettbewerb sind daher grundsätzlich unzulässig, da ein fairer Wettbewerb, dessen Prozesse sich nach wettbewerblichen Kriterien entscheiden, ansonsten gefährdet werden würde. Im Übrigen wird die zunehmend offenere Gestaltung des Wettbewerbs auch mit wohlfahrtökonomischen Vorteilen verbunden (»more economic approach«). Dies bedeutet aber nicht, dass es keine Ausnahmen von dieser Regel geben darf. Der Grundsatz des offenen Wettbewerbs ist schließlich auch Grundvoraussetzung zum Verständnis der Systematik des europäischen Wettbewerbsrechts.

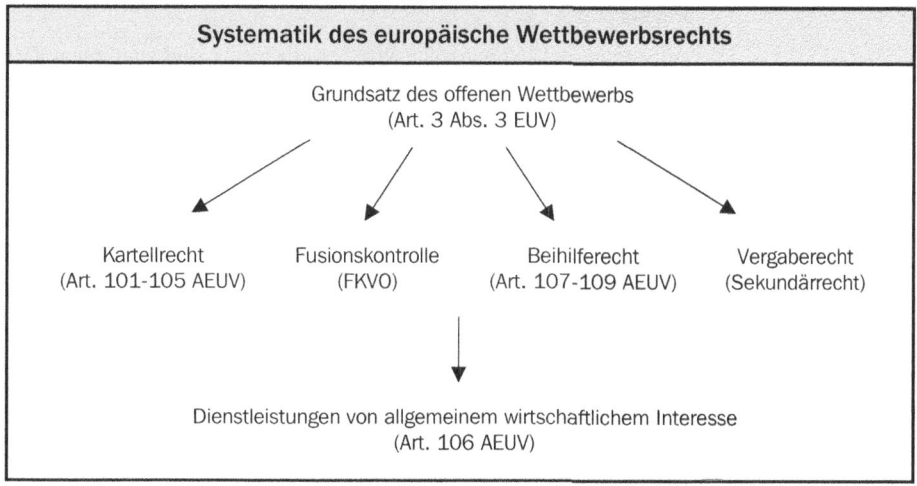

Das europäische Wettbewerbsrecht ist in Art. 101-109 AEUV geregelt. Es kann grob in vier Teile untergliedert werden. Den ersten Teil stellt das Kartellrecht (Art. 101-105 AEUV) dar. Es enthält in Art. 101 AEUV ein Verbot zur Bildung von Kartellen und in Art. 102 AEUV ein Verbot des Missbrauchs einer marktbeherrschenden Stellung. Den zweiten Teil bildet die Fusionskontrolle, welche unionsrechtlich im Wesentlichen durch die Fusionskontroll-Verordnung EG/139/2004 (im Folgenden FKVO) ausgestaltet ist. Die Fusionskontrolle soll vor Wettbewerbsschädigungen schützen, welche durch Zusammenschlüsse von Unternehmen entstehen können. Das Beihilferecht (Art. 107-109 AEUV) soll dann im dritten Teil sicherstellen, dass kein Wirtschaftsteilnehmer gegenüber einem anderen durch staatliche Unterstützung in wettbewerbsschädigender Weise begünstigt wird. Das Vergaberecht als vierter Teil des europäischen Wettbewerbsrechts ist hingegen überwiegend sekundärrechtlich ausgestaltet. Eine besondere Stellung nimmt Art. 106 AEUV ein, welcher Bestimmungen für den Umgang mit öffentlichen Unternehmen, welche Dienstleistungen von allgemeinem wirtschaftlichem Interesse erbringen, enthält.

1.2. Adressaten des europäischen Wettbewerbsrechts

Da das europäische Wettbewerbsrecht – wie soeben aufgezeigt – vor Eingriffen in den offenen Wettbewerb und vor Wettbewerbsschädigungen schützen will, ist im Zusammenhang mit dem Anwendungsbereich der Vorschriften zu klären, wer deren Adressaten sind.

Private

Adressaten des europäischen Wettbewerbsrechts sind zum einen die privaten Akteure, welche am Wettbewerb teilnehmen. Dies gilt vornehmlich für das Kartellrecht nach Art. 101-105 AEUV, denn dieses richtet sich primär an Unternehmen. Das Wettbewerbsrecht will insofern das Verhalten Privater koordinieren, und nicht den Wettbewerb an sich verhindern.

> Das Verhalten Privater soll koordiniert werden.

Der Wettbewerb soll transparent und fair gestaltet werden, so dass sämtliche private Akteure unter gleichen Bedingungen am Wettbewerb teilnehmen. Dafür kann es auch von Nöten sein, punktuelle Fehlentwicklungen auf dem Markt zu korrigieren und intervenistisch einzugreifen, wie dies beim Kartellrecht etwa der Fall ist. Wichtig ist, dass das Kartellrecht über Art. 106 I AEUV aber auch auf öffentliche Unternehmen Anwendung findet.

Mitgliedstaaten

Auf der anderen Seite sind aber auch die Mitgliedstaaten Adressaten des europäischen Wettbewerbsrechts. Hier wird deutlich, dass die wettbewerbsrechtlichen Vorschriften mitunter eine die Grundfreiheiten unterstützende Wirkung aufweisen. Dies gilt speziell für die Bereiche des Beihilfe- und des Vergaberechts. Hier sind es die Mitgliedstaaten, welche durch ihr Handeln den Wettbewerb verfälschen können. Im Beihilferecht geschieht dies durch die Begünstigung bestimmter Marktteilnehmer, im Vergaberecht durch die Benachteiligung der betroffenen Bieter.

Die »Mitgliedstaaten« als Adressenkreis sind weit zu verstehen. An die jeweils einschlägigen Vorschriften ist der betroffene Staat samt seiner Einrichtungen, also die komplette öffentliche Hand, gebunden. Auch atypische Formen hoheitlicher Organisationseinheiten können davon erfasst sein. Ein Mitgliedstaat kann sich dem grundsätzlich auch nicht dadurch entziehen, indem er private Gesellschaften gründet, an denen er mehrheitlich beteiligt ist (»keine Flucht ins Privatrecht«). Insofern ist eine funktionale Betrachtungsweise des Begriffs »Mitgliedstaat« maßgebend.

> Der Leitsatz »keine Flucht ins Privatrecht« gilt auch im europäischen Wettbewerbsrecht.

2. Kartellrecht

Das Kartellrecht ist historisch gesehen wohl das älteste Teilrechtsgebiet des europäischen Wettbewerbsrechts. Dies liegt daran, dass es Kartelle schon seit langer Zeit gibt. Unter Kartellen versteht man »Zusammenschlüsse« von Unternehmen in Form von Absprachen, durch welche für diese Unternehmen Risiken im Wettbewerb begrenzt oder ausgeschlossen werden sollen. Zentrale Vorschriften des Kartellrechts sind Art. 101 und 102 AEUV. Art. 103 AEUV enthält für den Unionsgesetzgeber eine Ermächtigung zum Erlass von Verordnungen und Richtlinien zur Verwirklichung der in Art. 101 und 102 festgelegten Verbote. Wichtigstes Regelwerk ist insofern sicherlich die Kartellverfahrensverordnung EG/1/2003.

KARTELL UND VERBRAUCHER

Über die Einhaltung und der Durchsetzung der primär- und sekundärrechtlichen Wettbewerbsregeln wacht nach Art. 105 AEUV die Kommission in Form einer Wettbewerbsaufsicht. Nach den einschlägigen Vorschriften der Kartellverfahrensverordnung hat die Kommission insoweit auch diverse Ermittlungsbefugnisse (Auskunfts- und Nachprüfungsverlangen) und Entscheidungsmöglichkeiten, wobei hier vor allem die Verhängungen hoher Geldbußen gefürchtet sind, sowie unter Umständen gar die Erlaubnis zur Ausübung unmittelbaren Zwangs. Freilich müssen dabei stets rechtsstaatliche Verfahrensgrundsätze der Beteiligten sichergestellt sein, was in der Praxis immer wieder zu Konflikten zwischen den Rechten der Betroffenen und den durch die Kommission ausgeübten Durchsetzungsinteressen führen kann.

Die Kommission hat diverse Befugnisse zur Überwachung und Durchsetzung des Kartellrechts.

2.1. Der Verbotstatbestand des Art. 101 AEUV

Art. 101 AEUV

Kartellverbot

(1) Mit dem Binnenmarkt unvereinbar und verboten sind alle Vereinbarungen zwischen Unternehmen, Beschlüsse von Unternehmensvereinigungen und aufeinander abgestimmte Verhaltensweisen, welche den Handel zwischen Mitgliedstaaten zu beeinträchtigen geeignet sind und eine Verhinderung, Einschränkung oder Verfälschung des Wettbewerbs innerhalb des Binnenmarkts bezwecken oder bewirken, insbesondere

a) die unmittelbare oder mittelbare Festsetzung der An- und Verkaufspreise oder sonstiger Geschäftsbedingungen;

b) die Einschränkung oder Kontrolle der Erzeugung, des Absatzes, der technischen Entwicklung oder der Investitionen;

c) die Aufteilung der Märkte oder Versorgungsquellen;

d) die Anwendung unterschiedlicher Bedingungen bei gleichwertigen Leistungen gegenüber Handelspartnern, wodurch diese im Wettbewerb benachteiligt werden;

e) die an den Abschluss von Verträgen geknüpfte Bedingung, dass die Vertragspartner zusätzliche Leistungen annehmen, die weder sachlich noch nach Handelsbrauch in Beziehung zum Vertragsgegenstand stehen.

(2) Die nach diesem Artikel verbotenen Vereinbarungen oder Beschlüsse sind nichtig.

...

Zentrale Norm des Kartellrechts ist Art. 101 AEUV, welche ein Verbot für die Bildung von Kartellen im gesamten Gebiet der Europäischen Union vorsieht.

Grundlegendes

Art. 101 I AEUV will die Bildung von Kartellen verhindern, indem Vereinbarungen oder sonstige abgestimmte Verhaltensweisen, durch die der unionsweite Wettbewerb verhindert, eingeschränkt oder verfälscht werden kann auf Grund deren Unvereinbarkeit mit dem Binnenmarkt für unzulässig erklärt werden. Die Vorschrift enthält in lit. a) – lit. e) fünf nicht abschließende Regelbeispiele. Auf derartige Absprachen beruhende Vereinbarungen oder Beschlüsse sind nach Art. 101 II

AEUV nichtig. Die Nichtigkeit ergibt sich also automatisch bei Vorliegen der Tatbestandsvoraussetzungen.

Art. 101 I AEUV richtet sich primär an Unternehmen und Unternehmensvereinigungen.

Ein Unternehmen ist »jede eine wirtschaftliche Tätigkeit ausübende Einheit unabhängig von ihrer Rechtsform und ihrer Finanzierung« (EuGH *SAT/Eurocontrol*, Slg. 1994, I-55). Der Begriff ist funktional auszulegen, so dass die Wirtschaftlichkeit schon dann gegeben ist, wenn Güter und Dienstleistungen auf einem Markt angeboten (die Nachfrage alleine reicht daher nicht aus) werden (EuGH *Aeroports de Paris*, Slg. 2002, I-9297). Umstritten ist, inwieweit Sozialversicherungsträger als Unternehmen angesehen werden können. Der EuGH hat hierzu eine Reihe von Kriterien entwickelt (vgl. EuGH *AOK*, Slg. 2004, I-2493).

Adressaten des Kartellverbots sind Unternehmen und Unternehmensvereinigungen.

Danach können Sozialversicherungsträger dann Unternehmen i.S.d. Art. 101 AEUV sein, wenn folgende Voraussetzungen erfüllt sind:

- es darf sich bei der in Rede stehenden Tätigkeit nicht nur um einen sozialen Zweck handeln,
- die Beiträge zur Erbringung der Leistung müssen frei bestimmbar sein,
- die Sozialversicherungsträger müssen in konkretem Wettbewerb zueinander stehen.

Bei verbundenen Unternehmen, also im Konzern oder bei einer Mutter-Tochter-Gesellschaftsstruktur, ist zu beachten, dass auf Grund der fehlenden wirtschaftlichen Unabhängigkeit eines Teils dieser Verbund nicht unter das Verbot des Art. 101 I AEUV fällt (EuGH *VIHO*, Slg. 1996, I-5482).

Keine Anwendbarkeit des Art. 101 Abs. 1 AEUV bei verbundenen Unternehmen

Schließlich fallen auch Unternehmensvereinigungen unter den Tatbestand der Norm, um somit eine Umgehung zu verhindern. Dabei kann es sich beispielsweise um Zusammenschlüsse mehrerer Einzelunternehmen handeln.

Die Mitgliedstaaten sind, mit Ausnahme von Beteiligungen an öffentliche Unternehmen i.S.v. Art. 106 I AEUV, nur insofern Adressaten des Kartellverbots, als dass ihnen ähnlich wie im Rahmen der Grundfreiheiten Schutzpflichten zur Verhinderung von Eingriffen in den Wettbewerb zukommen.

Für die Mitgliedstaaten können im Rahmen des Art. 101 I AEUV allenfalls Schutzpflichten bestehen.

Verboten sind nach Art. 101 I AEUV Vereinbarungen, Beschlüsse und abgestimmte Verhaltensweisen. Problematisch ist insbesondere das

Merkmal der abgestimmten Verhaltensweisen. Hierunter fallen zunächst sämtliche Formen des koordinierten Zusammenwirkens von Unternehmen und Unternehmensvereinigungen. Im Zusammenhang mit den Risiken des Wettbewerbs kommt es bewusst zu einer praktischen Zusammenarbeit (*Geiger/Khan/Kotzur*, Art. 101 AEUV, Rdn. 17). Es ist also in jedem Fall eine bestimmte Art des Informationsaustausches mit dem Ziel der Ausschaltung dieser Risiken gegeben. Fraglich ist, wie insofern scheinbar marktübliches Verhalten zu bewerten ist. Dazu folgendes **Beispiel**:

Im Mitgliedstaat D erhöht an einem Montag noch recht früh am Morgen ein führender Öl- und Gaskonzern die Spritpreise an seinen Tankstellen merklich. Binnen einer Stunde ziehen seine Hauptkonkurrenten nach, so dass die Spritpreise wieder auf einem gleichen Preisniveau liegen.

In einem solchen Fall kann nicht automatisch von einer abgestimmten Verhaltensweise ausgegangen werden. Denn dazu zählt das marktübliche Verhalten, wie etwa die zeitgleiche Erhöhung von Preisen, grundsätzlich nicht. Dies kann aber abweichend zu bewerten sein, wenn offensichtlich ist, dass die gleichzeitige Preiserhöhung nicht mehr den üblichen Marktbedingungen entspricht (EuGH *ICI*, Slg. 1972, 619).

Eingriff in den Wettbewerb

Durch die von Art. 101 I AEUV erfassten Verhaltensweisen muss es zu einer Verhinderung, Einschränkung oder Verfälschung des Wettbewerbs kommen.

Unterscheide zwischen »horizontalem« und »vertikalem« Wettbewerb

Ein Eingriff in den Wettbewerb kann sich auf »horizontaler« Ebene (zwischen Unternehmen auf der gleichen Wirtschaftsstufe im Wettbewerb) und auf »vertikaler« Ebene (Unternehmen auf unterschiedlicher Wirtschaftsstufe im Wettbewerb) vollziehen. Es ist nach der Rechtsprechung des EuGH aber nicht ausschlaggebend, ob es tatsächlich zu einem Eingriff kommt, sondern lediglich, ob der Wettbewerb verfälscht wird (EuGH *Michelin*, Slg. 1983). Außerdem muss der Handel zwischen den Mitgliedstaaten betroffen sein, was allerdings bereits bei einer Gefährdung des Binnenmarktziels zu bejahen ist. Die Kommission hat hierzu im Einzelnen Leitlinien entwickelt, auf welche jedoch an dieser Stelle nicht näher eingegangen werden kann.

Die Wettbewerbsverfälschung liegt in der Regel darin, dass ein Unternehmen durch sein Verhalten eine Beeinträchtigung des Wettbewerbs »bezweckt« oder »bewirkt« (EuGH *L.T.M./M.T.U.*, Slg. 1966, 282).

Um konkret festzustellen, ob es zu einer Wettbewerbsverfälschung kommt, muss im Zweifel stets eine eingehende Analyse des relevanten Marktes vorgenommen werden. Dabei liegt der Schwerpunkt der Betrachtung auf der Position der Parteien und deren Verhalten auf dem Markt. Sofern für den Markt die negativen Auswirkungen des in Rede stehenden Verhaltens größer sind als die positiven Auswirkungen, ist eine Verfälschung des Wettbewerbs zu bejahen. Es reicht in diesem Zusammenhang aus, wenn das Verhalten des Unternehmens für die Wettbewerbsverfälschung (mit)ursächlich ist, so dass es auf eine zielgerichtete Verfälschung nicht ankommt. Ausnahmsweise ist dem Sinn nach trotz Vorliegen der Tatbestandsvoraussetzungen keine Verfälschung des Wettbewerbs gegeben, wenn genau eine solche für das Funktionieren des Marktes notwendig ist (EuGH *Wouters*, Slg. 2002, I-1577).

Die Feststellung einer Wettbewerbsverfälschung bedarf stets einer genauen Marktanalyse.

Eine Wettbewerbsverfälschung muss aber verneint werden, wenn der Eingriff in den Wettbewerb für diesen überhaupt nicht spürbar ist. Der EuGH hat hier die sog. »De-Minimis«-Regel entwickelt, welche eine Verfälschung des Wettbewerbs bei Vorliegen einer lediglich geringfügigen Beeinträchtigung ausschließt (EuGH *Völk*, Slg. 1969, 295). Nach einer Bekanntmachung der Kommission aus dem Jahr 2004 ist davon auszugehen, dass unter einem Marktanteil von 5 % und einen das erfasste Verhalten unterschreitenden Umsatz von 40 Mio. € im Jahr die »De-Minimis«-Regel greift.

Keine Wettbewerbsverfälschung bei fehlender »Spürbarkeit«

Ausnahmen, Art. 101 III AEUV

Kartellverbot   **Art. 101 AEUV**

(3) Die Bestimmungen des Absatzes 1 können für nicht anwendbar erklärt werden auf

- Vereinbarungen oder Gruppen von Vereinbarungen zwischen Unternehmen,
- Beschlüsse oder Gruppen von Beschlüssen von Unternehmensvereinigungen,
- aufeinander abgestimmte Verhaltensweisen oder Gruppen von solchen,

die unter angemessener Beteiligung der Verbraucher an dem entstehenden Gewinn zur Verbesserung der Warenerzeugung oder -verteilung oder zur Förderung des technischen oder wirtschaftlichen Fortschritts betragen, ohne dass den beteiligten Unternehmen

> a) Beschränkungen auferlegt werden, die für die Ziele diese Verwirklichung nicht unerlässlich sind, oder
>
> b) Möglichkeiten eröffnet werden, für einen wesentlichen Teil der betreffenden Waren den Wettbewerb auszuschalten.

In Art. 101 III AEUV sind Ausnahmen vom Kartellverbot beschrieben. Unter den dort aufgezählten positiven und negativen Voraussetzungen können Vereinbarungen, Beschlüsse und andere abgestimmte Verhaltensweise vom Verbotstatbestand des Art. 101 I AEUV freigestellt werden. In der Praxis geschieht dies häufig im Wege der Rechtssetzung durch die Kommission mittels sog. »Gruppenfreistellungsverordnungen«, welche bestimmte Typen von Vereinbarungen per se freistellen.

Unterscheide »Gruppenfreistellungen« von »Einzelfreistellungen«

Tendenziell seltener anzutreffen sind »Einzelfreistellungen«, welche nur konkrete Verhaltensweisen vom Kartellverbot ausnehmen. Die in der Ausnahmevorschrift des Art. 101 III AEUV aufgezählten Voraussetzungen müssen aber stets kumulativ erfüllt sein (*Geiger/Khan/Kotzur*, Art. 101 AEUV, Rdn. 42).

2.2. Der Missbrauchstatbestand des Art. 102 AEUV

Missbrauch einer marktbeherrschenden Stellung Art. 102 AEUV

Mit dem Binnenmarkt unvereinbar und verboten ist die missbräuchliche Ausnutzung einer beherrschenden Stellung auf dem Binnenmarkt oder auf einem wesentlichen Teil desselben durch ein oder mehrere Unternehmen, soweit dies dazu führen kann, den Handel zwischen Mitgliedstaaten zu beeinträchtigen.

Dieser Missbrauch kann insbesondere in Folgendem bestehen:

a) der unmittelbaren oder mittelbaren Erzwingung von unangemessenen Einkaufs- oder Verkaufspreisen oder sonstigen Geschäftsbedingungen;

b) der Einschränkung der Erzeugung, des Absatzes oder der technischen Entwicklung zum Schaden der Verbraucher;

c) der Anwendung unterschiedlicher Bedingungen bei gleichwertigen Leistungen gegenüber Handelspartnern, wodurch diese im Wettbewerb benachteiligt werden;

d) der an den Abschluss von Verträgen geknüpften Bedingung, dass die Vertragspartner zusätzliche Leistungen annehmen, die weder sachlich noch nach Handelsbrauch in Beziehung zum Vertragsgegenstand stehen.

Neben dem Kartellverbot nach Art. 101 AEUV nimmt das Verbot des Missbrauchs einer marktbeherrschenden Stellung eine zentrale Stellung im Kartellrecht ein. Art. 101 und 102 AEUV sind grundsätzlich unabhängig voneinander anwendbar, so dass es auch Konstellationen geben kann, in welchen eine Idealkonkurrenz anzutreffen ist (EuGH *Suiker*, Slg. 1975, 1663).

Marktbeherrschende Stellung

Das Unionsrecht selbst definiert das Merkmal der marktbeherrschenden Stellung nicht. Der EuGH hat deshalb in seiner Rechtsprechung herausgearbeitet, dass eine marktbeherrschende Stellung »eine wirtschaftliche Machtstellung voraussetzt, durch welche ein Unternehmen in der Lage ist, die Ausrechterhaltung eines wirksamen Wettbewerbs auf dem Markt zu verhindern, indem ihm die Möglichkeit verschafft wird, sich seinen Wettbewerbern, Abnehmern und auch Verbrauchern in erheblichem Maße unabhängig zu verhalten« (EuGH *United Brands*, Slg. 1978, 207).

Indiz für eine marktbeherrschende Stellung ist ein hoher Marktanteil

Diese Formel bedarf freilich der weiteren richterlichen Konkretisierung. So wurde in einer Entscheidung zum Beispiel eine marktbeherrschende Stellung bei einem Marktanteil von über 75 % angenommen (EuGH *Tetra Pak II*, Slg. 1994, I-755).

Unterscheide zwischen »Monopol« und »Oligopol«

Hat lediglich ein Unternehmen eine solche Stellung inne, spricht man von einem sog. »Monopol«, kommt diese Stellung indes einem Verbund von mehreren Unternehmen zu, liegt ein sog. »Oligopol« vor.

Der dafür relevante Markt ist so genau es geht zu bestimmen. Dies erfordert wiederum eine fundierte Marktanalyse. Grob kann die Eingrenzung eines Marktes anhand folgender Kriterien vorgenommen werden:

- räumliche Komponente
- zeitliche Komponente
- sachliche Komponente

Bei der Bestimmung der sachlichen Komponente des Marktes sind alle Erzeugnisse und Dienstleistungen von Bedeutung, welche vom Verbraucher als gleichwertig angesehen werden (EuGH *Hilti*, Slg. 1994, I-693). Abzustellen ist auf das Nachfrageverhalten der Verbraucher sowie auf die Angebotssituation bei den Unternehmen. Aus dieser Analyse heraus erwächst dann letztlich die Entscheidung darüber, ob im konkreten Sachverhalt ein einheitlicher Markt vorliegt. In Grenzfällen kann dies freilich schwierige Abgrenzungsprobleme mit sich bringen.

Missbräuchliche Ausnutzung

Unzulässig ist nach Art. 102 AEUV die »missbräuchliche Ausnutzung« einer marktbeherrschenden Stellung. Eine Definition dieses Merkmals fällt schwer. Ein Ansatz besteht darin, dass Unternehmen mit einer marktbeherrschenden Stellung nach wohlfahrtökonomischen Gesichtspunkten eine besondere Verantwortung im Wettbewerb zukommt. Nach dem Gerichtshof liegt ein Missbrauch zunächst dann vor, wenn ein Verhalten eines marktbeherrschenden Unternehmens geeignet ist, die Aufrechterhaltung des noch bestehenden Wettbewerbs zu behindern und es dabei zu einer Abweichung vom normalen Produkt- oder Dienstleistungswettbewerb kommt (EuGH *van den Berg Foods*, Slg. 2003, I-4653). Damit ist die Kategorie des sog. »Behinderungsmissbrauchs« angesprochen.

Daneben gibt es noch die Fälle des »Ausbeutungsmissbrauchs«, etwa durch eine unangemessene Preissetzung. sowie des »Marktstrukturmissbrauchs« (Geiger/Khan/Kotzur, Art. 102 AEUV, Rdn. 11). Bei Letzterem kommt es zu einer unnatürlichen und damit missbräuchlichen Veränderung der Marktstruktur als solche.

Der Missbrauchsbegriff untergliedert sich in den »Behinderungsmissbrauch«, den »Ausbeutungsmissbrauch« und den »Marktstrukturmissbrauch«.

Art. 102 II AEUV enthält eine nicht abschließende Aufzählung von Beispielen zum Missbrauch einer marktbeherrschenden Stellung. Dazu gehört die Erzwingung unangemessener Preise, die Vornahme bestimmter Einschränkungen für den Wettbewerb, wie die Verhinderung eines neuen Erzeugnisses, oder die Anwendung unterschiedlicher Bedingungen bei gleichen Handelspartnern. Das Vorliegen einer Einschränkung des Wettbewerbs durch die Verhinderung eines neuen Erzeugnisses ist nicht immer auf den ersten Blick offensichtlich, was folgendes **Beispiel** (nach EuG *Microsoft*, Slg. 2007, I-3601) verdeutlicht:

Ein großes marktbeherrschendes Software-Unternehmen behindert die Entwicklung von Betriebssystemen für PCs, indem es die dafür erforderlichen Schnittstellen vorenthält. Das Unternehmen ist der Ansicht, dass bisher nur es selbst die Betriebssysteme vermarkte und andere Konkurrenten dem lediglich nachfolgen möchten.

Der EuGH hat dieser Argumentation einer Absage erteilt. Denn durch das Verhalten des Unternehmens werde der Wettbewerb behindert und die Verbraucher geschädigt, indem zum einen die Auswahl an Produkten gering gehalten werden, und zum anderen höhere Preise für das Betriebssystem des hier marktbeherrschenden Unternehmens zu zahlen seien.

3. Fusionskontrolle

Das Kartellrecht wird ergänzt durch den Bereich der Fusionskontrolle. Dieser ist allerdings als eigenständiges Gebiet anzusehen, welches sich mit der Zulässigkeit von Unternehmenszusammenschlüssen im unionsweiten Wettbewerb beschäftigt. In der Praxis ist dieses Rechtsgebiet von hoher Relevanz, da im Rahmen großer Unternehmenskäufe/-verkäufe häufig die Regeln der Fusionskontrolle zu beachten sind.

Anwendungsbereich

Zentrales Regelungswerk für die Fusionskontrolle auf EU-Ebene ist die Fusionskontrollverordnung (FKVO) EG/139/2004. Aus Art. 1 und 3 FKVO geht unter anderem hervor, wann der Anwendungsbereich der Verordnung eröffnet ist. Zunächst müssen die in Art. 1 FKVO festgelegten Umsatzschwellwerte überschritten sein.

Die europäische Fusionskontrolle greift nur bei Überschreitung der Umsatzschwellwerte des Art. 1 FKVO.

Denn nur dann hat der Zusammenschluss unionsweite Bedeutung und ist nach der europäischen Fusionskontrolle zu beurteilen. Wie die relevanten Umsätze zu berechnen sind regelt Art. 5 FKVO. Sind die Umsatzschwellwerte nicht erreicht, bestimmt sich die Zulässigkeit der Fusion nach dem nationalen Kartellrecht.

Wesentliches Merkmal für die Anwendung der FKVO ist außerdem das Vorliegen eines Zusammenschluss nach Art. 3 FKVO. Art. 3 FVKO ist als zentrale Vorschrift der Verordnung anzusehen.

Art. 3 FKVO

Definition des Zusammenschlusses

(1) Ein Zusammenschluss wird dadurch bewirkt, dass eine dauerhafte Veränderung der Kontrolle in der Weise stattfindet, dass

a) zwei oder mehr bisher voneinander unabhängige Unternehmen oder Unternehmensteile fusionieren oder dass

b) eine oder mehrere Personen, die bereits mindestens ein Unternehmen kontrollieren, oder ein oder mehrere Unternehmen durch den Erwerb von Anteilsrechten oder Vermögenswerten, durch Vertrag oder in sonstiger Weise die unmittelbare oder mittelbare Kontrolle über die Gesamtheit oder über Teile eines oder mehrerer anderer Unternehmen erwerben.

(2) Die Kontrolle wird durch Rechte, Verträge oder andere Mittel begründet, die einzeln oder zusammen unter Berücksichtigung aller tatsächlichen oder rechtlichen Umstände die Möglichkeit gewähren, einen bestimmenden Einfluss auf die Tätigkeit eines Unternehmens auszuüben, insbesondere durch:

a) Eigentums- oder Nutzungsrechte an der Gesamtheit oder an Teilen des Vermögens des Unternehmens;

b) Rechte oder Verträge, die einen bestimmenden Einfluss auf die Zusammensetzung, die Beratungen oder Beschlüsse der Organe des Unternehmens gewähren.

(3) Die Kontrolle wird für die Personen oder Unternehmen begründet,

a) die aus diesen Rechten oder Verträgen selbst berechtigt sind, oder

b) die, obwohl sie aus diesen Rechten oder Verträgen nicht selbst berechtigt sind, die Befugnis haben, die sich daraus ergebenden Rechte auszuüben.

...

Nach Art. 3 FKVO Norm ist also ein Zusammenschluss im Falle des Erwerbs eines bestimmenden Einflusses eines Unternehmens durch ein anderes Unternehmen zu bejahen. Dies wird auch »Kontrollerwerb« genannt. Der Erwerb kann entweder durch die Erlangung der Anteile des Zielunternehmens (»share deal«) oder durch Übertragung der einzelnen Vermögenswerte (»asset deal«) erfolgen. Der nur vorübergehende Erwerb von Anteilen etwa durch Kreditinstitute oder Versicherungen fällt nach Art. 3 V FKVO hingegen nicht unter den Begriff des Zusammenschlusses.

Beeinträchtigung des Wettbewerbs

Aus materiell-rechtlicher Sicht muss es zu einer Beeinträchtigung des Wettbewerbs kommen.

Dies legt Art. 2 III FKVO fest. Danach ist ein Zusammenschluss nicht mit dem Binnenmarkt vereinbar, wenn dadurch ein wirksamer Wettbewerb in einem wesentlichen Teil des Unionsgebiets erheblich behindert wird. Ein Beispiel für eine erhebliche Behinderung des Wettbewerbs in der Union stellt ein Zusammenschluss dar, durch welchen eine marktbeherrschende Stellung begründet oder verstärkt wird. Hier ist es wiederum ähnlich wie im Kartellrecht erforderlich, mittels sorgfältiger Analyse den Markt zu bestimmten und ihn von anderen Märkten abzugrenzen. Insofern kann auf die zuvorigen Ausführungen zum Kartellrecht verwiesen werden. In der Praxis ist im Zusammenhang mit der Beurteilung von Unternehmenszusammenschlüssen mit der Bestimmung des relevanten Marktes häufig ein zeitintensives Procedere verbunden.

Ist der relevante Markt ermittelt, werden die wettbewerblichen Folgen des in Rede stehenden Zusammenschlusses für diesen Markt unter-

> Es bedarf einer erheblichen Behinderung des unionsweiten Wettbewerbs.

sucht. Hierbei gilt es, die Synergie- und Wachstumseffekte für den Markt mit den durch die Fusion entstehenden möglichen Nachteilen für den Wettbewerb abzuwägen. Ein besonderes Augenmerk ist auf das Ausmaß der entstandenen Marktmacht des neuen fusionierten Unternehmens zu legen. Ist diese Marktmacht so groß, dass Wettbewerber in ihrer Entwicklung oder Entfaltung erheblich eingeschränkt werden, kann oftmals von einer erheblichen Behinderung des Wettbewerbs i.S.v. Art. 2 III FKVO ausgegangen werden.

Verfahrensfragen

Die FKVO regelt im Einzelnen auch das Verfahren zur Beurteilung von Zusammenschlüssen vor der Kommission. Ein Zusammenschluss i.S.d. FKVO darf nach Art. 4 FKVO erst nach Anmeldung und Freigabe durch die Kommission vollzogen werden. In der Praxis wird der Vollzug, also die Übertragung der Anteile oder der Vermögenswerte, auch »Closing« genannt.

Erst nach Genehmigung der Kommission darf die Fusion vollzogen werden.

In der Praxis empfiehlt es sich daher, frühzeitig im Rahmen der Verhandlungen Klarheit über die fusionskontrollrechtliche Zulässigkeit des Zusammenschlusses zu schaffen. Die Kommission hat nach Art. 10 FKVO nach der Anmeldung durch die Beteiligten innerhalb der dort bestimmten Fristen zu entscheiden, andernfalls wird eine Entscheidung nach Art. 10 VI FKVO fingiert.

Wird ein Betroffener negativ von der Kommission beschieden, sprich der Zusammenschluss untersagt, stellt sich die Frage der Rechtsschutzmöglichkeiten gegen diese Entscheidung. Die Entscheidung der Kommission ist als Rechtsakt nach Art. 288 AEUV mit der Nichtigkeitsklage zum EuG gem. Art. 263 IV AEUV durch die Beteiligten angreifbar. Die Klagebefugnis kommt dabei sowohl den Unternehmen selbst als auch Wettbewerbern zu (EuGH *Air France*, Slg. 1994, I-323). Auch einstweiliger Rechtsschutz ist unter Umständen nach Art. 279 AEUV möglich. Die Entscheidung des EuG kann dann wiederum mit Rechtsmitteln beim EuGH angefochten werden. Inhaltlich muss die Kommission ihre Entscheidungen begründen und mit Beweisen untermauern – ihr steht jedoch, da es sich um eine »ex ante«-Entscheidung handelt, dabei ein gewisser Prognosespielraum zu.

Fraglich ist, ob über die Gewährung des Rechtsschutzes nach Art. 263 IV AEUV hinaus ein Betroffener auch dem ihm durch eine falsche Entscheidung der Kommission entstandenen Schaden gerichtlich geltend machen kann. Hierzu ein ***Beispiel***:

Unternehmen U strebt eine Übernahme von unionsweiter Bedeutung eines anderen Unternehmens in der Branche an. Zunächst scheint es, als ob dadurch dass Unternehmen U eine marktbeherrschende Stellung begründen würde. Kurz vor Anmeldung des Zusammenschlusses bei der Kommission genehmigt diese jedoch zwei weitere größere Fusionen in derselben Branche. Bei der Negativentscheidung für das Unternehmen U übersieht die Kommission, dass offensichtlich durch diese zwei jüngst genehmigten Zusammenschlüsse überhaupt keine marktbeherrschende Stellung durch U mehr begründet werden kann und versagt die Freigabe. Der EuG hebt auf Klage von U die Entscheidung auf. U macht nun geltend, für zusätzliche Beratungs- und Verwaltungskosten aufkommen zu müssen.

Vorliegend könnte U ein Schadensersatzanspruch aus Art. 340 II AEUV geltend machen.

Denn die Grundsätze dieser Norm sind auch im Falle falscher Entscheidungen durch die Kommission bei der Fusionskontrolle anwendbar. Handelt die Kommission, wie hier, offensichtlich und erheblich außerhalb des ihr zustehenden Prognosespielraums, folgt aus einem klaren Rechtsverstoß ein Schadensersatzanspruch, sofern der Schaden adäquat kausal durch die Verletzung entstanden ist (vgl. EuG *Schneider Electric*, Slg. 2007, I-2237).

Die Grundsätze des Schadensersatzanspruchs aus Art. 340 II AEUV sind auch bei der Fusionskontrolle anwendbar.

4. Beihilferecht

Mit dem Beihilferecht trifft man auf ein Rechtsgebiet des europäischen Wirtschaftsrechts, welches in den letzten Jahren immer mehr an Bedeutung gewonnen hat. Gerade aus wettbewerbsrechtlicher Sicht ist das Beihilferecht nicht mehr wegzudenken, da die Gewährung staatlicher Begünstigungen an bestimmte Unternehmen den Wettbewerb in erheblichem Maße beeinträchtigen und verfälschen kann. Die Gewährung von Beihilfen ist in der Tat rasant angestiegen; in absoluten Zahlen führt Deutschland die Liste gewährter Beihilfen in den letzten Jahren an. Trotz der scheinbar klaren Regelungen im AEU-Vertrag sehen sich die Betroffenen bei der Bewältigung beihilferechtlicher Fragestellungen häufig mit Unsicherheiten konfrontiert.

4.1. Der Tatbestand des Art. 107 I AEUV

Art. 107 AEUV

Beihilfeverbot; Ausnahmen

(1) Soweit in den Verträgen nicht etwas anderes bestimmt ist, sind staatliche oder aus staatlichen Mitteln gewährte Beihilfen gleich welcher Art, die durch die Begünstigung bestimmter Unternehmen oder Produktionszweige den Wettbewerb verfälschen oder zu verfälschen drohen, mit dem Binnenmarkt unvereinbar, soweit sie den Handel zwischen Mitgliedstaaten beeinträchtigen.

...

Art. 107 I AEUV bildet die zentrale Norm des Beihilferechts. Die Vorschrift ist als Verbotstatbestand ausgestaltet und legt im Einzelnen fest, unter welchen Voraussetzungen eine unzulässige Beihilfe vorliegt.

Vorliegen einer Begünstigung

Erstes Tatbestandsmerkmal von Art. 107 I AEUV ist das der Begünstigung. Eine Begünstigung ist zunächst jede Maßnahme, durch die eine Leistung ohne angemessene und marktübliche Gegenleistung gewährt wird. Dies lässt auf eine weite Auslegung schließen. Denn eine solche Maßnahme kann die verschiedensten Formen haben. Es muss nicht einmal eine positive Leistung vorliegen, es genügt auch die Befreiung von Verbindlichkeiten. Folgende Maßnahmen könnten beispielsweise als Begünstigungen angesehen werden:

- Investitionszuschüsse
- Befreiung von Steuern oder sonstigen Sozialabgaben

- Vergünstigungen bei Darlehen oder Krediten
- Verzicht auf Forderungen/Forderungsübernahme/Stundung
- staatliche Garantien (z.B. Bürgschaften)

Um festzustellen, ob diese Maßnahmen als Leistungen ohne marktübliche Gegenleistung gewährt worden sind, bedarf es der näheren Erörterung des Begriffes »marktüblich«. Sofern ein konkreter Marktpreis für Leistung und Gegenleistung ermittelbar ist, bereitet dies keine größeren Schwierigkeiten. Ist das nicht der Fall, so bestimmt sich die Marktüblichkeit nach dem sog. »private-investor«-Test oder »market-economy«-Test.

Zur Ermittlung des Vorliegens einer Begünstigung dient der »private-investor«-Test.

Im Rahmen dieses Tests wird die Überlegung angestrengt, ob in einem konkreten Sachverhalt ein vergleichbarer privater Investor die in Rede stehende Maßnahme unter marktüblichen Bedingungen ebenfalls vorgenommen hätte (vgl. etwa EuGH *Alfa Romeo*, Slg. 1991, I-1603). Der maßgebliche Zeitpunkt ist dabei der der Entscheidung über die Investition. Zur Veranschaulichung soll folgendes **Beispiel** dienen:

Das im Mitgliedstaat A in wirtschaftliche Notlage geratene Unternehmen U benötigt zur Überbrückung dringend neue Kredite. Die staatliche Bank B gewährt auf Grund der besonderen Situation einen Kredit, allerdings mit einem Zinssatz unter dem derzeit üblichen Marktzins.

Hier würde man im Rahmen des »private-investor«-Tests fragen, ob eine private Bank dem Unternehmen U in dieser individuellen Situation den Kredit ebenfalls mit dem in Rede stehenden Zins unter dem üblichen Marktzins gewährt hätte. Theoretisch kann der »private-investor« Test auf jede Investitionshandlung der öffentlichen Hand angewandt werden. So wäre im Falle der Veräußerung von Gesellschaftsanteilen eines öffentlich-rechtlichen Unternehmens zu untersuchen, ob der vom Investor dafür gezahlte Kaufpreis dem marktüblichen Preis entspricht. Dieser kann im Wege verschiedener Methoden der Unternehmensbewertung, oder mittels der Durchführung eines Bieterverfahrens ausgemacht werden.

Die vorherigen Ausführungen lassen erahnen, wo die Problematik des »private-investor«-Tests liegt: Er beruht auf rein hypothetischen Erwägungen. Oftmals ist es schwierig, das mögliche Verhalten eines vergleichbaren privaten Investors herauszufinden.

Dadurch ist der Test mit erheblichen Rechtsunsicherheiten behaftet. Mangels adäquater Alternative wird er dennoch quasi ausschließlich zu Bestimmung des Vorliegens des Merkmals der »Marktüblichkeit« bei der Begünstigung angewandt.

Der »private-investor«-Test ist mit Rechtsunsicherheiten behaftet.

Sonderregeln bei der Erbringung von Dienstleistungen von allgemeinem wirtschaftlichem Interesse

Sofern einem Unternehmen, welches Dienstleistungen von allgemeinem wirtschaftlichem Interesse erbringt, als Kompensation hierfür ein Ausgleich gewährt wird, ist nach dem EuGH (vgl. EuGH *Altmark Trans*, Slg. 2003, I-7747) eine Begünstigung nur unter folgenden Voraussetzungen (sog. »Altmark-Kriterien«) anzunehmen:

- es muss sich tatsächlich um eine Dienstleistung von allgemeinem wirtschaftlichem Interesse handeln
- die Voraussetzungen, unter denen der Ausgleich gewährt wird, müssen transparent erkennbar und der Ausgleich selbst anhand objektiver und vorhersehbarer Kriterien berechenbar sein
- der Ausgleich darf nicht über das hinausgehen, was zur Erfüllung der jeweiligen Dienstleistung erforderlich ist
- sofern kein Vergabeverfahren durchgeführt wurde, ist die Höhe des Ausgleichs anhand der Kosten eines hypothetischen, wirtschaftlich und durchschnittlich gut geführten Unternehmens zu bestimmen, wobei an die jeweils entstandenen Nettomehrkosten anzuknüpfen ist

Diese Rechtsprechung ist in der Praxis nicht ganz unumstritten, führt doch vor allem das vierte Altmark-Kriterium bisweilen zu einigen Rechtsunsicherheiten hinsichtlich der Bestimmung der entstandenen Nettomehrkosten.

Staatlich oder aus staatlichen Mitteln gewährt

Die Beihilfe muss staatlich oder aus staatlichen Mitteln gewährt werden. Die Mittelgewährung muss durch einen Mitgliedstaat, seine Gebietskörperschaften oder einer Einrichtung der öffentlichen Hand geschehen. Erfasst sind daher auch sämtliche Körperschaften des öffentlichen Rechts (*Geiger/Khan/Kotzur*, Art. 107 AEUV, Rdn. 12). Während das Merkmal staatlich direkt auf die öffentliche Hand und deren Einrichtungen abzielt, werden unter staatlichen Mitteln auch private Einrichtungen erfasst, welche über Mittel aus staatlicher Herkunft verfügen.

Die Mittel müssen auch dem Staat »zurechenbar« gewährt worden sein.

Im Zusammenhang mit Beihilfen privater Einrichtungen wird allerdings zusätzlich verlangt, dass die staatliche Mittelgewährung in zurechenbarer Weise erfolgte.

Hat der Staat beispielsweise als Mehrheitsanteilseigner einen beherrschenden Einfluss über ein Unternehmen inne, so genügt diese Tatsache an sich noch nicht zur Bejahung der staatlichen Mittelgewährung. Erforderlich ist vielmehr, dass der Staat diesen beherrschenden Einfluss im konkreten Fall auch ausübt (EuGH *Kommission/Frankreich*, Slg. 2002, I-4397). Ob diese Zurechenbarkeit gegeben ist, kann im Einzelfall schwer feststellbar sein. Es erscheint bei bestimmten Einrichtungen daher sinnvoll, neben der Mittelgewährung auch zu verlangen, dass der Staat über die Mittel zum Zeitpunkt der Gewährung auch selbst hätte verfügen können. Problematisch ist dies etwa bei der Beurteilung von Leistungen der gesetzlichen Sozialversicherungsträger.

Bestimmte Unternehmen oder Produktionszweige

Die Beihilfe muss zugunsten von Unternehmen, also einer eine wirtschaftliche Tätigkeit ausübende Einheit, oder bestimmter Produktionszweige gewährt werden. Zuschüsse für private Haushalte oder die allgemeine Ankurbelung der Konjunktur durch Förderungen fallen demnach nicht unter Art. 107 I AEUV (*Geiger/Khan/Kotzur*, Art. 107 AEUV, Rdn. 14).

Deshalb wird auch oft vom Tatbestandsmerkmal der »Selektivität« gesprochen. Bei Infrastrukturmaßnahmen ist indes zu unterscheiden. Geht es um eine allgemeine, bezüglich der betroffenen Unternehmen unterschiedslose Förderung der Infrastruktur, ist der Anwendungsbereich des Art. 107 I AEUV nicht eröffnet. Erfolgt hingegen die Verwirklichung eines Infrastrukturprojekts ausschließlich in öffentlicher Trägerschaft, ist im Hinblick auf den Umgang mit den Investoren das Vorliegen einer Beihilfe im Einzelnen genau zu untersuchen.

Tatbestandsmerkmal der »Selektivität« der Maßnahme

Der Begriff des Unternehmens ist im Übrigen weit gefasst. Ähnlich wie im Kartellrecht ist ein funktionaler Unternehmensbegriff zu Grunde zu legen. Erfasst sind alle private juristische Personen oder vergleichbare Handelsgesellschaften eines Mitgliedstaats. Unter Produktionszweigen sind schließlich schlichtweg einzelne Branchen oder Wirtschaftszweige zu verstehen. Auch hier ist eine Begünstigung durchaus denkbar, etwa im Falle der gezielten Förderung der Automobilindustrie.

Verfälschung des Wettbewerbs und Beeinträchtigung des Handels zwischen den Mitgliedstaaten

Neben dem zuvor Gesagten muss es außerdem zu einer Verfälschung oder drohenden Verfälschung des Wettbewerbs kommen. Eine Wettbewerbsverfälschung liegt vor, wenn das begünstige Unternehmen seine Situation im Wettbewerb tatsächlich oder potentiell verbessert (*Geiger/Khan/Kotzur*, Art. 107 AEUV, Rdn. 15). Die Wettbewerbsverfälschung ist insofern also stets mit einem Wettbewerbsvorteil für ein

Unterscheide Wettbewerbsverfälschung und drohende Wettbewerbsverfälschung

Unternehmen oder ein Produktionszweig verbunden. Die lediglich drohende Wettbewerbsverfälschung unterscheidet sich von dieser Definition dahingehend, dass es hier noch zu keiner Beeinträchtigung des Wettbewerbs gekommen sein muss, eine solche aber als hinreichend konkret bevorstehen könnte (EuGH *Borken-Bocholt*, Slg. 1987, I-4013).

»De-Minimis«-Beihilfen und Spürbarkeit der Wettbewerbsverfälschung

Fraglich ist, ob es nun genauerer Kriterien zur Bestimmung der Wettbewerbsverfälschung im Einzelnen bedarf. Überwiegend wird dies abgelehnt und stattdessen angenommen, dass in den meisten Fällen eine Wettbewerbsverfälschung automatisch vorliegt, wenn die übrigen Tatbestandsmerkmale zweifelsohne erfüllt sind. Eine besondere Marktanalyse ist demnach nicht notwendig, vielmehr genügt eine summarische Prüfung. Fraglich ist aber, ob eine Einschränkung dann in Betracht kommt, wenn der Wettbewerb nicht »spürbar« beeinträchtigt wird. Ein solcher Ansatz ist abzulehnen.

Aus der »De-Minimis«-Regel kann im Umkehrschluss abgeleitet werden, dass eine weitere Berücksichtigung nicht spürbarer Beihilfen auf der Tatbestandsebene ausgeschlossen sein soll. Die »De-Minimis«-Regel beruht auf der Verordnung EG/1998/2006 und besagt, dass eine Beihilfemaßnahme mit einem Volumen von 200.000 € über einen Zeitraum von drei Jahre nicht bei der Kommission angemeldet werden muss.

Letztlich muss es dann auch zu einer Beeinträchtigung des Handels zwischen den Mitgliedstaaten kommen. Ausreichend ist, dass der Vorteil des betroffenen Unternehmens in der Zukunft Auswirkungen auf den zwischengemeinschaftlichen Handel hat. Dies kann entweder der Fall sein, wenn das Unternehmen einen Großteil seiner Produktion in Drittstaaten absetzt oder wenn das Unternehmen im Inland mit Anbietern aus Drittstaaten konkurriert.

4.2. Ausnahmen und Rechtfertigung

Aus materieller Sicht muss das Vorliegen einer staatlichen Beihilfe nicht automatisch zu einer Unvereinbarkeit mit Unionsrecht führen. Entscheidend ist, ob die Beihilfe mit dem Binnenmarkt vereinbar ist. Insofern bestehen einige Ausnahmen vom Beihilfeverbot sowie die Möglichkeit der Rechtfertigung.

Legalausnahmen, Art. 107 II AEUV

| Beihilfeverbot; Ausnahmen | Art. 107 AEUV |

...

(2) Mit dem Binnenmarkt vereinbar sind:

a) Beihilfen sozialer Art an einzelne Verbraucher, wenn sie ohne Diskriminierung nach der Herkunft der Waren gewährt werden;

b) Beihilfen zur Beseitigung von Schäden, die durch Naturkatastrophen oder sonstige außergewöhnliche Ereignisse entstanden sind;

c) Beihilfen für die Wirtschaft bestimmter, durch die Teilung Deutschlands betroffener Gebiete der Bundesrepublik Deutschland, soweit sie zum Ausgleich der durch die Teilung verursachten wirtschaftlichen Nachteile erforderlich sind. Der Rat kann fünf Jahre nach dem Inkrafttreten des Vertrags von Lissabon auf Vorschlag der Kommission einen Beschluss erlassen, mit dem dieser Buchstabe aufgehoben wird.

(...)

Art. 107 II AEUV beschreibt sog. »Legalausnahmen« vom Beihilfeverbot. Dies bedeutet, dass die dort aufgeführten Beihilfen automatisch als mit dem Binnenmarkt vereinbar angesehen werden, so dass der Kommission bei der Prüfung kein Ermessen mehr zusteht (»ist«-Vorschrift).

Art. 107 II AEUV ist als »ist«-Vorschrift ausgestaltet, so dass der Kommission kein Ermessen zusteht.

Konsequenz dessen ist aber auch, dass diese Ausnahmen in der Praxis von der Kommission und dem EuGH eng ausgelegt werden.

Grob zusammengefasst handelt es sich bei den Ausnahmetatbeständen um Beihilfen sozialer Art an einzelne Verbraucher (lit. a)), Beihilfen zur Beseitigung von Naturkatastrophen (lit. b)) und Beihilfen im Zusammenhang mit der Teilung Deutschlands (lit. c)). Letztere dienen dem Ausgleich jener wirtschaftlichen Nachteile, welche durch die Teilung Deutschlands entstanden sind.

Art. 107 AEUV

Ermessensausnahmen, Art. 107 II AEUV

Beihilfeverbot; Ausnahmen

(3) Als mit dem Binnenmarkt vereinbar können angesehen werden:

a) Beihilfen zur Förderung der wirtschaftlichen Entwicklung von Gebieten, in denen die Lebenshaltung außergewöhnlich niedrig ist oder eine erhebliche Unterbeschäftigung herrscht, sowie der in Artikel 349 genannten Gebiete unter Berücksichtigung ihrer strukturellen, wirtschaftlichen und sozialen Lage;

b) Beihilfen zur Förderung wichtiger Vorhaben von gemeinsamem europäischem Interesse oder zur Behebung einer beträchtlichen Störung im Wirtschaftsleben eines Mitgliedstaats;

c) Beihilfen zur Förderung der Entwicklung gewisser Wirtschaftszweige oder Wirtschaftsgebiete, soweit sie die Handelsbedingungen nicht in einer Weise verändern, die dem gemeinsamen Interesse zuwiderläuft;

d) Beihilfen zur Förderung der Kultur und der Erhaltung des kulturellen Erbes, soweit sie die Handels- und Wettbewerbsbedingungen in der Union nicht in einem Maß beeinträchtigen, das dem gemeinsamen Interesse zuwiderläuft;

e) sonstige Arten von Beihilfen, die der Rat durch einen Beschluss auf Vorschlag der Kommission bestimmt.

Im Vergleich zu Art. 107 II enthält Art. 107 III AEUV keine Legal- sondern Ermessensausnahmen. Der Kommission steht bei der Überprüfung der Beihilfen daher ein Ermessen zu (vgl. »kann«-Vorschrift). Die Kommission kann hierbei auch gewisse Maßstäbe oder Grundsätze, anhand welcher sie dann ihr Ermessen ausübt, festlegen. Durch das der Kommission eingeräumte Ermessen ist folglich der Prüfungsumfang des EuGH eingeschränkt.

Die Kommission hat zur Konkretisierung der Vereinbarkeit von Beihilfen nach Maßgabe des Art. 107 III AEUV auch mehrere Freistellungsmöglichkeiten kategorisiert.

Konkretisierung von Art. 107 III AEUV durch den Erlass von Leitlinien, Gemeinschaftsrahmen und Freistellungsverordnungen

Dies geschah häufig durch den Erlass von Leitlinien, Gemeinschaftsrahmen oder Freistellungsverordnungen (bei diesen ist zwischen Gruppenfreistellungsverordnungen und Einzelfreistellungsverordnungen zu unterscheiden). Letztere werden auf Grundlage von Art. 109 AEUV verabschiedet. Wichtige Leitlinien sind zum Beispiel die Leitlinien der Gemeinschaft für staatliche Umweltschutzbeihilfen. Als Gemeinschaftsrahmen ist insbesondere jener für Agrarbeihilfen in der Praxis sehr relevant. Zu den bedeutendsten Freistellungsverordnungen zählt die allgemeine Gruppenfreistellungsverordnung EG/800/2008, welche unter anderem Regionalbeihilfen, Beihilfen für kleinere und mittlere Unternehmen (KMU) oder für Forschungs- Entwicklungs- und Innovationsbeihilfen erfasst.

Durch die jüngste Finanz- und Wirtschaftskrise haben die Ermessensausnahmen des Art. 107 III AEUV akut an Bedeutung gewonnen. Dabei ging es meist um die Frage, inwieweit sekundärrechtliche oder nationale Regelungen, welche durch staatliche Unterstützungen der Rettung sog. »systemrelevanter« Banken und Unternehmen dienen sollten, mit dem Beihilferecht vereinbar sind. Der Rechtfertigungsansatz liegt darin, dass jene systemrelevanten Unternehmen über ihre Branche hinweg für das Funktionieren ganzer Wirtschaftszweige oder gar der gesamten Wirtschaft von Bedeutung sind. Als Beispiel für die während der letzten Krise gewährten Beihilfen seien nur die zahlreichen staatlichen Garantien und Bürgschaften für krisengeschüttelte Kreditinstitute genannt. Im Einzelnen ist es umstritten, ob und unter welchen Voraussetzungen solche Beihilfen nach Art. 107 III lit. b), lit. c) oder lit. e) gerechtfertigt sein können.

Besondere Bedeutung von Art. 107 III AEUV während der letzten Finanz- und Wirtschaftskrise

Rechtfertigung nach Art. 106 II AEUV

Auch wenn alle Tatbestandsvoraussetzungen des Art. 107 I AEUV erfüllt und keine Ausnahmen nach Art. 107 II oder III AEUV ersichtlich sind, bedeutet dies aus materiell-rechtlicher Sicht noch nicht, dass die in Rede stehende Maßnahme unionsrechtswidrig ist. Denn es bleibt immer noch die Möglichkeit einer Rechtfertigung nach Art. 106 II AEUV.

Art. 106 II AEUV hat im Beihilferecht hauptsächlich infolge der Altmark-Rechtsprechung begonnen eine Rolle zu spielen. Denn die Kommission wurde sich selbst recht schnell bewusst, welche Rechtsunsicherheiten vor allem mit dem vierten Altmark-Kriterium verbunden sind.

Bei der Rechtfertigung nach Art. 106 II AEUV entfällt das vierte Altmark-Kriterium.

Daher entwickelte man im Rahmen des »Monti«-Paktes, welches einen Rahmen unter anderem für die Rechtfertigungsgründe nach Art. 106 II AEUV liefert, eine Alternativlösung auf der Rechtfertigungsebene: Ein Ausgleich für ein Unternehmen für die Erbringung einer Dienstleistung von allgemeinem wirtschaftlichem Interesse ist danach unter Art. 106 II AEUV zu rechtfertigen, wenn die ersten drei Altmark-Kriterien erfüllt sind.

Das »Monti«-Paket wurde Ende 2011 durch das sog. »Almunia«-Paket, welchen den Umgang mit Dienstleistungen von allgemeinem wirtschaftlichem Interesse weiter vereinfachen soll, ersetzt.

4.3. Verfahren

Die Kenntnis der wichtigsten Verfahrensfragen ist unabdingbare Voraussetzung zur Bewältigung einer beihilferechtlichen Fragestellung. Die Aufsicht durch die Kommission ist im Beihilferecht überdurchschnittlich stark ausgeprägt.

Notifizierung von Beihilfen

Unabhängig von der materiell-rechtlichen Beurteilung eines Beihilfetatbestands sind zunächst alle Beihilfen bei der Kommission anzumelden.

Beihilfen müssen grundsätzlich bei der Kommission angemeldet werden (»Notifizierungspflicht«).

Das geht aus Art. 108 III AEUV hervor. Erst wenn die Kommission die Beihilfe genehmigt, ist sie als unionsrechtskonform anzusehen. Die Missachtung der Notifizierungspflicht führt also bereits zur Rechtswidrigkeit. Bei neuen Beihilfen dürfen diese also erst gar nicht gewährt werden, bevor die Kommission sie geprüft hat. Man nennt dies das »Stand-Still«-Gebot (vgl. Art. 108 III S. 3 AEUV). Bestehende Beihilfen hingegen werden nach Art. 108 I AEUV durch die Kommission fortlaufend überprüft.

Näheres zur Überprüfung durch die Kommission regelt die Verfahrensverordnung EG/659/1999. Ein Prüfungsverfahren kann entweder in Folge der Anmeldung durch den Mitgliedstaat oder aber auch durch Anzeige eines Wettbewerbers eingeleitet werden. Nach dem die Kommission von einem beihilferechtlichen Sachverhalt Kenntnis erhält, verschafft sie sich im Rahmen eines Vorabprüfungsverfahrens ein Bild von dem gegenständlichen Sachverhalt. Daraufhin stellt sie formlos fest, ob die Beihilfe ihrer Ansicht nach mit dem Binnenmarkt vereinbar ist oder nicht. Hält sie die Beihilfe für unionsrechtswidrig, leitet sich ein förmliches Prüfungsverfahren ein, über welches der Mitgliedstaat im Wege einer Eröffnungsentscheidung informiert wird. Der Mitgliedstaat sowie die betroffenen Parteien erhalten dann Gelegenheit zur Stellungnahme. Kommt die Kommission am Ende dieses Prüfungsverfahrens zu dem Schluss, dass die Beihilfe mit dem Binnenmarkt vereinbar ist, ergeht eine Positiventscheidung. Andernfalls ergeht eine Negativentscheidung verbunden mit der Anordnung der Rückgewährung der in Rede stehenden Beihilfe an den Mitgliedstaat.

Rückforderung rechtswidriger Beihilfen

Die Rückforderung unionsrechtswidriger Beihilfen durch den Mitgliedstaat gehört zu einer in Ausbildung und Praxis äußerst relevanten Thematik. Inwiefern die Rückforderung durchgesetzt wird, ist prinzipiell dem Mitgliedstaat selbst überlassen.

Für gewöhnlich wird die Anordnung der Rückforderung durch die zuständige Behörde geschehen. Im deutschen Verwaltungsrecht ist Grundlage hierfür Art. 48 VwVfG. Rückforderungsschuldner ist dabei der Empfänger der Beihilfe (EuGH *SMI*, Slg. 2004, I-3925). Nach § 48 VwVfG ist eine Rückgewährung aber nicht zwingend – so spielen dort auch Elemente des Vertrauensschutzes eine Rolle, was bis zum Behaltendürfen der Beihilfe führen kann. Grundsätzlich kommen die einzelnen Tatbestandsmerkmale des Art. 48 VwVfG bei der Prüfung auch voll zur Anwendung. Jedoch ist stets der Anwendungsvorrang und die effektive Durchsetzung des Unionsrechts (»effet utile«) zu beachten. Dies hat einige Modifizierungen im Rahmen der Prüfung des § 48 VwVfG zur Folge. Dazu ein ***Beispiel***:

Das Unternehmen U erhält vom Mitgliedstaat D im Jahr 2009 eine erhebliche Investitionsbeihilfe zur Förderung von Bauprojekten. Die Beihilfe wurde nicht bei der Kommission notifiziert. Auf Anzeige eines Wettbewerbers leitete die Kommission ordnungsgemäß ein förmliches Prüfungsverfahren ein und entschied, dass die gewährte Beihilfe an U von D zurückgefordert werden muss. Ein entsprechender Rückforderungsbescheid wird erlassen. U macht nun jedoch geltend, aus Gründen des Vertrauensschutzes die Beihilfe nicht zurückzahlen zu müssen. Dies gelte schon deshalb, weil D ja von dem rechtswidrigen Vorgehen Kenntnis gehabt habe. Außerdem sei U nunmehr entreichert.

Das Vorbringen von U ist erfolglos, so dass die gewährte Beihilfe an D zurück zu zahlen ist. In diesem Fall geht es im Schwerpunkt um Aspekte des Vertrauensschutzes. Dieser wird jedoch vom unionsrechtlichen Grundsatz des »effet utile« überlagert.

Daher kann sich U auch nicht auf ein berechtigtes Vertrauen berufen, weil dies dem »effet utile« zuwiderlaufen würde. Daran ändert auch die Tatsache nichts, dass D von der Rechtswidrigkeit der Beihilfe Kenntnis hatte und diese trotzdem gewährt hatte. Denn es obliegt U als Beihilfeempfänger, sich über die rechtliche Situation zu informieren. Auch auf Entreicherung kann sich U nicht berufen. Voraussetzung hierfür wäre ebenfalls ein berechtigtes Vertrauen, was auf Grund der Rechtswidrigkeit der Beihilfe wegen der fehlenden Notifizierung be-

> Rückforderung rechtswidriger Beihilfen nach § 48 VwVfG

> Der Grundsatz des »effet utile« schränkt den Vertrauensschutz im Rahmen des Art. 48 VwVfG ein.

reits zum Zeitpunkt vor Verbrauch der Beihilfe nicht gegeben war (vgl. zum Vorgehenden auch EuGH *Alcan*, Slg. 1997, I-1591). Der »effet utile« überlagert letztlich stets die Grundsätze nationaler Verwaltungsrechtsvorschriften, so eben auch im Falle von § 48 VwVfG.

Prüfung Rückforderung rechtswidriger Beihilfen nach § 48 VwVfG

1) Vertrauensschutz durch Verbrauch der Beihilfe, § 48 II S. 1 VwVfG: »effet utile« würde durch den Einwand der Entreicherung leerlaufen, daher (-)

2) Versagung des Vertrauensschutzes wegen grober Fahrlässigkeit, § 48 II S. 3 Nr. 3 VwVfG: grobe Fahrlässigkeit in der Regel zu bejahen, wenn sich Empfänger nicht nach Beihilferechtskonformität erkundigt

3) Allgemeine Vertrauensschutzabwägung, § 48 II S. 2 VwVfG: fällt auf Grund des »effet utile« prinzipiell zu Lasten des Empfängers aus

4) Ermessen der Behörde, § 48 VwVfG: das Ermessen der Behörde ist wegen des »effet utile« auf Null reduziert

5) Rücknahmefrist, § 48 IV VwVfG: wegen des »effet utile« ist die Rücknahmefristregelung nicht anwendbar

Rechtsschutz

Die Rechtsschutzmöglichkeiten im Beihilferecht sind zweigeteilt. Zum einen kann der Betroffene Rechtsschutz vor den mitgliedstaatlichen Gerichten suchen. So kann er einen Bescheid, mittels welchem eine Beihilfe nach § 48 VwVfG zurückgefordert wird, mit der Anfechtungsklage angreifen. Allerdings steht den mitgliedstaatlichen Gerichten dabei ein begrenzter Prüfungsspielraum zu. Sie haben auf Grund der unmittelbaren Anwendbarkeit des Unionsrechts (und somit des Beihilferechts) den jeweiligen Sachverhalt unionsrechtskonform auszulegen. Bestehen Zweifel im Hinblick auf die Auslegung, so hat eine Vorlage an den EuGH nach Art. 267 AEUV zu erfolgen. Dies gilt im Übrigen auch, wenn ein mitgliedstaatliches Gericht nach einem laufenden förmlichen Prüfungsverfahren vor der Kommission von der Entscheidungspraxis der Unionsorgane abweichen will.

Auf der anderen Seite können die Betroffenen Rechtsschutz auch über den Weg zu den Unionsgerichten suchen. So sind die Entscheidungen der Kommission mit der Nichtigkeitsklage nach Art. 263 AEUV anfechtbar. Erlässt die Kommission keine Entscheidung, kann unter den Voraussetzungen des Art. 265 AEUV Untätigkeitsklage erhoben werden. Der EuGH überprüft dann vollumfänglich den vorliegenden beihilferechtlichen Sachverhalt.

Rechtsschutz ist sowohl bei den mitgliedstaatlichen Gerichten als auch bei den Unionsgerichten zu erlangen.

5. Vergaberecht

Das Vergaberecht regelt das Verfahren zur öffentlichen Beschaffung von Bauleistungen, Dienstleistungen sowie freiberuflichen Leistungen. Es ist damit neben dem Beihilferecht der zweite Bereich des europäischen Wettbewerbsrechts, welcher sich an die öffentliche Hand richtet. Für diese ist das Beschaffungswesen aus wirtschaftlicher Sicht freilich von enormer Bedeutung.

5.1. EU-Vergaberecht und nationales Vergaberecht

Das Vergaberecht ist nicht durchgehend unionsrechtlich ausgestaltet. In jedem Fall muss es sich zunächst um einen öffentlichen Auftraggeber handeln, der einen öffentlichen Auftrag vergibt. Vor allem aber greifen die sekundärrechtlichen Regelungen des Vergaberechts erst bei Erreichen bestimmter Schwellwerte.

Das Erreichen bestimmter Schwellwerte entscheidet über die Anwendung des EU-Vergaberechts.

Nach der Verordnung EG/1422/2007 lagen diese zunächst bei 5,15 Mio. € für Bauleistungen, bei 206.000 € für Dienst- und Lieferleistungen und bei 412.000 € für Sektorenleistungen. Sind diese Schwellwerte nicht erreicht, kommen nicht die europäischen Sekundärrechtsakte, sondern das nationale Vergaberecht zur Anwendung. Eine Kontrolle durch das Unionsrecht besteht aber in gewissem Umfang trotzdem. Denn eine Vergabe öffentlicher Aufträge hat sich stets an der Warenverkehrsfreiheit nach Art. 34 AEUV und am allgemeinen Diskriminierungsverbot nach Art. 18 AEUV messen zu lassen.

Sind die oben genannten Schwellwerte erreicht, gilt es verschiedene europäische Sekundärrechtsakte zu beachten. Erstens legt die Vergabekoordinierungsrichtlinie EG/18/2004 Anforderungen an die Vergabe von öffentlichen Bau-, Liefer- und Dienstleistungen fest. Zweitens regelt die Richtlinie EWG/665/89 Fragen des Verfahrens und des Rechtsschutzes. Drittens existieren zur Regelung des Vergabeverfahrens in bestimmten Sektoren (etwa Wasser, Energie und Post) noch die Sektorenrichtlinien EWG/13/92 und EG/17/2004. Diese Richtlinien mussten von den Mitgliedstaaten in nationales Recht umgesetzt werden. In Deutschland ist dies überwiegend durch die Vergabeverordnung (VgV), die Vergabe- und Vertragsordnung für Bauleistungen (VOB/A), die Verdingungsordnung für Leistungen (VOL/A), die Verdingungsordnung für freiberufliche Leistungen (VOF/A) sowie die Sektorenverordnung (SektVO) geschehen. Die allgemeinen vergaberechtlichen Grundsätze sind allerdings einheitlich im vierten Teil des GWB in den §§ 97 ff. festgelegt worden. Dies gilt auch für den Bereich des Rechtsschutzes, welcher in §§ 102 ff. GWB geregelt ist.

Das EU-Vergaberecht verfolgt im Übrigen (wie allerdings weitestgehend auch das nationale Vergaberecht) folgende Ziele und Prinzipien, anhand welcher dann die einzelnen Regelungen auszulegen sind:

Ziele und Prinzipien des Vergaberechts

- Wettbewerb
- Transparenz
- Nichtdiskriminierung

5.2. Die Ausschreibung

Der Vergabevorgang eines öffentlichen Auftrags lässt sich grob in zwei Phasen einteilen. Am Anfang des Vergabevorgangs steht die Ausschreibung, also die öffentliche Bekanntmachung der zu vergebenden Leistung. Entscheidend ist dabei, ob eine Vergabe überhaupt ausschreibungspflichtig ist sowie welche Anforderungen an die Ausschreibung zu stellen sind.

Öffentlicher Auftraggeber und öffentlicher Auftrag

Eine Ausschreibungspflicht besteht nur dann, wenn es sich um einen öffentlichen Auftraggeber sowie um einen öffentlichen Auftrag handelt. Die Vergaberichtlinien benennen als öffentliche Auftraggeber den Staat, seine Gebietskörperschaften, Einrichtungen des öffentlichen Rechts sowie Verbände der zuvor genannten Rechtssubjekte. Problematisch erscheint dabei des Öfteren die Einordnung eines Subjekts als öffentliche Einrichtung.

Definition der öffentlichen Einrichtung als öffentlicher Auftraggeber

Zur Konkretisierung werden insofern folgende Kriterien herangezogen:
- die Einrichtung muss zur Erfüllung einer im Allgemeininteresse liegende Aufgabe nichtgewerblicher Art gegründet worden sein
- die Einrichtung muss Rechtspersönlichkeit besitzen
- die Einrichtung muss überwiegend vom Staat, seinen Gebietskörperschaften oder Einrichtungen finanziert oder mittels Aufsicht und Leitung kontrolliert werden.

Es ist zunächst von einem funktionalen Begriff des Auftraggebers auszugehen, so dass Auftraggeber jede am Markt nach Leistungen fragende Einheit ist (EuGH *Beentjes*, Slg. 1988, 4635). Dabei muss der Auftraggeber selbst zur Erfüllung einer im Allgemeininteresse liegenden Aufgabe nichtgewerblicher Art gegründet worden sein. Im Allgemeininteresse liegt die Aufgabe, wenn sie über die Interessen Einzelner hinausgeht und ein Gesamtinteresse widerspiegelt. Dass die Einrichtung überwiegend vom Staat finanziert oder kontrolliert werden muss, gewährleistet das Vorhandensein einer gewissen Staatsnähe und somit die Qualifizierung als »öffentlicher« Auftraggeber.

Beachte die Sonderkonstellation der »In-House«-Vergabe

Fraglich ist, wie sogenannte »In-House«-Vergaben zu beurteilen sind. Darunter versteht man Konstellationen, in denen der Auftraggeber über den Auftragnehmer eine Kontrolle wie über eine eigene Dienststelle ausübt (EuGH *Teckal*, Slg. 1999, I-8121). Dies ist etwa der Fall, wenn ein Unternehmen überwiegend als »verlängerter Arm« der öffentlichen Hand agiert (EuGH *Parking Brixen*, Slg. 2005, I-8612). Der Vergabevorgang ist hier nicht ausschreibungspflichtig, da überhaupt kein Wettbewerb eröffnet ist und somit die Ziele des Vergaberechts nicht berührt sind. Zur Veranschaulichung folgendes *Beispiel* (angelehnt an EuGH *Carbotermo*, Slg. 2006, I-4137).

Im Mitgliedstaat M möchte die Gebietskörperschaft G einen großen Lieferauftrag an das Unternehmen U, eine Aktiengesellschaft, vergeben. Der Auftrag hat ein Volumen von ca. 500.000 € und somit jenseits des Schwellwerts. Dennoch ist G der Auffassung, keine Ausschreibung vornehmen zu müssen, da G an U zu 80 % als Mehrheitsaktionär beteiligt ist.

Entgegen der Ansicht von G ist der Vorgang ausschreibungspflichtig. Es liegt keine »In-House«-Vergabe vor. Die Tatsache, dass G Mehrheitsaktionär von U ist, genügt nicht zur Annahme der Ausübung einer Kontrolle wie über eine eigene Dienststelle. Denn die Aktiengesellschaft ist publikums- und somit anlegeroffen. Es liegt vielmehr eine öffentlich-private Partnerschaft (PPP) vor.

Als öffentlicher Auftrag gilt schließlich jeder entgeltliche Vertrag zwischen einem öffentlichen Auftraggeber und einem Unternehmen über die Beschaffung einer Bau-, Liefer- oder Dienstleistung. Der Unternehmer wird also zur Erbringung der Leistung, der öffentliche Auftraggeber zur Zahlung eines Entgelts verpflichtet. Zu beachten ist, dass darüber hinaus Baukonzessionen, bei welchen lediglich ein (zeitlich beschränktes) Recht zur Nutzung und Verwertung der Bauleistung besteht, anders als Dienstleistungskonzessionen ebenfalls vom Begriff des öffentlichen Auftrags erfasst sind.

Verfahrensarten der Ausschreibung

Zu den Unterlagen der Ausschreibung zählen ein Anschreiben, Informationen über die zu beschaffende Leistung, eine Aufforderung zur Abgabe des Angebots sowie die einzelnen Vertragsunterlagen. Die Ausschreibung kann auf unterschiedliche Art und Weise geschehen. Als Regelfall sieht das Vergaberecht das »offene Verfahren« vor. Dieses Verfahren wird den vergaberechtlichen Grundsätzen des Wettbewerbs und der Transparenz am ehesten gerecht, da es sich an einen unbeschränkten Bieterkreis richtet – die Beschränkung des Bieterkreises nur auf bestimmte Unternehmen ist mit anderen Worten unzulässig.

»Offenes Verfahren«, »Nichtoffenes Verfahren«, »Verhandlungsverfahren« und »wettbewerblicher Dialog«

Daneben besteht die Möglichkeit eines »nichtoffenen Verfahrens«. Hier kann der Auftraggeber den Kreis der potentiellen Bieter von vornherein auf bestimmte Unternehmen einschränken. Offenes und nichtoffenes Verfahren stehen im EU-Vergaberecht im gleichen Rang, so dass der Auftraggeber die Wahl hat, welche der beiden Verfahrensarten er durchführt.

Ferner gibt es die Möglichkeit des »Verhandlungsverfahrens«. Ein solches ist allerdings nur in besonderen Ausnahmefällen auf Grund der Schwierigkeit des Vergabegegenstands zulässig. Im Verhandlungsverfahren sind anders als im offenen und nichtoffenen Verfahren während des Verfahrens auch Verhandlungen möglich. Die Durchführung eines offenen Verfahrens hat grundsätzlich Vorrang (was auch in § 107 VII GWB so normiert ist).

Schließlich ist noch der »wettbewerbliche Dialog« zu nennen. Dieser unterscheidet sich von den zuvor genannten Verfahrensarten dadurch, dass zunächst noch keine abschließende Ausschreibung einer bereits konkretisierten Leistung erfolgt, sondern Auftraggeber und potentielle Auftragnehmer erst gemeinsam die Lösungen im Einzelnen zu erarbeiten. Der wettbewerbliche Dialog ist ebenfalls nur in Ausnahmefällen bei besonders komplexen Vergabevorgängen zulässig.

Inhaltliche Anforderungen

Inhaltlich hat die Ausschreibung so zu erfolgen, dass sie den Grundsätzen des Vergaberechts gerecht wird. Die Leistung muss hinreichend genau und eindeutig und zudem produktneutral beschrieben werden. Es ist dabei auf das Verständnis eines potentiellen Bieters abzustellen. Gleiches gilt für die Eignungskriterien, auf die der Auftraggeber wert legt. Ebenso müssen die Umstände dargelegt werden, anhand welcher sich der Preis des Auftrags ermitteln lässt. Beizufügen ist ein Leistungsverzeichnis, welches gegebenenfalls an die Unterteilung des Auftrags in Teilleistungen anknüpft. Somit wird das erforderliche Maß an Transparenz gewahrt.

Zudem darf aus dem Inhalt der Ausschreibung heraus nicht ein Kreis von bestimmten Unternehmen als potentielle Bieter – wie etwa der Mittelstand – besonders angesprochen werden. Dies wäre mit dem Grundsatz der Nichtdiskriminierung nicht vereinbar.

Ausschreibung der Leistung in »Teil- oder Fachlose« zulässig

Zulässig bzw. gar geboten ist aber, um die Kapazitätsnachteile mittelständischer Unternehmen auszugleichen, eine Teilung der Ausschreibung in sog. »Teil- oder Fachlose«. Bei Teillosen wird eine Gesamtleistung quantitativ in mehrere einzelnen Leistungen unterteilt, bei Fachlosen erfolgt die Trennung einer Gesamtleistung in mehrere einzelne fachspezifische Leistungen.

5.3. Das Vergabeverfahren

Nach erfolgter Ausschreibung kommt es zum eigentlichen Vergabeverfahren. Dieses besteht aus der Prüfung der abgegebenen Angebote sowie der folgenden Vergabe des Auftrags.

Prüfung der Angebote

Nach Eingang der Angebote werden diese im Rahmen eines Eröffnungstermins geöffnet und verlesen. Dann werden die Angebote vorab geprüft. Fehlerhafte Angebote sind bereits in diesem Stadium auszuschließen, so dass diese bei der Vergabeentscheidung selbst überhaupt nicht mehr berücksichtigt werden. Fehlerhaft ist ein Angebot etwa dann, wenn die für die Abgabe der Angebote vorgesehenen Fristen nicht eingehalten wurden. Gleiches gilt für andere Formfehler, etwa das Fehlen des anzugebenden Preises. Bei diesen Formfehlern ist das Angebot zwingend vom Verfahren auszuschließen.

Es existieren allerdings auch Mängel im Zusammenhang mit dem Inhalt der abgegebenen Angebote, bei welchen ein Ermessen zum Ausschluss dieser Angebote besteht. Beispiele für solche ermessensabhängige Ausschlussgründe sind:

- Eröffnung des Insolvenzverfahrens über das Vermögen des Bieters
- Liquidation des Unternehmens
- Nichtzahlung von Steuern und sonstigen gesetzlichen Abgaben
- eine schwere Verfehlung des Bieters

Ermessensabhängige Ausschlussgründe erkennt man in der Regel am Wortlaut der jeweiligen Norm (»kann«-Vorschrift). Für die Betätigung des Ermessens gelten dann die allgemeinen Grundsätze der Ermessenslehre.

Vergabekriterien

Nach Ausschluss der fehlerhaften Angebote folgt nun die Vergabeentscheidung. Als erstes wichtigstes Entscheidungskriterium dient die Eignung der Bieter. Darunter fällt insbesondere die erforderliche Fachkunde, Leistungsfähigkeit, Gesetzestreue, Zuverlässigkeit sowie die technische und wirtschaftliche Kapazität. Sind alle Angebote fehlerhaft, kann der Auftraggeber im äußersten Fall die Ausschreibung gar aufheben.

Vergabefremde Kriterien, wie etwa soziale oder ökologische Gesichtspunkte, dürfen nur begrenzt berücksichtigt werden. So kann die Frage, unter welchen Arbeitnehmerbedingungen und mit welchen Umweltschutzstandards der Auftragnehmer den Auftrag ausführt nur als Kriterium gewertet werden, wenn diese Frage konkret »auftragsbezogen« ist.

Berücksichtigung vergabefremder Kriterien

Nach Prüfung der Eignung der Bieter werden die Angebote gewertet. Dabei sind Angebote mit unangemessenen hohen oder niedrigen Preisen auszuschließen. Danach ist im Rahmen einer engeren Auswahl darüber zu befinden, welches der Angebote das wirtschaftlichste Angebot ist und deshalb den Zuschlag erhalten soll. Die Wirtschaftlichkeit bemisst etwa sich an der Qualität der Leistung, dem Preis, der Art der Ausführung sowie der entstehenden Folgekosten. Vor Zuschlagserteilung sind nun die unterlegenen Bieter zu unterrichten. Erst nach Ablauf einer Wartefrist darf der Auftraggeber daraufhin den Zuschlag erteilen bzw. einen Vertrag mit dem obsiegenden Bieter schließen.

Rechtsschutz

Oberhalb der Schwellwertgrenze sieht das EU-Vergaberecht die Einrichtung eines Rechtsschutzregimes vor.

Im Rahmen des Primärrechtsschutzes, welcher im GWB in §§ 102 ff. in Form des sog. »Nachprüfungsverfahrens« geregelt ist, sollen die Bieter unmittelbar nach der Vergabeentscheidung diese durch eigens dafür einzurichtende Vergabekammern überprüfen lassen können. Voraussetzung ist ein Antrag des betroffenen Bieters sowie eine Verletzung subjektiver Rechte. Überprüfbar ist auch die »de-facto«-Vergabe, also die Auftragserteilung ohne Durchführung des dafür erforder-

Unterscheide Primärrechtsschutz und Sekundärrechtsschutz

lichen Vergabeverfahrens. Ist der Zuschlag aber bereits erteilt, kann dieser nicht mehr aufgehoben werden. Unter Umständen besteht aber die Möglichkeit des Sekundärrechtsschutzes, also Ersatz des Vertrauensschadens. Ein solcher Anspruch kann auf deliktische Anspruchsgrundlagen oder auf c.i.c. gestützt werden. Im Einzelnen ist hier allerdings Vieles umstritten.

Unterhalb der Schwellwerte schreibt das EU-Vergaberecht freilich keine Rechtsschutzmöglichkeiten vor. Die Ausgestaltung obliegt daher dem nationalen Recht der Mitgliedstaaten. Im GWB ist der Rechtsschutz für Vergabevorgänge unter den Schwellwerten nicht geregelt. Dies wird allerdings überwiegend als verfassungskonform angesehen, da trotzdem der Rechtsweg zu den ordentlichen Gerichten gegeben ist.

6. Dienstleistungen von allgemeinem wirtschaftlichem Interesse

Öffentliche Unternehmen; Dienstleistungen von allgemeinem wirtschaftlichem Interesse   Art. 106 AEUV

(1) Die Mitgliedstaaten werden in Bezug auf öffentliche Unternehmen und auf Unternehmen, denen sie besondere und ausschließliche Rechte gewähren, keine den Verträgen und insbesondere den Artikeln 18 und 101 bis 109 widersprechende Maßnahmen treffen oder beibehalten.

(2) Für Unternehmen, die mit Dienstleistungen von allgemeinem wirtschaftlichem Interesse betraut sind oder den Charakter eines Finanzmonopols haben, gelten die Vorschriften der Verträge, insbesondere die Wettbewerbsregeln, soweit die Anwendung dieser Vorschriften nicht die Erfüllung der ihnen übertragenen besonderen Aufgabe rechtlich oder tatsächlich verhindert. Die Entwicklung des Handelsverkehrs darf nicht in einem Ausmaß beeinträchtigt werden, das dem Interesse der Union zuwiderläuft.

(3) Die Kommission achtet auf die Anwendung dieses Artikels und richtet erforderlichenfalls geeignete Richtlinien oder Beschlüsse an die Mitgliedstaaten.

Eine besondere Stellung im europäischen Wettbewerbsrecht nimmt Art. 106 AEUV ein, welcher den Umgang mit öffentlichen Unternehmen sowie mit Unternehmen regelt, welche Dienstleistungen von allgemeinem wirtschaftlichem Interesse erbringen. Die Norm gilt für sämtliche Gebiete des Wettbewerbsrechts, sprich gleichermaßen für das Kartellrecht, das Beihilferecht und das Vergaberecht. Im Übrigen findet Art. 106 AEUV auf alle Vorschriften der Verträge und somit auch im Bereich der Grundfreiheiten Anwendung.

6.1. Öffentliche Unternehmen, Art. 106 I AEUV

Art. 106 I AEUV legt zunächst fest, dass die Mitgliedstaaten für öffentliche Unternehmen keine von den Verträgen abweichende Sonderregelungen erlassen dürfen. Aus Gründen des »effet utile« ist die Vorschrift unmittelbar anwendbar. Öffentliches Unternehmen ist nach Art. 2 lit. b) der Transparenzrichtlinie EG/111/2006 »jedes Unternehmen, auf das die öffentliche Hand aufgrund Eigentums, finanzieller Beteiligung, Satzung oder sonstiger Bestimmungen, die die Tätigkeit des Unternehmens regeln, unmittelbar oder mittelbar beherrschenden Einfluss hat«. Es ist von einem funktionalen Unternehmensbegriff auszugehen, so dass die Rechtsform hierbei keine Rolle spielt (*Geiger/Khan/Kotzur*, Art. 106 AEUV, Rdn. 4). Entscheidend ist einzig der beherrschende Einfluss. Von einem mit besonderen oder ausschließlichen Rechten ausgestattetem Unternehmen spricht man hingegen dann, wenn der Staat dem Unternehmen durch Rechts- oder Verwaltungsvorschriften Privilegien gewährt, welche bis zur Erlangung einer Monopolstellung reichen können (*Geiger/Khan/Kotzur*, Art. 106 AEUV, Rdn. 5). Ein Beispiel für ein solches Unternehmen stellen privilegierte private Rundfunkanstalten (EuGH *ERT*, Slg. 1991, I-2925) oder Arbeitsvermittlungen mit Monopolstellung (EuGH *Job Centre*, Slg. 1997, I-7140) dar.

In Bezug auf diese Unternehmen haben die Mitgliedstaaten jegliche Form von vertragswidrigen Maßnahmen zu unterlassen. Die Vorschriften des Wettbewerbsrechts werden insoweit in Art. 106 I AEUV besonders hervorgehoben. So ist es etwa unzulässig, dass ein Mitgliedstaat über ein öffentliches Unternehmen verbotene Kartellabsprachen organisiert oder eine marktbeherrschende Stellung des Unternehmens missbraucht (EuGH *TNT*, Slg. 2001, I-4142). Das Verbot des Art. 106 I AEUV will damit aus wettbewerbsrechtlicher Sicht sicherstellen, dass sich der Staat, sobald er in den Markt eintritt bzw. marktbezogenes Verhalten aufweist, auch an die Regeln zum Schutz des Wettbewerbs zu halten hat.

6.2. Die »Daseinsvorsorge«, Art. 106 II AEUV

Art. 106 II AEUV beschreibt gewissermaßen als Gegenstück zu Art. 106 I AEUV eine Konstellation, in welchen dem Staat als Wettbewerbsteilnehmer bestimmte Sonderregelungen zu Gute kommen. Dies gilt dann, wenn wettbewerbsrelevante Maßnahmen in Zusammenhang mit Unternehmen stehen, welche Finanzmonopole innehaben oder Dienstleistungen von allgemeinem wirtschaftlichem Interesse erbringen. Die Variante der Finanzmonopole ist für Ausbildung und Praxis von eher geringer Bedeutung.

Das Merkmal Dienstleistungen von allgemeinem wirtschaftlichem Interesse wird in den Mitgliedstaaten häufig unter dem Begriff der Daseinsvorsorge zusammengefasst – die Kommission kennt diese terminologische Gleichsetzung freilich nicht. Art. 106 II AEUV ist ebenfalls unmittelbar anwendbar. Die Vorschrift wird der Tatsache gerecht, dass es bei der Bewertung eines wettbewerbsrechtlichen Sachverhalts angemessen erscheint, auch Gemeinwohlerwägungen miteinzubeziehen.

Dienstleistungen von allgemeinem wirtschaftlichem Interesse = Daseinsvorsorge

Reichweite der Daseinsvorsorge

Voraussetzung für die Anwendbarkeit von Art. 106 II AEUV ist, dass das Unternehmen eine Dienstleistung von allgemeinem wirtschaftlichem Interesse, also aus dem Bereich der Daseinsvorsorge, erbringt. Das Unionsrecht enthält keine Definition dieses Merkmals, womit den Mitgliedstaaten bei der Festlegung derartiger Dienstleistungen ein recht weiter Ermessensspielraum eingeräumt ist.

Der Bereich der Daseinsvorsorge ist weit zu verstehen.

Die Unionsorgane können die Einordnung eines Unternehmens als solches der Daseinsvorsorge lediglich auf offensichtliche Beurteilungsfehler überprüfen (EuG *Sociedade Independente*, Slg. 2008, I-1161).

Es muss sich aber in jedem Fall um eine wirtschaftliche Tätigkeit handeln, die im besonderen Interesse der Allgemeinheit steht. Das Unternehmen muss bei der Erbringung der in Rede stehenden Dienstleistung also einer Gemeinwohlverpflichtung nachkommen. Einzel- oder Partikularinteressen sind insofern nicht ausreichend. Zu der Daseinsvorsorge gehören konkret beispielsweise die Wasserversorgung, die Energieversorgung, Gesundheitsleistungen oder die postalischen Universaldienste.

Betrauung

Voraussetzung eines hoheitlichen Betrauungsakts

Das Unternehmen muss ferner mit der Erbringung der jeweiligen Dienstleistung betraut worden sein. Erforderlich ist ein besonderer hoheitlicher Akt der Betrauung. Taugliche Betrauungsakte i.S.d. Art. 106 II AEUV sind demnach zum Beispiel:

- Gesetz
- Vertrag (öffentlich-rechtlicher Vertrag; nach vorzugswürdiger Auffassung aber auch Gesellschaftsvertrag)
- Verwaltungsakt
- Konzession

Kein hinreichender Betrauungsakt ist hingegen gegeben, wenn die Betrauung lediglich durch faktische Übernahme der gegenständlichen Aufgabe erfolgte. Im Übrigen muss aus dem Betrauungsakt klar hervorgehen, welche Dienstleistung dem Unternehmen übertragen wird und wie die weiteren Modalitäten dieser Übertragung im Einzelnen ausgestaltet sind.

Verhinderung der Erfüllung der übertragenen der Aufgabe

Sollen für das Unternehmen, welches die Dienstleistung der Daseinsvorsorge erbringt, Abweichungen von den Vorschriften des europäischen Wettbewerbsrechts möglich sein, ist weitere Voraussetzung, dass eine Anwendung eben dieser Regeln die Erfüllung der dem Unternehmen übertragenen Aufgabe rechtlich oder tatsächlich verhindert. Nach dem EuGH ist eine solche Verhinderung dann gegeben, wenn das Unternehmen auf Grund der Gegebenheiten des freien Wettbewerbs die übertragene Aufgabe nicht mehr zu wirtschaftlich zumutbaren Bedingungen erfüllen kann (EuGH *Deutsche Post*, Slg. 2000, I-825). Gleiches gilt freilich für den Fall, dass die Erbringung wirtschaftlich gar unmöglich wird. Eine rechtliche Unmöglichkeit kann schließlich aus unüberwindbaren Normenkonflikten entstehen.

Doch auch wenn konkret die Erfüllung der übertragenen Aufgabe verhindert werden würde, darf eine Ausnahme der Anwendung des europäischen Wettbewerbsrechts nach Art. 106 II S. 2 AEUV nicht zu einer unverhältnismäßigen Handelsbeeinträchtigung führen. Diese Regelung ist Ausdruck des allgemeinen Verhältnismäßigkeitsgrundsatzes. Entscheidend im Rahmen dieser Prüfung ist, ob die Maßnahme, welche eine Abweichung von den Wettbewerbsregeln darstellt, als Ausgleich zur Erfüllung der gegenständlichen Dienstleistung unter wirtschaftlich hinnehmbaren Bedingungen geeignet und erforderlich ist (EuGH *Kommission/Niederlande*, Slg. 1997, I-5699).

Beispiel: Beihilferecht

Von enormer Bedeutung kann Art. 106 II AEUV bei der Prüfung eines beihilferechtlichen Sachverhalts sein. Denn ein Ausgleich, welcher einem Unternehmen für die Erbringung einer Dienstleistung von allgemeinem wirtschaftlichem Interesse gewährt wird, ist seit dem »Monti«-Paket (inzwischen »Almunia«-Paket) unter Art. 106 II AEUV zu rechtfertigen, wenn die ersten drei Kriterien der Altmark-Rechtsprechung erfüllt sind (vgl. bereits S. 106). Dieser Ausgleich wird als Kompensation für die Erbringung der übertragenen Dienstleistung angesehen. In der Praxis ist daher Art. 106 II AEUV von großer Wichtigkeit, da das mit Rechtsunsicherheiten behaftete vierte Altmark-Kriterium umgangen werden kann. Die Erfahrung hat gezeigt, dass die Mitgliedstaaten daher in den letzten Jahren vermehrt versuchen, gewährte Beihilfen im Bereich der Daseinsvorsorge unter Berufung auf Art. 106 II AEUV mit Unionsrecht in Einklang zu bringen.

Art. 106 II AEUV ermöglicht seit dem »Monti«-Paket auf der Rechtfertigungsebene ein Verzicht auf das vierte Altmark-Kriterium.

7. Wiederholungsfragen

1. Welche Teilbereiche kennt das europäische Wettbewerbsrecht? Lösung S. 89
2. Wer sind die Adressaten des europäischen Wettbewerbsrechts? Lösung S. 89
3. Welche Tatbestandsvarianten hat Art. 101 AEUV? Lösung S. 92 ff.
4. Welche Ausnahmen vom Kartellverbot gibt es? Lösung S. 95 ff.
5. Was ist eine marktbeherrschende Stellung i.S.v. Art. 102 AEUV? Lösung S. 97
6. Wann kommt die europäische Fusionskontrolle zur Anwendung? Lösung S. 100
7. Was sind die Tatbestandmerkmale des Art. 107 I AEUV? Lösung S. 104 ff.
8. Was besagt die Altmark-Rechtsprechung? Wie wurde diese ergänzt? Lösung S. 106 ff.
9. Was sind die Grundprinzipien und Ziele des Vergaberechts? Lösung S. 117
10. Welche Verfahrensarten bei der Ausschreibung eines vergabepflichtigen Auftrags gibt es? Wie sehen die einzelnen Verfahrensschritte aus? Lösung S. 119 ff.

Bereichsspezifische Harmonisierung durch Sekundärrecht

1. Bedeutung der Harmonisierung durch Sekundärrecht 130
2. Verordnung und Richtlinie 132
3. Europäisches Gesellschaftsrecht als Beispiel voranschreitender Harmonisierung 136
4. Ausblick 141
5. Wiederholungsfragen 143

1. Bedeutung der Harmonisierung durch Sekundärrecht

HARMONISIERUNG

Art. 114 I AEUV	Grundsätze, Beschlussverfahren; Schutzklausel; Missbrauchsaufsicht

> Soweit in den Verträgen nichts anderes bestimmt ist, gilt für die Verwirklichung der Ziele des Artikels 26 die nachstehende Regelung. Das Europäische Parlament und der Rat erlassen gemäß dem ordentlichen Gesetzgebungsverfahren und nach Anhörung des Wirtschafts- und Sozialausschusses die Maßnahmen zur Angleichung der Rechts- und Verwaltungsvorschriften der Mitgliedstaaten, welche die Errichtung und das Funktionieren des Binnenmarkts zum Gegenstand haben.

In kaum einem anderen Bereich des Unionsrechts spielt die Harmonisierung durch Sekundärrecht eine derart wichtige Rolle wie im europäischen Wirtschaftsrecht. Ziel der Harmonisierung ist die Verwirklichung des Binnenmarktes i.S.d. Art. 26 AEUV, also einem Raum ohne Handelshemmnisse.

<small>Ziel eines gemeinsamen Währungsraumes mit einer gemeinsamen Währung</small>

Die Harmonisierung durch Sekundärrecht wird auch als »positive Integration« verstanden, während die Rechtsangleichung durch Verbotsnormen, etwa die Grundfreiheiten, als »negative Integration« bezeichnet wird (vgl. bereits S. 18). Trotz der überragenden Bedeutung der Grundfreiheiten wird die negative Integration quantitativ sicherlich von der positiven Integration überlagert.

Als allgemeine Kompetenzgrundlagen für die sekundärrechtliche Rechtsangleichung dienen Art. 114 I und 115 AEUV. Diese beiden Vorschriften werden auch im Rahmen der Regelsetzung auf dem Gebiet des europäischen Wirtschaftsrechts relevant. Die wichtigere Vorschrift ist allerdings die des Art. 114 I AEUV. Voraussetzung für eine Rechtsangleichung nach Art. 114 I AEUV ist dabei stets das Ziel der Beseitigung tatsächlicher Hindernisse und spürbarer Wettbewerbsverzerrungen (EuGH *Deutschland/Parlament*, Slg. 2000, I-8419). Daneben gibt es viele spezielle Grundlagen zur Rechtsangleichung, gegenüber welchen die allgemeinen Kompetenzgrundlagen subsidiär sind (vgl. den Wortlaut des Art. 114 I S. 1 AEUV). So bestimmt der AEU-Vertrag an einigen Stellen, dass sekundärrechtliche Regelungen zur Verwirklichung, Durchsetzung oder Konkretisierung der Grundfreiheiten oder der Normen des Wettbewerbsrechts gesetzt werden dürfen oder sollen (vgl. zum Beispiel Art. 46, 48, 53 oder 109 AEUV). Manche Gebiete, wie etwa Teile des gewerblichen Rechtsschutzes, sind hierbei gar ausschließlich sekundärrechtlich ausgestaltet. Am Verfahren der Rechtssetzung sind – abhängig von der Anordnung durch die jeweilige Kompetenzgrundlage – das Parlament, der Rat, die Kommission und/oder der Wirtschafts- und Sozialausschuss beteiligt.

Das wesentliche Ziel der Rechtsangleichung auf dem Weg zur Verwirklichung des Binnenmarktes ist die Beseitigung von Wettbewerbsverzerrungen, welche auf den unterschiedlichen Rechtsvorschriften der Mitgliedstaaten beruhen (EuGH *Spanien/Rat*, Slg. 1995, I-1985). Viele dieser den Wettbewerb beeinträchtigenden mitgliedstaatlichen Vorschriften wurden erlassen, um nationale Gemeinwohlinteressen, wie etwa den Verbraucherschutz oder die Volksgesundheit, zu sichern. Das sich dabei herausbildende Spannungsfeld zwischen Gemeininteresse und offenem Wettbewerb wird daher auch im Rahmen der Rechtsangleichung durch den Unionsgesetzgeber berücksichtigt. So sind auf Grundlage von Art. 114 I AEUV bereits Regelungen erlassen worden, welche auch dem Verbraucherschutz zugute kommen.

Ziel der Rechtsangleichung ist die Beseitigung von Wettbewerbsverzerrungen.

In diesem Zusammenhang ist schließlich zu beachten, dass die Ausfüllung der mitgliedstaatlichen Rechtsordnungen durch das Unionsrecht in den jeweiligen Bereichen keinesfalls umfassend sein muss. Denn es gibt verschiedene Grade der Harmonisierung:

Es gibt unterschiedliche Harmonisierungsgrade.

- die vollständige Harmonisierung (oder Vollharmonisierung)
- die teilweise Harmonisierung (oder Teilharmonisierung)
- die Mindestharmonisierung

Bei der vollständigen Harmonisierung wird eine Materie vom Unionsgesetzgeber abschließend geregelt. Die Mitgliedstaaten dürfen daher keine abweichenden Regelungen mehr erlassen. Im Rahmen der teilweisen Harmonisierung erfolgt lediglich die Rechtsangleichung für einen Teil eines Regelungsgegenstandes, während der nicht angeglichene Teil weiterhin durch nationales Recht bestimmt wird. Die Mindestharmonisierung legt schließlich nur gewisse Mindeststandards fest, von welchen die Mitgliedstaaten aber insoweit abweichen können, als dass sie auch strengere Vorschriften erlassen dürfen.

2. Verordnung und Richtlinie

Die beiden wichtigsten Instrumente des Unionsgesetzgebers zur Rechtsangleichung sind die Verordnung und die Richtlinie. Sie zählen zu den in Art. 288 AEUV aufgezählten Rechtsakten der Union. Die in Art. 288 IV und V erwähnten Beschlüsse, Empfehlungen und Stellungnahmen sind dagegen vor allem in der Ausbildung von geringerer Bedeutung.

Die Verordnung

Art. 288 II AEUV

Rechtshandlungen

> Die Verordnung hat allgemeine Geltung. Sie ist in allen ihren Teilen verbindlich und gilt unmittelbar in jedem Mitgliedstaat.

Die Verordnung ist eine abstrakt-generelle, unmittelbar geltende Regelung.

Die Verordnung hat allgemeine Geltung und ist allgemein verbindlich. Dies macht sie zu einer abstrakt-generellen Regelung, welche »auf objektiv bestimmbare Sachverhalte anwendbar ist und Rechtswirkungen allgemein und abstrakt für Personengruppen aufweist« (EuGH *Scholten Honig N.V.*, Slg. 1977, 797). Abzugrenzen davon ist die Einzelfallregelung, bei welcher schon bei Erlass der Regelung der betroffene Adressatenkreis abschließend feststeht, was bei der Verordnung nicht der Fall ist. Hier ist der Adressatenkreis lediglich bestimmbar.

Als abstrakt-generelle Regelungen sind Verordnungen für die Mitgliedstaaten unmittelbar geltendes Recht. Dies bedeutet, dass sich auch die Bürger vor den nationalen Gerichten unmittelbar auf sie berufen können. Ist ein mitgliedstaatliches Gericht sich nicht sicher, ob der in Rede stehende Sachverhalt mit der Verordnung in Einklang steht, muss es die Sache nach Art. 267 AEUV dem EuGH vorlegen. Für den nationalen Gesetzgeber besteht allerdings die Möglichkeit, als Ergänzung zu einer Verordnung ein nationales Umsetzungsgesetz zu erlassen, welches mit dem Verordnungsinhalt übereinstimmt. Notwendig ist ein solches Umsetzungsgesetz freilich nicht – gleichwohl machen Mitgliedstaaten immer wieder von dieser Möglichkeit Gebrauch. Verordnungen gelten zudem, wie es dem Wortlaut von Art. 288 II AEUV zu entnehmen ist, in jedem Mitgliedstaat gleichermaßen.

Der Charakter der Verordnung als unmittelbar geltendes Regelwerk führt zu einem gerade im europäischen Wirtschaftsrecht für Ausbildung und Praxis wichtigen Folgeproblem. Dieses betrifft das Verhältnis von Primärrecht und Sekundärrecht. Konkret geht es um die Frage, ob der Unionsgesetzgeber eine Verordnung erlassen darf, welche nicht mit dem Primärrecht vereinbar ist. Ein Ansatz könnte darin liegen, dem

Unionsgesetzgeber ein Konkretisierungsspielraum zuzugestehen, sprich die erlassene Verordnung nicht als Verstoß, sondern als Konkretisierung des Primärrechts anzusehen. Anerkannt ist in der Tat, dass die Unionsorgane bei der Rechtssetzung einen gewissen Ermessensspielraum haben. Im Zusammenhang mit den Grundfreiheiten könnte man weiter differenzieren, ob die Verordnung in Konflikt mit einem Diskriminierungsverbot oder einem Beschränkungsverbot stehen würde. Bei Letzterem könnte die Verordnung noch als unionsrechtskonform angesehen werden, da das Beschränkungsverbot in der Dogmatik der Grundfreiheiten ohnehin der weiteren Konkretisierung bedarf. Indes ist zu beachten, dass die Unionsorgane selbst auch an die Ziele und Regeln der Verträge gebunden sind. Der Erlass einer Verordnung, welche dem Primärrecht zuwiderläuft, wäre damit schwer zu vereinbaren. Zudem obliegt das Auslegungsmonopol des Primärrechts letztlich dem Gerichtshof, und nicht dem Unionsgesetzgeber.

Die Richtlinie
Rechtshandlungen   **Art. 288 III AEUV**

Die Richtlinie ist für jeden Mitgliedstaat, an den sie gerichtet wird, hinsichtlich des zu erreichenden Ziels verbindlich, überlässt jedoch den innerstaatlichen Stellen die Wahl der Form und der Mittel.

Die Richtlinie ist im Gegensatz zur Verordnung lediglich hinsichtlich des vorgegebenen Ziels für die Mitgliedstaaten verbindlich. Mit dem Ziel ist das von der Richtlinien angestrebte Ergebnis gemeint (EuGH v. *Colson/Land NRW*, Slg. 1984, 1891). Richtlinien haben daher in den Rechtsordnungen der Mitgliedstaaten auch keine unmittelbare Wirkung. Den Mitgliedstaaten verbleibt daher bei der Art und Weise der Umsetzung in nationales Recht ein Spielraum. Vorgaben der Unionsorgane zur Umsetzung finden sich zwar immer wieder, diese sind jedoch grundsätzlich ebenfalls nicht unmittelbar bindend. Die Richtlinie muss allerdings vollständig und hinreichend transparent umgesetzt werden (EuGH *Kommission/Frankreich*, Slg. 2003, I-14355). Ferner kann die Art der Umsetzung durch den Zweck des mit der Richtlinie vorgegebenen Ziels eingeschränkt sein. Insgesamt muss dabei die gewählte Umsetzungsart die praktische Wirksamkeit der Richtlinie gewährleisten (EuGH *Royer*, Slg. 1976, 497). Der EuGH fordert insofern eine allgemein verbindliche Umsetzung, etwa in Form materieller Gesetze (EuGH *Dillenkofer*, Slg. 1996, I-4845). Schließlich enthält Art. 288 III AUV für den EuGH und die mitgliedstaatlichen Gerichte ein

Richtlinien müssen erst in nationales Recht umgesetzt werden.

Gebot der richtlinienkonformen Auslegung von entsprechenden streitrelevanten Vorschriften.

Wichtig ist, dass die Richtlinie innerhalb der vorgegebenen Frist umgesetzt wird. Die Frist ist erst mit der vollständigen Umsetzung gewahrt, wobei eine rückwirkende Umsetzung aus rechtsstaatlichen Gründen ausgeschlossen ist.

»Vorwirkung« von Richtlinien

Allerdings entfaltet die Richtlinie vor ihrer vollständigen Umsetzung bereits eine gewisse »Vorwirkung«. Eine solche Vorwirkung kann aus dem Grundsatz des »effet utile« nach Art. 4 III EUV i.V.m. Art. 288 III AEUV abgeleitet werden. Danach haben die Mitgliedstaaten ab Veröffentlichung der Richtlinie alle Maßnahmen zu unterlassen, die das Ziel der Richtlinie ernsthaft gefährden könnten (EuGH *Inter Environement Wallonie*, Slg. 1997, I-7411). Diese Vorwirkung ist prinzipiell jedoch eng auszulegen.

Unmittelbare Bindung von Richtlinien vor Umsetzung in nationales Recht

Fraglich ist zudem, ob man einer Richtlinie vor ihrer Umsetzung in nationales Recht dennoch unmittelbare Bindung zukommen lassen kann. Es handelt sich um eine beliebte Problematik, die für die Falllösung unbedingt beherrscht werden muss. Die Lösung des Problems erfolgt in zwei Schritten. Zunächst ist danach zu fragen, ob eine unmittelbare Bindung im Verhältnis Mitgliedstaat-Bürger möglich ist. In dieser Konstellation will der Mitgliedstaat die Richtlinie vor Umsetzung gegenüber dem Bürger anwenden. Der Gerichtshof hat eine solche unmittelbare Bindung abgelehnt, da es widersprüchlich sei, den Mitgliedstaat für die unterlassene Umsetzung auch noch zu belohnen und ihn mit zusätzlichen Eingriffsbefugnissen auszustatten (EuGH *Koplinghuis*, Slg. 1987, 3969). In der Konstellation Bürger-Mitgliedstaat, also wenn sich der Bürger vor der Umsetzung vor den nationalen Gerichten auf die Richtlinie berufen will, lässt das Gericht eine unmittelbare Bindung unter folgenden Voraussetzungen ausnahmsweise zu:

- die Umsetzungsfrist muss abgelaufen oder die Umsetzung darf nicht korrekt erfolgt sein
- die Richtlinie muss hinsichtlich der in Rede stehenden Vorschrift hinreichend genau sein
- die Richtlinie darf dem Mitgliedstaat hinsichtlich der in Rede stehenden Vorschrift keinen inhaltlichen Umsetzungsspielraum einräumen

Abzulehnen ist indes eine horizontale unmittelbare Bindung im Verhältnis Bürger-Bürger vor der Umsetzung der Richtlinie. Dies würde dazu führen, dass Private bereits durch die Richtlinie belastet werden würden, ohne Einfluss auf die ordnungsgemäße Umsetzung gehabt zu haben (EuGH *Faccini Dori.* Slg. 1994, I-3325).

Verordnung und Richtlinie		
Verordnung	← →	**Richtlinie**
- abstrakt-generell		- abstrakt-generell
- kein Umsetzungsspielraum		- Umsetzungsspielraum
- gerichtlich voll überprüfbar		- gerichtlich nur hinsichtlich des Ziels überprüfbar
- unmittelbar anwendbar		- eingeschränkt unmittelbar anwendbar

3. Europäisches Gesellschaftsrecht als Beispiel voranschreitender Harmonisierung

Als Beispiel für die voranschreitende Harmonisierung im europäischen Wirtschaftsrecht wollen sich die folgenden Ausführungen dem Bereich des Gesellschaftsrechts widmen. Das europäische Gesellschaftsrecht hat sich in den letzten Jahren auf Grund der steigenden Bedeutung der Mobilität von Gesellschaften und des dadurch bedingten enorm hohen Grades der Rechtsangleichung zu einer eigenen Regelungsmaterie entwickelt. Die knappe Darstellung im Rahmen dieses Buches konzentriert sich auf die wichtigsten sekundärrechtlichen Regelungen – welche überwiegend in Form der Richtlinie ergangen sind – im Zusammenhang mit der Gründung und Leitung, der Mobilität und der Finanzierung von Gesellschaften sowie den supranationalen Gesellschaftsformen innerhalb der EU.

Gründung und Leitung von Gesellschaften

Die Publizitätsrichtlinie EG/101/2009 regelt die Gründung sowie Leitung von Gesellschaften. Auffällig ist, dass die Richtlinie nur auf die in der EU bekannten Gesellschaftsformen der Kapitalgesellschaften, und somit nicht auf die Personengesellschaften Anwendung findet. Hinsichtlich Letzterer besteht im europäischen Gesellschaftsrecht also ein Regelungsvakuum. Bei den Kapitalgesellschaften ist jede Gesellschaft erfasst, die mit der Gründung Träger von Rechten und Pflichten sein kann (EuGH *Ubbink Isolatie BV*, Slg. 1988, 4665). Die Voraussetzungen für die Gründung selbst werden in der Richtlinie nur knapp und oberflächlich beschrieben. Wichtige Grundsätze sind dabei etwa der der Publizität oder der Beurkundung des Gründungsakts (Art. 1, 11ff.). Zudem gibt es eine abschließende Aufzählung von zugelassenen Nichtigkeitsgründen (Art. 12 lit. b), wie etwa die Nichteinhaltung der zur Gründung der Gesellschaft erforderlichen Kapitalaufbringung (denn auch das europäische Gesellschaftsrecht kennt eine Mindestkapitalpflicht). Ferner muss auch im Gründungsstadium die Haftung der Gesellschaft sichergestellt sein (Art. 8ff.).

Mit den Vorschlägen zur sog. »Strukturrichtlinie« wurden dann die Anforderungen an die Leitung von Gesellschaften präzisiert.

Aus diesen Vorschlägen hat sich zunächst die Tatsache herausgebildet, dass die Mitgliedstaaten zwischen dem monistischen Leitungsmodell,

Anwendung der Richtlinien des europäischen Gesellschaftsrechts nur auf Kapitalgesellschaften

bei welcher ein Organ die Gesellschaft im Wesentlichen leitet, und dem dualistischen Leitungsmodell, welches durch die organische Zweiteilung der Leitung geprägt ist (vgl. in Deutschland etwa Vorstand und Aufsichtsrat bei der AG), wählen können. Darüber hinaus besteht bei der Rechtswahl eine gewisse Gestaltungsfreiheit. Wichtig ist aber, dass die einschlägigen sekundärrechtlichen Vorgaben zur Mitbestimmung der Arbeitnehmer sowie zu den Pflichten und Rechten der Gesellschafter eingehalten werden.

Unterscheide »monistisches« und »dualistisches« Leitungsmodell

Mobilität von Gesellschaften

Die Durchführung grenzüberschreitender Transaktionen in der Union verlangt ein hohes Maß an Mobilität der agierenden Gesellschaften. Der Unionsgesetzgeber hat dies erkannt und deshalb verschiedene Mobilitätsfaktoren bei seiner Rechtssetzung berücksichtigt. Der Entwurf der Sitzverlegungsrichtlinie sieht daher die Möglichkeit der Sitzverlegung von Gesellschaften innerhalb der Union vor, wobei die juristische Person auch nach der Sitzverlegung als solche bestehen bleibt. Insbesondere Aktionärs- und Gläubigerrechte sollen dabei geschützt werden. Im Rahmen der Sitzverlegung kam es in der Vergangenheit bereits immer wieder zu Konflikten zwischen nationalen Rechtsordnungen und dem EU-Primärrecht (vgl. dazu schon S. 66 ff.). Eng mit der Sitzverlegung ist auch die Errichtung einer Zweigniederlassung verbunden, welche in der Zweigniederlassungsrichtlinie EWG/666/89 geregelt ist.

Mobilität von Gesellschaften: Sitzverlegung, Zweigniederlassung, Verschmelzung, Spaltung und Übernahme

Eine weitere Möglichkeit der Nutzung grenzüberschreitender Mobilität ist die Verschmelzung und die Spaltung. Die Verschmelzungsrichtlinie EG/56/2005 gilt allerdings nur für Aktiengesellschaften (Art. 1). Die Richtlinie regelt das Verfahren einer Verschmelzung, also die Übertragung des gesamten Vermögens einer Aktiengesellschaft auf eine andere Gesellschaft im Wege der Rechtsnachfolge und die volle Integrierung in die neue Gesellschaft (Art. 3-4). Bei einer Spaltung i.S.d. Spaltungsrichtlinie EWG/891/82 kommt es als Folge der Übertragung einer Aktiengesellschaft auf mehrere andere Gesellschaften zur Auflösung der übertragenden Gesellschaft (Art. 1ff.). Auch insoweit regelt die Richtlinie die dafür vorgesehenen Verfahrensschritte.

Die dritte wichtige Form der Mobilität stellt die Übernahme einer Gesellschaft durch eine andere Gesellschaft dar. Die Übernahmerichtlinie EG/25/2004 wurde vor allem mit dem Ziel geschaffen, Übernahmehindernisse in der EU abzubauen. Die Richtlinie legt insbesondere Grundsätze für die Übernahme von Gesellschaften, wie etwa die Pflicht zur Abgabe eines Übernahmeangebots, fest (Art. 3, 5ff.). Die Zulässigkeit von Verteidigungsmaßnahmen durch die Zielgesellschaft gegen unerwünschte Übernahmen ist explizit geregelt (Art. 9-11). Kritisiert wurde dahingehend allerdings die sog. »opt-in«/»opt-out«-Regel, nach welcher die Mitgliedstaaten ihre Gesellschaften von der zwingenden Anwendung einiger Vorschriften, etwa im Zusammenhang mit der Ergreifung von Verteidigungsmaßnahmen gegen unerwünschte Übernahmen, freistellen können.

Unternehmensfinanzierung

Unternehmensfinanzierung durch Eigenkapital und durch Fremdkapital

Zur Finanzierung ihrer Tätigkeit benötigen Gesellschaften Kapital. Gesellschaften haben zum einen das Eigenkapital, also ihre Anteile, über die sie verfügen können. Sie können sich aber auch mittels Fremdkapital, etwa durch Transaktionen an den Kapitalmärkten, finanzieren. Damit ist zugleich ein Teilbereich des europäischen Gesellschaftsrechts im weiteren Sinne, nämlich das europäische Kapitalmarktrecht, angesprochen.

Unterscheide zwischen Primär- und Sekundärmarkt

Das europäische Kapitalmarktrecht ist relativ stark harmonisiert. Dies gilt auch im Hinblick auf die Finanzierung von Gesellschaften. Zu unterscheiden ist zunächst der Primär- und der Sekundärmarkt. Beim Primärmarkt handelt es sich um die erstmalige Einführung in den Kapitalmarkt, während der Sekundärmarkt weitere noch folgende Emissionen beschreibt. Ferner ist zwischen dem amtlichen Handel, dem geregelten und dem nicht geregelten Handel an den Kapitalmärkten bzw. den Börsen als deren zum Handel bestimmten Einrichtungen zu differenzieren.

Es finden sich schließlich mehrere Richtlinien, welche Vorgaben für Zulassung Verfahren und Modalitäten der Unternehmensfinanzierung an den Kapitalmärkten treffen. Inhaltlich hervorzuheben ist dabei die allgemeine Prospektpflicht bei der Markteinführung, das Publizitäts- bzw. Veröffentlichungsgebot, das Transparenzgebot für den gesamten Handel, die diversen Pflichten für Finanzintermediäre, ein ausgeprägtes Aufsichtssystem sowie die Verbote des Marktmissbrauchs und des Insiderhandels.

Supranationale Gesellschaftsformen in der EU

Trotz der zahlreichen Harmonisierungsmaßnahmen auf dem Gebiet des europäischen Gesellschaftsrechts bestehen immer noch Ungleichheiten in den einzelnen nationalen Rechtsordnungen, insbesondere auch in Bezug auch die verschiedenen Kapitalgesellschaftsformen der Mitgliedstaaten. Der Unionsgesetzgeber ist daher schon seit einiger Zeit bestrebt, dies durch die Etablierung unionsweit anerkannter supranationaler Rechtsformen zu korrigieren.

Die in der Praxis wichtigste supranationale Gesellschaftsform innerhalb der EU ist die »Europäische Aktiengesellschaft«, die SE. Die SE entstand im Jahr 2001 im Wege der Verabschiedung der Verordnung EG/2157/2001 sowie der Richtlinie EG/86/2001. In Deutschland geschah die Umsetzung im Jahr 2004 durch das Gesetz zur Einführung der Europäischen Gesellschaft (SEEG), welches aus dem SE-Ausführungsgesetz (SEAG) und dem SE-Beteiligungsgesetz (SEBG) besteht. Die SE ist als Europäische Aktiengesellschaft auf große, international agierende Unternehmen zugeschnitten. Die SE ist mit eigener Rechtspersönlichkeit sowie einem Mindestkapital von 120.000 € ausgestattet. Es besteht eine Wahlmöglichkeit zwischen monistischem und dualistischem Leitungsmodell. Den satzungsmäßigen Sitz muss die SE in dem Mitgliedstaat der Union haben, wo sich auch ihr Hauptverwaltungssitz befindet.

Die SE als »Europäische Aktiengesellschaft«

Eine weitere supranationale Rechtsform ist die Europäische wirtschaftliche Interessenvereinigung (EWIV), welche im Jahr 1985 durch Verabschiedung der Verordnung EWG/2137/85 entstanden ist. Die EWIV unterscheidet sich allerdings grundlegend von den anderen bekannten Gesellschaftsformen in der EU. Denn die EWIV dient ausschließlich der Kooperation zwischen Gesellschaften verschiedener Mitgliedstaaten. So soll sie laut den der Verordnung zu Grunde liegenden Erwägungsgründen die wirtschaftliche Tätigkeit ihrer Mitglieder erleichtern oder gar entwickeln sowie zur Steigerung der Ergebnisse ihrer Mitglieder beitragen. Neben der EWIV ist noch die durch die Verordnung EG/1435/2003 geschaffene Europäische Genossenschaft (SCE) zu nennen. Die SCE stellt ebenfalls eine Interessenvereinigung – und zwar stets in klassisch genossenschaftlichen Bereichen, wie etwa dem Kreditwesen – dar. Sie verfolgt den Zweck, den Bedarf ihrer Mitglieder zu decken und deren Tätigkeiten zu fördern.

Schließlich ist noch ein wichtiges in Vorbereitung befindliches Projekt zur Schaffung einer neuen Gesellschaftsform in der Union zu erwähnen. Es handelt sich hierbei um die Pläne über die neue Europäische Privatgesellschaft (EPG). Das Projekt ist bereits seit einiger Zeit Gegenstand intensiv geführter Diskussionen. Die ersten Vorschläge reichen gar bis in die 90er Jahre zurück. Seit 2008 liegt nun ein neuer Verordnungsvorschlag zur Einführung der EPG auf dem Tisch. Durch Einführung der EPG will man den besonderen Bedürfnissen des Mittelstands, vor allem der kleineren und mittleren Unternehmen (KMU),

In Vorbereitung: Schaffung einer Europäischen Privatgesellschaft (EPG) als neue Gesellschaftsform für den Mittelstand

gerecht werden. Denn die bisher existierenden supranationalen Gesellschaftsformen, wie die SE, eignen sich nicht für den Mittelstand zur Aufnahme grenzüberschreitender Tätigkeiten. Jedoch hat eine Bedarfsanalyse gezeigt, dass auch der Mittelstand vermehrt auf grenzüberschreitende Transaktionen angewiesen sein wird. In ihrer Struktur soll die EPG einer klassischen mittelständisch ausgerichteten Kapitalgesellschaft entsprechen, so dass aus deutscher Sicht ein Vergleich mit der GmbH gezogen werden kann.

4. Ausblick

Die Harmonisierung durch Sekundärrecht wird auch in Zukunft ein zentraler Punkt bei der Verwirklichung des Binnenmarktes sein. Erst die letzte Finanzkrise im Jahr 2008 hat ein neues Feld für die Erarbeitung neuer Maßnahmen zur Rechtsangleichung eröffnet. Das Versagen der Aufsichtsorgane und das Verhalten einzelner Marktakteure haben dazu geführt, dass der Unionsgesetzgeber mittels verschiedener Verordnungen die europäische Finanzaufsicht reformiert und dadurch gestärkt hat.

<small>Harmonisierung der EU-Finanzaufsicht</small>

Aber auch andere Bereiche werden künftig verstärkt in den Mittelpunkt von Harmonisierungsbestrebungen rücken. Durch die neue Dimension des internationalen Terrorismus liegt ein Fokus unter anderem bereits jetzt auf der Rechtsangleichung im Bereich der inneren Sicherheit. Damit verbunden ist auch die Einschränkung wirtschaftlicher Aktivitäten, etwa im Falle der »Einfrierung« von Bankkonten. Ein weiteres, an der Schnittstelle von Ökonomie und Ökologie sich bewegendes Thema ist die Entwicklung von neuen Konzepten hinsichtlich der Energiegewinnung. In der EU wird beispielsweise bereits an Vorschlägen zur einheitlichen Förderung von Ökostrom gearbeitet. Die dem Binnenmarkt innewohnende soziale Komponente wird weiterhin ebenfalls Gegenstand öffentlicher Debatten sein. So wurde jüngst verstärkt über die Einführung eines einheitlichen Mindestlohns in der Union diskutiert. Ebenfalls ein Thema der Zeit ist der Verbraucherschutz. Dieser hat zum Beispiel im Falle der Etikettierungspflichten von Waren oder bei Fragen des Schutzes vor unerwünschter Telefonwerbung bzw. Verkaufsgesprächen an Bedeutung gewonnen. Schließlich bewegen auch »technisch« geprägte Regelungsbereiche die Gemüter immer mehr, man denke nur an die zahlreichen Forderungen nach einer EU-weiten Verbesserung des Datenschutzes.

<small>Künftige Regelungsgegenstände unionsweiter Harmonisierungsmaßnahmen</small>

Problematisch im Zusammenhang mit der Beobachtung der immer stärker werdenden Rechtsangleichung innerhalb der EU ist auf der anderen Seite die Divergenz, welche sich aus einem Vergleich zu dem Harmonisierungsniveau auf internationaler Ebene ergibt. Außerhalb der EU findet man Rechtsangleichung hauptsächlich im Rahmen von bilateralen Verträgen oder regionalen Wirtschaftsabkommen. Einen der EU wirklich vergleichbaren supranationalen Rechtsraum sucht man indes vergebens. Einzig die Welthandelsorganisation (WTO) hat im Ansatz eine dem EU-Primärrecht ähnliche, einheitliche supranationale Regelungsstruktur. Die beschriebene Divergenz kann dazu führen, dass zwar innerhalb der EU ein hoher Harmonisierungsgrad herrscht, die Märkte, welche Gegenstand der jeweiligen Regelungen sind, auf Grund der weltweiten internationalen Verflechtung dennoch nicht im Sinne der durch den Unionsgesetzgeber erlassenen Regelungen funktionieren. Als Beispiel hierfür kann das unterschiedliche Regulierungsniveau des Finanzmarktsektors in der EU auf der einen und außerhalb der EU auf der anderen Seite genannt werden. Dieser Divergenz kann im konkreten Fall nur entgegen gewirkt werden, indem das harmonisierte EU-Recht unter Einbeziehung der wichtigsten internationalen staatlichen Akteure mit internationalem Recht in Einklang gebracht oder zumindest koordiniert wird, oder das internationale Recht soweit wie möglich einen vergleichbaren Harmonisierungsgrad erreicht.

5. Wiederholungsfragen

1. Wann ist eine Rechtsangleichung nach Art. 114 I AEUV zulässig? Lösung S. 130
2. Wie lauten die unterschiedlichen Grade der Harmonisierung? Lösung S. 131
3. Welchen Rechtsaktscharakter haben Verordnung und Richtlinie? Lösung S. 132 ff.
4. Worin unterscheiden sich Verordnung und Richtlinie? Lösung S. 132
5. Auf welche Art und Weise können Gesellschaften in der EU von der ihnen ermöglichten Mobilität Gebrauch machen? Lösung S. 137
6. Welche supranationalen Gesellschaftsformen innerhalb der EU gibt es? Lösung S. 138 ff.
7. In welchen Bereichen liegen die Herausforderungen für künftige Harmonisierungsmaßnahmen? Lösung S. 141

Europäisches Außenwirtschaftsrecht

1.	Die gemeinsame Handelspolitik	146
2.	Außenhandelskompetenzen nach dem Lissabonner Vertrag	149
2.1.	Abschluss von Handelsabkommen	150
2.2.	Warenhandel	151
2.3.	Dienstleistungen	153
2.4.	Geistiges Eigentum	154
3.	**Die Kontrolle ausländischer Direktinvestitionen**	**155**
3.1.	Der Tatbestand der ausländischen Direktinvestition	155
3.2.	Die Behandlung bilateraler Investitionsschutzabkommen (BITs)	158
3.3.	Weitere Aspekte	162
4.	**Antidumping- und Antisubventionsrecht**	**166**
4.1.	Antidumpingrecht	166
4.2.	Antisubventionsrecht	170
5.	**Wiederholungsfragen**	**173**

1. Die gemeinsame Handelspolitik

Aus ökonomischer Sicht ist die gemeinsame Außenpolitik als Grundsatz des Unionsrechts gewissermaßen im Außenverhältnis das Spiegelbild zum Binnenmarktkonzept im Innenverhältnis. Wohlfahrtsteigerung kann in einem supranationalen Rechtsraum meist nur erreicht werden, wenn freier Handel und Wettbewerbsfähigkeit auch im Verhältnis zu Drittstaaten gewährleistet werden. Die gemeinsame Handelspolitik ist daher Ausgangspunkt zum Verständnis des europäischen Außenwirtschaftsrechts.

Grundsätze

Art. 205 AEUV

Handlungsgrundsätze auf internationaler Ebene

Das Handeln der Union auf internationaler Ebene im Rahmen dieses Teils wird von den Grundsätzen bestimmt, von den Zielen geleitet und an den allgemeinen Bestimmungen ausgerichtet, die in Titel V Kapitel 1 des Vertrags über die Europäische Union niedergelegt sind.

Bevor man die gemeinsame Handelspolitik erörtert, ist es ratsam, sich mit den allgemeinen Grundsätzen des auswärtigen Handelns der Union vertraut zu machen. Neben dem Außenwirtschaftsrecht umfasst das auswärtige Handeln der EU auch die allgemeine Außenpolitik sowie die Sicherheits- und Verteidigungspolitik (GASP). Art. 205 AEUV legt für diese Gebiete zentrale Handlungsmaxime fest.

Art. 205 AEUV verweist auf die Grundsätze in Titel V Kapital 1 des EU-Vertrags.

Die Vorschrift verweist im Wesentlichen auf die allgemeinen Grundsätze in Titel V Kapitel 1 des EU-Vertrags. Wichtig ist hier zunächst Art. 21 EUV, welcher die Prinzipien der europäischen Außenpolitik beschreibt. Konkret benennt Art. 21 I EUV:

- Demokratie
- Rechtsstaatlichkeit
- Menschenrechte und Grundfreiheiten
- Menschenwürde
- Grundsätze der Gleichheit und Solidarität
- Grundsätze der VN-Charta und des Völkerrechts

Die Union soll ihr auswärtiges Handeln sowie ihre Beziehungen zu Drittstaaten nach diesen Grundsätzen ausrichten. Sie gelten daher nicht nur für die Union selbst, sondern sollen auch aus der Union in die Welt hinausgetragen werden (*Geiger/Khan/Kotzur*, Art. 21, Rdn. 10). In Art. 21 II EUV geht es um allgemeine Zielfestsetzungen zur Durchsetzung einer gemeinsamen Unionspolitik im Außenverhältnis. Der Fokus liegt hier auf der Wahrung der von der Union vertretenen Werte, auf der Verwirklichung der in Art. 21 I EUV benannten Grundsätze sowie der Friedenssicherung und Einhaltung völkerrechtlicher Normen und Verträge.

Art. 205 AEUV verweist auch auf Art. 22 EUV. Dieser erörtert im Unterschied zu Art. 21 EUV die strategischen Interessen der Union im Zusammenhang mit der gemeinsamen Außenpolitik. Strategische Interessen und Ziele können vom Europäischen Rat einstimmig im Wege des Beschlussverfahrens (auf Empfehlung des Rates) festgelegt werden. Inhaltlich können die Beschlüsse sowohl allgemeine Fragen der Außenbeziehungen der Union als auch konkrete Themen behandeln.

Ziele der gemeinsamen Handelspolitik
Ziele der Handelspolitik
Art. 206 AEUV

Durch die Schaffung einer Zollunion nach den Artikeln 28 bis 32 trägt die Union im gemeinsamen Interesse zur harmonischen Entwicklung des Welthandels, zur schrittweisen Beseitigung der Beschränkungen im internationalen Handelsverkehr und bei den ausländischen Direktinvestitionen sowie zum Abbau der Zollschranken und anderer Schranken bei.

Art. 206 AEUV erörtert die konkreten Ziele der gemeinsamen Handelspolitik als Teil der Außenpolitik der Union i.S.d. Art. 21, 22 EUV. Im Kern steht dabei der Abbau von Beschränkungen im Handelsverkehr und bei ausländischen Direktinvestitionen sowie von Zollschranken im Verhältnis zu Drittstaaten. Die Union will insofern zu einer harmonischen Entwicklung des Welthandels, von welcher sie letztlich ebenfalls profitiert, beitragen. Sinn und Zweck von Art. 206 AEUV ist es, Bedenken von Drittstaaten im Hinblick auf einen von der Union und ihres Binnenmarktes möglicherweise ausgehenden Protektionismus auszuräumen (*Geiger/Khan/Kotzur*, Art. 206, Rdn. 3). Diese Vorgaben sind nach dem EuGH als bindende Vorgaben auszulegen, bei deren Anwendung den Unionsorganen jedoch ein politischer Ermessenspielraum zusteht (EuGH *Spanien/Rat*, Slg. 1998, I-7312).

Art. 206 AEUV enthält das Bekenntnis der Union zu einer liberalen Außenhandelspolitik.

Art. 206 AEUV offenbart deutliche Züge einer gegenüber Drittstaaten liberal ausgerichteten Handelspolitik. Dennoch kann daraus keine Verpflichtung zur vollständigen Marktöffnung entnommen werden. Im Rahmen des beschriebenen Liberalisierungsprozesses sind auch die Interessen der Union zu berücksichtigen. Marktöffnung im Verhältnis zu Drittstaaten und Unionsinteressen gilt es daher stets gegeneinander abzuwägen. Man ist deshalb bestrebt, die Ziele der Union mit jenen der Welthandelsordnung, welche ebenfalls Marktöffnung einerseits und Partikularinteressen andererseits berücksichtigt, in Einklang zu bringen.

Reichweite der gemeinsamen Handelspolitik

Die gemeinsame Handelspolitik erfasst die traditionellen Regelungsgegenstände des Außenwirtschaftsrechts.

Die gemeinsame Handelspolitik der Union erfasst jenen Bereich, welcher auch unter dem Begriff des Außenwirtschaftsrechts bekannt ist. Das Außenwirtschaftsrecht bezeichnet zunächst die Ein- und Ausfuhr von Wirtschaftsgütern in fremde Wirtschaftsgebiete. Darunter fallen traditionell der Waren-, Dienstleistungs-, Kapital-, Zahlungs- und der sonstige Wirtschaftsverkehr. Ferner ist noch der Verkehr mit Auslandswerten und Gold zu berücksichtigen. In Zusammenhang mit diesen Regelungsgegenständen beschäftigt sich der Außenhandel freilich auch mit Zöllen und zollähnlichen Maßnahmen im Verhältnis zu Drittstaaten.

Art. 206 und vor allem 207 AEUV legen nun konkret die sachliche Reichweite der gemeinsamen Handelspolitik der EU fest. Danach umfasst die gemeinsame Handelspolitik den Abschluss völkerrechtlicher Verträge, die Befugnis zur Ergreifung autonomer Handelsmaßnahmen sowie den Erlass einzelner Rechtsakte im Hinblick auf Ein- und Ausfuhrregelungen. Einteilen lässt sich die gemeinsame Handelspolitik schließlich in die Bereiche des Warenhandels, der Dienstleistungen, und des geistigen Eigentums. Hinsichtlich der Tragweite des Art. 207 AEUV können dem Anwendungsbereich der Norm selbst neben den aufgezählten Beispielen keine weiteren konkreten Beschränkungen entnommen werden. Im Interesse der Funktionsfähigkeit des Unionsrechts wird eine möglichst weite Auslegung der Vorschrift betont. Obschon Art. 207 AEUV insofern nicht als klassische Generalklausel angesehen werden kann, so sind doch alle Maßnahmen umfasst, die als Gegenstand der Gemeinsamen Handelspolitik darauf abzielen, Handelsvolumen und Handelsvorgänge zu beeinflussen.

2. Außenhandelskompetenzen nach dem Lissabonner Vertrag

EUROPÄISCHES AUßENWIRTSCHAFTRECHT

Grundsätze der gemeinsamen Handelspolitik Art. 207 I AEUV

Die gemeinsame Handelspolitik wird nach einheitlichen Grundsätzen gestaltet; dies gilt insbesondere für die Änderung von Zollsätzen, für den Abschluss von Zoll- und Handelsabkommen, die den Handel mit Waren und Dienstleistungen betreffen, und für die Handelsaspekte des geistigen Eigentums, die ausländischen Direktinvestitionen, die Vereinheitlichung der Liberalisierungsmaßnahmen, die Ausfuhrpolitik sowie die handelspolitischen Schutzmaßnahmen, zum Beispiel im Fall von Dumping und Subventionen. Die gemeinsame Handelspolitik wird im Rahmen der Grundsätze und Ziele des auswärtigen Handelns der Union gestaltet.

Art. 207 I AEUV stellt die zentrale Kompetenznorm des europäischen Außenwirtschaftsrechts dar. Sie wurde im Rahmen der Änderungen durch den Lissabonner Vertrag erlassen und ist als Nachfolgervorschrift von Art. 133 EGV a.F. anzusehen, wobei ihre Inhalte nunmehr zu den ausschließlichen Unionskompetenzen i.S.v. Art. 3 I lit. e) EUV gehören. Art. 207 II AEUV enthält eine Ermächtigung zum Erlass von entsprechendem Sekundärrecht, III-V regelt das Verfahren zum Abschluss von Abkommen i.S.v. I zwischen der Union und Drittstaaten. Im Folgenden werden die wichtigsten Außenhandelskompetenzen der Union nach Art. 207 I AEUV näher erläutert.

2.1. Abschluss von Handelsabkommen

Art. 207 I AEUV spricht unter anderem »... vom Abschluss von Zoll- und Handelsabkommen ...«. Darunter ist die Befugnis der Union zu verstehen, Handelsabkommen auf den in Art. 207 I normierten Gebieten mit Drittstaaten abzuschließen. Zu dieser Abschlusskompetenz zählen alle Maßnahmen, welche den Handelsverkehr in diesem Zusammenhang betreffen. Die Mitgliedstaaten dürfen in diesen Bereichen also keine Abkommen mehr abschließen.

Das WTO-Abkommen

Die Unionskompetenz zur Abschluss von Handelsabkommen wird besonders im Welthandelshandelsrecht relevant. Das WTO-Abkommen bildet dabei das Dach des Welthandelsrechts. Es verleiht der Welthandelsorganisation (WTO) und ihren Mitgliedern eine institutionelle Architektur. Die Union ist, wie ihre Mitgliedstaaten auch, Mitglied in der WTO und somit letztlich auch des WTO-Abkommens.

Problem der parallelen WTO-Mitgliedschaft von EU und Mitgliedstaaten und der ausschließlichen Unionskompetenz nach Art. 207 I AEUV

Da die EU als Nachfolgerin der Europäischen Gemeinschaft Rechtspersönlichkeit besitzt, erscheint dies zunächst unproblematisch. Jedoch besteht neben dieser parallelen Mitgliedschaft seit Inkrafttreten des Lissabonner Vertrages eine ausschließliche Zuständigkeit der Union für die in Art. 207 I AEUV genannten Materien des Welthandelsrechts. Dies wirft einige Fragen auf, die bis dato noch nicht hinreichend beantwortet werden konnten. So ist unklar, was aus den WTO-Mitgliedschaftsrechten der Mitgliedstaaten künftig wird bzw. inwiefern diese ausgeübt werden können und dürfen. Vertiefte Kenntnisse dieser Problematik werden aber in der Ausbildung nicht verlangt.

»Gemischte« Abkommen

Im Zusammenhang mit dem Welthandelsrecht der WTO ist zudem fraglich, wie die Kompetenzverteilung zwischen Union und Mitgliedstaaten zum Abschluss weiterer multilateraler Abkommen ausgestaltet ist. Besonders schwierig ist die Frage, wie die sog. »gemischten« Abkommen zu behandeln sind. Darunter versteht man Abkommen, welche nicht nur handelsrechtlicher Natur sind, sondern auch andere Inhalte aufweisen. Da somit eine ausschließliche Einordnung als Handelsabkommen i.S.v. Art. 207 AEUV nicht möglich ist, konkurriert hier die Unionskompetenz mit der Kompetenz der Mitgliedstaaten für den nicht-handelsrechtlichen Inhalt. Dazu ein *Beispiel* (nach EuGH *Gutachten WTO 1/94*, Slg. 1995, I-5267):

Das GATS-Abkommen regelt als multilaterales Abkommen des Welthandelsrechts den Bereich der grenzüberschreitenden Dienstleistungen. Erfasst ist jede Form der Dienstleistungserbringung. Das TRIPS-Abkommen trifft Vorgaben zum Umgangen mit Rechten des geistigen Eigentums. Es weist dabei allerdings in der Praxis auch Berührungspunkte zum Warenhandel auf. Die Kommission bittet den EuGH um Erstellung eines Gutachtens zur Frage, wer die Kompetenz zum Abschluss von GATS- und TRIPS-Abkommen hat.

Der EuGH qualifizierte das GATS-Abkommen als gemischtes Abkommen. Dies hat er damit begründet, dass zwischen der Art der Dienstleistungserbringung zu unterscheiden sei. Für Dienstleistungen, welche keinen Grenzübertritt von natürlichen Personen erfordern, sah er den Anwendungsbereich des Art. 207 I AEUV für eröffnet und somit die ausschließliche Unionskompetenz für gegeben an.

Im Falle von Dienstleistungen, bei welchen ein Grenzübertritt von natürlichen Personen stattfindet, liege der Schwerpunkt dieses Grenzübertritts hingegen auf anderen Politikbereichen des Unionsrechts, und nicht mehr auf der gemeinsamen Handelspolitik. Daher habe die Union hier keine ausschließliche Kompetenz mehr. Im Zusammenhang mit dem TRIPS-Abkommen gestand der EuGH zwar die Berührungspunkte mit dem Warenhandel zu. Dennoch liege der Zweck des Abkommens im Schutz der geistigen Eigentumsrechte, so dass die Kompetenz hiernach zu bestimmen sei.

Differenzierte Betrachtung des EuGH in seinem Gutachten 1/94

2.2. Warenhandel

Der Warenhandel wird als weiterer, wichtiger Kompetenzgegenstand in Art. 207 I AEUV genannt. Die Union hat hier, wie schon im Rahmen von Art. 133 EGV a.F., eine ausschließliche Kompetenz inne. In der Praxis kommt diesem Bereich eine hohe Bedeutung zu.

Begriff der Ware

Grundsätzlich sind alle Waren, also sämtliche zum Handelsverkehr geeigneten Gegenstände, von Art. 207 I AEUV erfasst. Es gibt allerdings auch einige Grenzfälle sowie Ausnahmen. So gelten bei landwirtschaftlichen Produkten die einschlägigen Sonderregelungen für den Agrarsektor, wie etwa Art. 40, 43 AEUV. Jedoch kann Art. 207 I AEUV als Auslegungshilfe durchaus herangezogen werden (*Geiger/Khan/Kotzur*, Art. 207 AEUV, Rdn. 7). Gänzlich ausgeschlossen ist eine Anwendung der Vorschrift aber im Rahmen des Verkehrssektors. Hier wird Art. 207 I AEUV abschließend von den Spezialregelungen der Art. 90 ff. AEUV verdrängt (*Geiger/Khan/Kotzur*, Art. 207 AEUV, Rdn. 8).

Ein sehr sensibler und gesondert zu betrachtender Bereich ist der des Warenhandels im Rüstungssektor. Nach Art. 346 II AEUV hat die Union für den Handel mit Rüstungsgüter ebenfalls eine ausschließliche Kompetenz, welche als speziellere Regelung Art. 207 I AEUV vorgeht.

Sonderfall »dual-use«-Güter

Fraglich ist, wie Waren zu behandeln sind, die sowohl für militärische als auch für zivile Zwecke verwendet werden. Man nennt diese Waren auch »dual-use«-Güter. Wegen ihres doppelten Verwendungszwecks werden diese Güter zunächst einmal nicht mehr von Art. 346 II AEUV erfasst. Allerdings besteht zum einen die Möglichkeit, für diese Waren bei einer Gefährdung der öffentlichen Ordnung und Sicherheit nach dem einschlägigen Sekundärrecht einen Genehmigungsvorbehalt vorzusehen. Darüber hinaus hat der Gerichtshof zur Klärung der Kompetenzfrage befunden, dass »dual-use«-Güter zudem von der gemeinsamen Handelspolitik erfasst sind und somit unter Art. 207 I AEUV fallen (vgl. zu den vorgehenden Ausführungen EuGH *Werner*, Slg. 1995, I-3189). Die Kontrollmöglichkeiten durch die nationalen Außenwirtschaftsordnungen sind dadurch erheblich eingeschränkt worden.

Umfang der Kompetenz

Um Zusammenhang mit dem Warenhandel zählt Art. 207 I AEUV den Abschluss von Zoll- und Handelsabkommen, die Änderung von Zollsätzen, die Vereinheitlichung der Liberalisierungsmaßnahmen und die handelspolitischen Schutzinstrumente auf. Abgedeckt ist insoweit auch der Erlass von entsprechendem Sekundärrecht. Der Umfang der Kompetenz zum Abschluss von Zoll- und Handelsabkommen sowie auf die hier bestehende Problematik der »gemischten« Abkommen wurden soeben bereits erörtert. Die wichtigsten handelspolitischen Schutzinstrumente, nämlich Antidumping- und Antisubventionsmaßnahmen werden an späterer Stelle eigens ausführlich behandelt (vgl. S. 166 ff.).

Weitere Gegenstände der Kompetenz zur Regelung des Warenhandels

Nach Art. 207 I AEUV können ferner vertraglich vereinbarte Zolltarife zwischen der Union und Drittstaaten geändert werden. Jene Änderungen sind durch ein hohes Maß an politischen Motiven geprägt. Ein Beispiel für einen solchen Vertrag über Zollsätze stellt das Allgemein Präferenzsystem des Welthandelsrechts für die Festsetzung von Zöllen im Handelsverkehr mit Entwicklungsländern dar. Die Vereinheitlichung von Liberalisierungsmaßnahmen betrifft dann die nicht-tarifären

Handelshemmnisse der Ein- und Ausfuhrpolitik (*Geiger/Khan/ Kotzur*, Art. 207 AEUV, Rdn. 32ff.). Der Liberalisierungsprozess war hier lange Zeit in ständiger Bewegung. Liberalisierungsmaßnahmen sowohl bei Ein- als auch bei Ausfuhrpolitik werden in der Regel durch Sekundärrecht durchgesetzt. Dabei stehen bestimmte Bereiche des Warenhandels häufig im Mittelpunkt der einschlägigen Vorschriften. Zu nennen sind beispielsweise der Handel mit Textilgütern, Kulturgütern oder Abfällen. Wie im Welthandelsrecht ist man bemüht, dabei die besondere Situation der Entwicklungsländer zu berücksichtigen.

2.3. Dienstleistungen

Mit dem Dienstleistungshandel ist eine weitere Materie angesprochen, die seit dem Lissabonner Vertrag unter die ausschließliche Unionskompetenz des Art. 207 I AEUV fällt. Zuvor bestand hier eine gemischte Kompetenz zwischen Union und Mitgliedstaaten nach Art. 133 EGV a.F. Das unionsrechtliche Begriffsverständnis der Dienstleistung selbst war dabei stets identisch mit jenem des Welthandelsrechts.

Äußerst problematisch erschien allerdings die Kompetenz der EU für den Handel mit Dienstleistungen im Rahmen gemischter Abkommen. Dies verdeutlicht das bereits angesprochene Gutachten 1/94 des EuGH. In den Augen des Gerichtshofs sind dabei nur solche Dienstleistungen, bei denen weder der Dienstleistungserbringer noch der Dienstleistungsempfänger die Grenze überschreiten muss, auf Grund ihrer Ähnlichkeit zum Handel mit Waren von 207 I AEUV erfasst. Dazu gehört vor allem auch die Dienstleitungserbringung auf elektronischem Wege. Ferner besteht eine gemischte Kompetenz in bestimmten Politikbereichen außerhalb der gemeinsamen Handelspolitik. Seit dem Vertrag von Nizza erstreckt sich die gemischte Kompetenz der EU zudem auch für den Dienstleistungshandel bereits nur noch auf den Abschluss völkerrechtlicher Verträge, und nicht mehr auf die Sekundärrechtssetzung. Denn beim Dienstleistungshandel geht es vor allem um technische Handelshemmnisse, die nicht Art. 207 I AEUV unterfallen. Dies wurde im Vertrag von Lissabon in Art. 207 I AEUV insoweit berücksichtigt und dieser Bereich in Einklang mit Art. 3 I lit. e) AEUV zu einer ausschließlichen Kompetenz der Union ausgeweitet. Den Fragen um das GATS wurde dahingehend Rechnung getragen, als dass nunmehr Einstimmigkeit für den Abschluss entsprechender Abkommen erforderlich ist.

Beachte im Rahmen von Dienstleistungen das Gutachten 1/94 hinsichtlich der Klärung der Kompetenzfrage zum Abschluss des GATS-Abkommens.

2.4. Geistiges Eigentum

Seit dem Vertrag von Lissabon fällt die Abschlusskompetenz von Abkommen im Bereich des Handels mit Geistigem Eigentum, für welchen vormals noch eine gemischte Zuständigkeit zwischen Mitgliedstaaten und Union bestanden hat, in die ausschließliche Kompetenz der EU. Auch hier ist durch das TRIPS-Abkommen das Welthandelsrecht spätestens mit dem Gutachten 1/94 des EuGH in die Fragenkreise um die Reichweite der Unionskompetenz mit einzubeziehen. Dabei kommt man zu ähnlichen Ergebnissen wie beim GATS: Nur Regelungen über die Grenzbehandlung von Waren, wie beispielsweise die Durchsetzung von Rechten geistigen Eigentums an den Grenzen, fallen unter die gemeinsame Handelspolitik nach Art. 207 I AEUV. Allerdings steht in der Praxis von der Schutzrichtung des TRIPS in den meisten Fällen, welche Berührungspunkte zum Warenhandel aufweisen, diese Durchsetzung geistiger Eigentumsrechte im Mittelpunkt.

Materielle Außenhandelskompetenzen vor und nach Lissabon		
	Art. 133 EGV a.F.	**Art. 207 I AEUV**
Warenhandel	ausschließliche	ausschließliche
Dienstleistungen	gemischte	ausschließliche
Geistiges Eigentum	gemischte	ausschließliche
Direktinvestitionen	keine	ausschließliche

3. Die Kontrolle ausländischer Direktinvestitionen

Ursprünglich wurden ausländische Direktinvestitionen überhaupt nicht von der gemeinsamen Handelspolitik der EU erfasst. Mit dem Reformvertrag von Lissabon wurde das bisherige Regelungsvakuum geschlossen. In 207 I AEUV erstreckt sich die gemeinsame Handelspolitik erstmals auf ausländische Direktinvestitionen. Der Umfang dieser neuen Kompetenz der EU ist jedoch in weiten Teilen noch offen. Dabei ist es doch allzu wichtig, die hier offenen Fragen zu klären, da grenzüberschreitende Investitionen zu den wichtigsten Aktivitäten im internationalen Wirtschaftsverkehr gehören. Die Kompetenz zur Regelung ausländischer Direktinvestitionen stellt daher eine Thematik des europäischen Außenwirtschaftsrechts dar, welche aktuell für Ausbildung und Praxis von großer Relevanz ist.

3.1. Der Tatbestand der ausländischen Direktinvestition

Nicht ohne weiteres eindeutig bestimmbar ist bereits das Vorliegen einer ausländischen Direktinvestition. Das ist unter anderem dem Umstand geschuldet, dass das EU-Primärrecht keine ausdrückliche Definition hierfür hergibt.

Definition nach Unionsrecht

Das primäre Unionsrecht kennt zwar den Begriff der ausländischen Direktinvestition (vgl. etwa Art. 64 AEUV), definiert ihn jedoch nicht näher.

Einen Ansatz liefert die Nomenklatur zur Kapitalverkehrsrichtlinie EWG/88/361. Dort sind Geschäfte aufgelistet, welche allesamt Kapitalverkehrsgeschäfte darstellen, so auch die Direktinvestition (vgl. bereits S. 76). Danach umfasst die Direktinvestition »die Gründung oder Erweiterung von Zweigniederlassungen oder neuen Unternehmen, die ausschließlich dem Geldgeber gehören, und die vollständige Übernahme bestehender Unternehmen, die Beteiligung an neuen oder bereits bestehenden Unternehmen zur Schaffung oder Aufrechterhaltung dauerhafter Wirtschaftsbeziehungen sowie Reinvestitionen von Erträgen zur Aufrechterhaltung dauerhafter Wirtschaftsbeziehungen«. Charakterisierend ist dabei, »dass die Unternehmensanteile entweder nach den bestehenden nationalen aktienrechtlichen Vorschriften oder

<small>Definitionsansatz nach der Nomenklatur zur Kapitalverkehrsrichtlinie</small>

Europäisches Außenwirtschaftsrecht

aus anderen Gründen die Möglichkeit geben, sich tatsächlich an der Verwaltung der Gesellschaft oder an deren Kontrolle zu beteiligen«. Damit ist die Verknüpfung der Direktinvestition zum Begriff des Kontrollerwerbs vollzogen.

Definitionsansatz des EuGH

Der EuGH war in seiner Rechtsprechung bemüht, den für das Vorliegen eines Kontrollerwerbs erforderlichen Beteiligungsumfang zu bestimmen. Ganz einheitlich ist diese Rechtsprechung allerdings nicht. So hat der Gerichtshof in einem Fall einen bestimmenden Einfluss und somit einen Kontrollerwerb bejaht, wenn von der Zielgesellschaft mindestens 75 % gehalten werden (EuGH *Test Claiments Thin Cap Group Litigation*, Slg. 2007, I-2107). Zuvor hatte der EuGH aber auch schon eine Beteiligung von 50 % für ausreichend erachtet (EuGH *Cadbury Schweppes*, Slg. 2006, I-7995). In wiederum einer anderen Rechtssache genügte sogar bereits eine Beteiligung von 25 % (EuGH *Lasertec*, Slg. 2007, I-1404). Im Ergebnis kann daher festgehalten werden, dass das Gericht je nach Fallkonstellation abweichend entschied, eine Beteiligung von 25 % für das Vorliegen eines Kontrollerwerbs allerdings stets notwendig ist.

Ein weiterer Anknüpfungspunkt findet sich wiederum im Sekundärrecht. Die Transparenzrichtlinie EWG/435/90 definiert den Begriff »Muttergesellschaft« als Gesellschaft, die mindestens 20 %, nach jüngster Änderung der Richtlinie im Jahr 2009 mindestens 10 % der Anteile der Tochtergesellschaft hält. Auch wenn es hier um das Verhältnis von Mutter- und Tochtergesellschaft geht, impliziert die Einordnung einer Gesellschaft als Muttergesellschaft stets, dass diese über die Tochtergesellschaft einen bestimmenden, dem Kontrollerwerb gleichkommenden Einfluss ausübt. Würde man dies als Hilfe zu Bestimmung einer ausländischen Direktinvestition heranziehen, könnte eine solche schon ab einer Beteiligung von 10 % gegeben sein.

Definition nach internationalem Recht

Das europäische Außenwirtschaftsrecht beschreibt die rechtlichen Regelungen des Wirtschaftsverkehrs zwischen der EU und Drittstaaten. Insoweit ist es also durchaus legitim, im Rahmen der Suche nach einer Definition für den Begriff der ausländischen Direktinvestition auch die Ansätze des internationalen Rechts zu beleuchten.

Definitionsansätze von IWF und OECD

Solche Definitionsansätze finden sich hauptsächlich in den entsprechenden Leitlinien und Erklärungen von Internationalem Währungsfonds (IWF) und OECD. Der IWF geht im Falle einer Direktinvestition von einem Vorgang aus, bei welchem der Investor durch eine langfristige Beteiligung dauerhafte Beziehungen zu dem jeweiligen Unternehmen aufbauen will. Voraussetzung hierfür ist, dass der Investor mindestens 10 % der Anteile des Unternehmens erwirbt. Ähnlich steht es in den Erklärungen der OECD niedergeschrieben. Danach ist eine ausländische Direktinvestition eine »internationale Investition, die eine in einem Wirtschaftsgebiet ansässige Einheit tätigt, um eine langfristige Beteiligung an einem in einem anderen Wirtschaftsgebiet ansässigen Unternehmen zu erwerben. Eine langfristige Beteiligung liegt vor, wenn der Direktinvestor mindestens 10 % des Eigenkapitals dieses Unternehmens erwirbt.

Auslegungsfragen

Zunächst stellt sich die Frage, ob eine Anknüpfung an die Beteiligungsschwelle die zentrale Auslegungshilfe zur Bestimmung einer ausländischen Direktinvestition sein soll. Dies ist abzulehnen. Eine solche Lösung würde sich als zu unflexibel erweisen. Die besonderen Umstände des Einzelfalls finden dabei keine ausreichende Berücksichtigung.

Die Beteiligungsschwelle kann daher lediglich ein quantitatives Indiz darstellen. Ansonsten müsste die in Rede stehende Regelung schon abstrakt so konzipiert sein, dass sie offensichtlich nur Direktinvestitionen erfassen will. Eine Beteiligung von 25 % ermöglicht beispielsweise zwar, wichtige Entscheidungen der Gesellschaft zu verhindern, jedoch in vielen Rechtsordnungen nicht per se deren Tätigkeit zu bestimmen. Vor allem auf Grund der außerdem vorzunehmenden individuellen und wirtschaftlichen Betrachtungsweise des Investors kann letztlich nicht starr an bestimmte Beteiligungsschwellen angeknüpft werden.

Die Beteiligungsschwelle ist lediglich ein quantitatives Indiz.

Des Weiteren gilt es in der Folge zu erörtern, wie der Begriff der ausländischen Direktinvestition in Art. 207 I AEUV darüber hinaus auszulegen ist. Schon der Wortlaut der Vorschrift erschwert eine klare Auslegung. Denn nach dem englischen Wortlaut ist nicht eindeutig erkennbar, ob die Beschränkung der Kompetenz auf handelsbezogene Aspekte nur für das Geistige Eigentum, oder auch für ausländische Direktinvestitionen gilt. Der deutsche Wortlaut bringt hingegen mehr Klarheit zu Tage. Denn hier ist die Rede von »...die Handelsaspekte des Geistigen Eigentums, die ausländischen Direktinvestitionen...«, so dass nicht nur die handelsbezogenen Aspekte ausländischer Direktinvestitionen angesprochen sind. Auch einer systematisch begründeten, einschränkenden Auslegung des Begriffs der ausländischen Direktin-

Keine handelsbezogene und somit enge Auslegung des Art. 207 I AEUV vestition ist zu widersprechen. Man könnte zwar anführen, dass Art. 206ff. AEUV die gemeinsame Handelspolitik regle, weshalb die Kompetenzen des Art. 207 I AEUV auch nur Handelsabkommen betreffen solle. Dabei wird indes übersehen, dass die Unionskompetenz zur Regelung ausländischer Direktinvestitionen gänzlich neu ist, und somit auf Grund ihres eigenen materiell-rechtlichen Gehalts freilich nicht nach bestehenden Auslegungsregeln bestimmt werden kann. Daher erfasst Art. 207 I AEUV den gesamten Regelungsbereich ausländischer Direktinvestitionen, und somit insbesondere auch die Investitionsschutzabkommen.

3.2. Die Behandlung bilateraler Investitionsschutzabkommen (BITs)

Auswirkungen hat die neue Unionskompetenz nur Regelung ausländischer Direktinvestitionen nach Art. 207 I AEUV auf bilaterale Investitionsschutzabkommen (BITs), welche bisher die Mitgliedstaaten selbst mit Drittstaaten abschließen durften.

Bedeutung von BITs

BITs zählen zu den wichtigsten Rechtsquellen im internationalen Investitionsverkehr. Mittels dieser Abkommen können die Interessen von Investoren und Staaten in Einklang gebracht werden. BITs werden zwischen zwei Staaten abgeschlossen und gelten für die Investoren dieser Staaten sowie für die Staaten selbst. Es herrscht somit das Prinzip der Gegenseitigkeit (»Reziprozität«). BITs verleihen dem Investor eine hohes Maß an Rechtssicherheit, da sie Modalitäten für die Investition sowie den Schutz dieser, etwa durch Streitbeilegungsmechanismen, gewährleisten.

Diese Streitbeilegung kann dabei auf unterschiedliche Art und Weise ausgestaltet sein. Eine Möglichkeit ist die direkte Anrufung der Gerichte des Staates, in dem der Investor seine Investition vornimmt. Denkbar ist aber auch die Geltendmachung von diplomatischem Schutz durch den Heimatstaat. Hierbei muss allerdings zuerst der innerstaatliche Rechtsweg ausgeschöpft werden. Die häufigste Form der Streitbeilegung ist aber die vertragliche Vereinbarung einer internationalen Schiedsgerichtsbarkeit. Es gibt seit 1966 sogar eine Institution für die Beilegung von Investitionsstreitigkeiten, die ICSID. Sie ist als eine Art Abkommen anzusehen, ihre Zuständigkeit ist für alle der ihr beigetretenen Vertragsstaaten eröffnet. Im Übrigen sind Schiedssprüche von

Streitbeilegung im Zusammenhang mit internationalen Investitionen

Schiedsgerichten allgemein geltend und nach den einschlägigen völkerrechtlichen Verträgen auch vollstreckbar.

Im Einzelnen können insbesondere folgende Punkte durch BITs geregelt werden:

Regelungsgegenstände von BITs

- Zulassung von Investitionen
- Schutz von Investitionen
- Geldtransfers
- Streitbeilegung im Verhältnis Investor-Staat
- Streitbeilegung im Verhältnis Staat-Staat
- Enteignung und Entschädigung

Die Regelung von Enteignung und Entschädigung bildet wegen den für den Investor damit verbundenen Folgen ein oftmals wichtiger Bestandteil von BITs. Enteignungen sind im Rahmen ausländischer Investition grundsätzlich zulässig. Eine Enteignung durch den betroffenen Staat ist oft politisch motiviert. So kann es dabei etwa um die Frage seiner wirtschaftlichen Unabhängigkeit gehen. Voraussetzung für eine Enteignung ausländischen Vermögens ist aber stets, dass:

Anforderungen an Enteignung und Entschädigung

- die Enteignung dem Allgemeinwohl dient
- die Enteignung nichtdiskriminierend ist
- eine angemessene Entschädigung erfolgt

Umstritten ist insbesondere die Bestimmung einer angemessenen Entschädigung im Falle einer Enteignung. Während eine unmittelbare Enteignung, etwa durch Entzug der Produktionsmittel, heute seltener geworden ist, trifft man mittelbare Enteignungen, wie extreme Steuerbelastungen, häufiger an. Bei der Berechnung der Höhe der Entschädigung stehen sich insoweit verschiedene Methoden gegenüber. Im Ergebnis kann eine Entschädigung letztlich dem vollen Wert der Investition nach, oder aber auch nur über einen Teil des Wertes der Investition gewährt werden. Zu berücksichtigen sind ferner die Gewinne, die durch die Investition erzielt wurden. Auf Grund dieser Schwierigkeit sind die Entschädigungsklauseln in BITs oft nur sehr allgemein gefasst und bedürfen nicht selten der Auslegung durch die Schiedsgerichte.

Bestehende BITs

Die erste Frage ist nun, wie sich die ausschließliche Unionskompetenz nach Art. 207 I AEUV auf bestehende BITs zwischen den Mitgliedstaaten und Drittstaaten auswirkt. Aus Art. 207 I AEUV geht hervor, dass seit Inkrafttreten des Lissabonner Vertrages grundsätzlich die Union die Kompetenz zum Abschluss solcher BITs innehat. Ein Ansatz ist, dass sich aus Art. 207 I AEUV i.V.m. Art. 4 III EUV eine Pflicht der Mitgliedstaaten zur Kündigung bestehender BITs ableiten lässt. Die Union könnte dann mit den betroffenen Drittstaaten nach erfolgter Kündigung neue BITs abschließen. In vielen BITs finden sich gar spezielle Kündigungsklauseln. Allerdings würde eine Kündigung kein gutes Signal im Hinblick auf den Erhalt eines harmonischen Investitionsklimas darstellen.

Problem der (analogen) Anwendung von Art. 351 AEUV

Ebenfalls denkbar wäre eine Anpassungspflicht der Mitgliedstaaten nach Art. 351 AEUV. Die BITs der Mitgliedstaaten würden zunächst gem. Art. 351 I AEUV nicht durch Unionsrecht berührt werden. Die Mitgliedstaaten hätten jedoch eine Pflicht zur Beseitigung von Konflikten zwischen dem Unions- und dem Völkerrecht nach Art. 351 II AEUV. Allerdings handelt es sich hier nur um eine teilweise bestehende Anpassungspflicht, da bestehende BITs schließlich auch Portfolioinvestitionen regeln können, was immer noch in den Kompetenzbereich der Mitgliedstaaten fällt. Das Problem bei einem Rückgriff auf Art. 351 AEUV liegt aber auf einer anderen Ebene: Nach dem Wortlaut gilt die Norm nur für BITs, die ein Mitgliedstaat vor seinem Eintritt in die EU (oder vormals in die EG) abgeschlossen hat. Eine Anwendung auf BITs, welche erst nach dem Eintritt in die EU abgeschlossen wurden, wäre allenfalls analog möglich, was bis dato noch umstritten ist.

Künftige BITs

Weiter ist fraglich, wie die neue Unionskompetenz im Hinblick auf den Abschluss künftiger BITs zum Ausdruck kommt. Klar ist, dass spätestens seit Inkrafttreten des Lissabonner Vertrags die Mitgliedstaaten keine Kompetenz mehr zum Abschluss von BITs zwecks der Regelung ausländischer Direktinvestitionen haben. Seit dem darf nur noch die Union BITs abschließen und konsequenterweise auch die dazu erforderlichen Verhandlungen führen. Dies ergibt sich schon aus Art. 4 III EUV. Eine andere, noch offene Frage ist, welches Unionsorgan dann für die Vornahme der sich aus den BITs ergebenden vertraglichen Handlungen, etwa eine zulässige Enteignung eines fremden Investors, zuständig ist und wie die Verfahrensschritte hier im Einzelnen ausgestaltet sein werden. Man könnte darüber hinaus ferner noch diskutieren, ob die Union nicht bereits ab dem Zeitpunkt der Unterzeichnung des Lissabonner Vertrages die Kompetenz innehat. Denn nach der Rechtsprechung des EuGH haben die Mitgliedstaaten Handlungen zu unterlassen, welche für die Zukunft festgelegten Unionskompetenzen zuwiderlaufen (EuGH *Kramer*, Slg. 197, 1279).

Konkret trifft die Mitgliedstaaten hinsichtlich des Abschlusses neuer BITs also eine Verpflichtung zum Nichtabschluss entsprechender Abkommen, was man auch als »Stillhalteverpflichtung« bezeichnet. Ausgenommen hiervon sind freilich wiederum BITs, die von vornherein ausschließlich Portfolioinvestitionen regeln. Im Falle eines Verstoßes gegen die Stillhalteverpflichtung besteht die Möglichkeit der Einleitung eines Vertragsverletzungsverfahrens gegen den betroffenen Mitgliedstaat.

»Stillhalteverpflichtung« der Mitgliedstaaten hinsichtlich des Abschlusses neuer BITs

BITs innerhalb der EU

Ein Sonderproblem stellen BITs dar, welche innerhalb der EU zwischen den Mitgliedstaaten abgeschlossen wurden. Solche BITs sind trotz des Investitionsschutzes in der Union durch die Kapitalverkehrsfreiheit nicht selten. Grund dafür ist, dass diese BITs in der Regel zu einem Zeitpunkt abgeschlossen wurden, als ein Staat noch nicht Mitglied der EU (oder vormals der EG) war. Diese Situation hat sich durch die Erweiterung der EU auf die betroffenen Staaten geändert, so dass die angesprochenen BITs nunmehr innerhalb der Union bestehen.

Diese BITs könnten künftig inhaltlich mit Unionsrecht in Widerspruch stehen. Eine mögliche Auslegung wäre, dass die Änderungen im EU-Vertrag als »lex posterior« die historisch früher abgeschlossenen BITs verdrängen. Dieser Auslegungsgrundsatz ist sowohl im Unionsrecht wie auch im Völkerrecht aus methodischer Sicht anerkannt. Schiedsgerichte haben in der Vergangenheit diesen Ansatz allerdings abgelehnt. Ferner könnte man in Betracht ziehen, dass die BITs innerhalb der EU die Union am Erlass von Maßnahmen zur Durchsetzung der Kapitalverkehrsfreiheit nach Art. 57 II, 59, 60, 75 AEUV hindern könnten (seit dem Vertrag von Lissabon ist auch der unionsinterne Kapitalverkehr von diesen Maßnahmen erfasst). In diesem Fall könnte man die Nichtanwendung der BITs damit begründen, dass andernfalls die Kapitalverkehrsfreiheit nicht hinreichend verwirklicht werden könne und der Anwendungsvorrang des Unionsrechts somit durch die BITs unterlaufen werden würde. Inwieweit dieser Ansatz Konturen bekommt, wird das künftige Vorgehen der Kommission in der Praxis zeigen müssen.

> **Die Behandlung von BITs im Lichte des Art. 207 I AEUV**
>
> **1) Bestehende BITs:**
> ⇨ Kündigungspflicht der Mitgliedstaaten denkbar, allerdings wird dadurch negatives Signal an Drittstaaten gesendet
> ⇨ alternativ: analoge Anwendung von Art. 351 AEUV
>
> **2) Künftige BITs:**
> ⇨ »Stillhalteverpflichtung« der Mitgliedstaaten
> ⇨ evtl. dies schon ab Unterzeichnung des Reformvertrages
>
> **3) BITs innerhalb der EU:**
> ⇨ AEU-Vertrag geht BITs als »lex posterior« vor
> ⇨ oder: Verdrängung der BITs durch Maßnahmen zur Durchsetzung der Kapitalverkehrsfreiheit

3.3. Weitere Aspekte

Die neue EU-Kompetenz zur Regelung ausländischer Direktinvestitionen wirft noch weitere Fragen auf. Dies gilt zum einen für die Behandlung von Kontrollmechanismen des nationalen Außenwirtschaftsrechts, und zum anderen für Investitionsversicherungen.

Kontrollmechanismen des nationalen Außenwirtschaftsrechts

Problem der Behandlung von nationalen Vorschriften auf der Regulierungsebene

Neben der Vertragsabschlussebene können ausländische Direktinvestitionen aber auch auf der Regulierungsebene geregelt werden. Dies geschieht oft durch die Regeln des nationalen Außenwirtschaftsrechts (oder aber auch des Wettbewerbsrechts). Diese sehen Kontrollmechanismen vor, nach denen ausländische Investitionen unter bestimmten Bedingungen beschränkt werden können. Theoretisch kann es dabei sowohl um Direkt- also auch um Portfolioinvestitionen gehen. Durch den neuen Art. 207 I AEUV liegt allerdings die Kompetenz zur Regelung ausländischer Direktinvestitionen umfassend und somit auch auf der Regulierungsebene bei der Union. Es fragt sich daher, was dies für Auswirkungen auf die bestehenden Regelungen des nationalen Außenwirtschaftsrechts zur Kontrolle ausländischer Investitionen hat. Zur Veranschaulichung soll noch einmal folgendes ***Beispiel*** dienen:

Im Mitgliedstaat D wird eine neue Regelung des Außenwirtschaftsgesetzes verabschiedet, wonach die Regierung in Abstimmung mit dem

Wirtschaftsministerium den Anteilserwerb an einheimischen Unternehmen durch Investoren aus Drittstaaten ab einer Beteiligung von 25 % untersagen kann, wenn damit eine konkrete Gefährdung für die öffentliche Ordnung und Sicherheit verbunden ist.

Wie soeben bereits erörtert kann bei einem Anteilserwerb von 25 % bereits eine Direktinvestition vorliegen. Da eine starre Anknüpfung an Beteiligungsschwellen insofern aber abzulehnen ist (vgl. S. 157), ist dies vom Einzelfall abhängig. Fraglich ist somit, wie die neue Regelung im Außenwirtschaftsgesetz des Mitgliedstaats D mit der EU-Kompetenz nach Art. 207 I AEUV in Einklang gebracht werden kann.

Zunächst könnte für derartige Kontrollmechanismen auf Grund der ausschließlichen Unionskompetenz zur Regelung ausländischer Direktinvestitionen die Unwirksamkeit der betroffenen nationalen Vorschriften zur Diskussion gestellt werden. Eine entsprechende Übergangsklausel für solche Vorschriften sieht der Reformvertrag jedenfalls nicht vor. Trotzdem kann dieser Ansatz nicht überzeugen. Die angesprochenen mitgliedstaatlichen Gesetze knüpfen meist an bestimmte Beteiligungsschwellen an. Eine dahingehende, starre Einordnung ausländischer Direktinvestitionen ist jedoch wie soeben aufgezeigt abzulehnen. So sind etwa im Falle der AWG-Novelle sowohl Tatbestände erfasst, in denen Portfolioinvestitionen, aber solche in denen Direktinvestitionen geregelt werden. Auf Grund dieser Einzelfallabhängigkeit wäre eine generelle Unwirksamkeit des betroffenen Mechanismus sicherlich schon insoweit nicht gerechtfertigt.

Unwirksamkeit der betroffenen Vorschriften?

Denkbar ist ferner eine Anpassungspflicht bzw. eine unionsrechtskonforme Anwendung durch die Mitgliedstaaten dahingehend, dass diese ihre nationalen Vorschriften nur noch zur Regelung von Portfolioinvestitionen anwenden. Eine solche Anpassungspflicht würde sich aus Art. 4 Abs. 3 EUV ableiten lassen. Diese könnte etwa dahingehend aussehen, dass die mitgliedstaatlichen Regelungen nur bei Vorliegen einer Portfolioinvestition zur Anwendung kommen sollen. Allerdings wird es sich nach dem bisher Gesagten im Einzelfall als schwierig erweisen, sauber zwischen Portfolio- und Direktinvestition zu trennen, weshalb diese Lösung sowohl mit erheblichem Verwaltungsaufwand verbunden als auch mit einer großen Rechtsunsicherheit behaftet ist.

Anpassungspflicht bzw. unionsrechtskonforme Anwendung durch die Mitgliedstaaten?

Alternativ könnte man erwägen, die Problematik durch die Anwendung verschiedener Kompetenzlösungen zu bewältigen. Denkbar wäre zunächst, dass der Union in den in Rede stehenden Konstellationen zur Regelung von Portfolioinvestitionen eine Ergänzungskompetenz i.S.d.

Ausweg durch Kompetenzlösungen

der Flexibilitätsklausel des Art. 352 AEUV zukomme (vgl. zum Begriff *Geiger/Khan/Kotzur*, Art. 352 AEUV, Rdn. 3). Dies ist jedoch zu verneinen. Denn Art. 352 AEUV sieht gerade keine »Kompetenz-Kompetenz« der Union vor, um sich beliebig neue Befugnisse zu verschaffen (BVerfGE v. 30.06.2009, 2 BvE 2/08). Ebenfalls abzulehnen ist der Gedanke, dass eine implizite Kompetenz zur Wahrnehmung der Regelung aller Investitionen, und somit auch von Portfolioinvestitionen, direkt aus der auch im Drittstaatenverhältnis anwendbaren Kapitalverkehrsfreiheit fließen könnte. Zwar sind die Kompetenzarten des Unionsrechts an sich dynamisch; ihrer Rechtsquellen nach sind sie jedoch systematisch abschließend bestimmt – Grundfreiheiten können dabei keine Kompetenzen begründen. Die Grundfreiheiten des AEU-Vertrags regeln den Wirtschaftsverkehr im Binnenmarkt und verleihen dabei subjektive Rechte, so dass sie selbst vielmehr kompetenzbedürftige und nicht kompetenzbegründende Normen darstellen. Als überlegenswert stellt sich schließlich noch eine Übertragung der »implied-powers«-Lehre dar. Danach kann die EU auch zur Erfüllung ihrer Aufgaben im Rahmen von ihr nicht ausdrücklich zugewiesenen Kompetenzen tätig werden, wenn ansonsten diese nicht in vernünftiger und sinnvoller Weise zur Geltung kommen würden (EuGH *AETR*, Slg. 1971, 282). Dem ist indes ebenfalls kritisch zu begegnen. Denn die »implied-powers«-Lehre kam stets bei der Frage der Abschlusskompetenz völkerrechtlicher Verträge zur Anwendung. Hierin liegt auch der Unterschied zu den nationalen Mechanismen zur Kontrolle ausländischer Direktinvestitionen. Außerhalb dieser Bereiche wird die »implied-powers«-Lehre zudem auf Grund des Spannungsverhältnisses zum Prinzip der begrenzen Einzelermächtigung auf der anderen Seite wiederum auch sehr restriktiv gehandhabt (vgl. EuGH *AETR*, Slg. 1971, 282). Da sämtliche Lösungsansätze Schwächen aufweisen, wird es der gesetzgeberischen und richterlichen Rechtsfortbildung überlassen bleiben, hier für mehr Klarheit zu sorgen.

Investitionsversicherungen

Neben der Behandlung von Kontrollmechanismen des nationalen Außenwirtschaftsrechts hat die neue Unionskompetenz nach Art. 207 I AEUV auch Folgen für Investitionsversicherungen. Investitionsversicherungen sind Versicherungen, welche die Mitgliedstaaten ihren Staatsangehörigen, die im Ausland investieren wollen, anbieten. In den Mitgliedstaaten ist dafür in der Regel eine spezielle Einrichtung vorgesehen. Die Versicherungsthemen betreffen vor allem die Risiken von

Enteignung und sonstigen Konflikten. Für den Abschluss der Versicherung muss der Investor prinzipiell Garantien leisten. Ist die Versicherungsleistung erbracht, geht die Forderung des Investors gegen den Gaststaat auf seinen Heimatstaat über.

Bisher hat die Union es dabei belassen, lediglich die Regelungen über Exportgarantien zu harmonisieren. Eine ausschließliche Kompetenz hat sie hingegen nicht beansprucht. Da jedoch Investitionsversicherungen zur gemeinsamen Handelspolitik zählen, könnten diese nunmehr auch von Art. 207 I AEUV erfasst sein. Dann wäre wohl die Europäische Investitionsbank zuständig für den Abschluss derartiger Versicherungen. Indes gehört dieser Bereich schon per se nicht zum Aufgabenbereich der Europäischen Investitionsbank, weshalb sich auch mit dem neuen Art. 207 I AEUV an der bisherigen Kompetenzhandhabung im Hinblick auf eben diese Vorschrift nichts ändern dürfte.

Investitionsversicherungen fallen nicht unter Art. 207 I AEUV.

4. Antidumping- und Antisubventionsrecht

Mit dem Antidumping- und Antisubventionsrecht sind die beiden wichtigsten Bereiche der handelspolitischen Schutzmaßnahmen angesprochen, welche von der ausschließlichen Unionskompetenz nach Art. 207 I AEUV gedeckt sind.

DUMPING VERBOTEN

4.1. Antidumpingrecht

Durch die Einfuhr gedumpter, also stark verbilligter Waren aus Drittländern in die EU kann es zu einer Verfälschung und Gefährdung des Wettbewerbs kommen, da die inländischen Unternehmen sich den Vertrieb ihrer Waren zu solch Niedrigpreisen nicht leisten können. Das Antidumpingrecht beschäftigt sich mit der Frage, wann zum einen ein Dumping vorliegt, sowie zum anderen, ob und inwieweit Ausgleichsmaßnahmen gegen ein Dumping zulässig sind. Darüber hinaus besteht ein Großteil des europäischen Antidumpingrechts aus Verfahrensrecht.

Tatbestand des Dumpings

Zentrale Rechtgrundlage des europäischen Antidumpingrechts ist die Antidumping-Grundverordnung EG/3843/94 (AD-GVO), welche inhaltlich stark an das WTO-Antidumpingübereinkommen anknüpft. Unter den Anwendungsbereich der AD-GVO fallen nur Waren, weshalb die Verordnung auf Dienstleistungen nicht anwendbar ist. Waren sind insofern alle beweglichen Gegenstände, aber auch Energieprodukte wie Strom oder Gas. Die Waren müssen zudem aus Drittländern in das Wirtschaftsgebiet der EU eingeführt werden. Erst diese Voraussetzung macht die AD-GVO zu einem Bestandteil des europäischen Außenwirtschaftsrechts.

Eine Ware gilt nach Art. 1 II AD-GVO als gedumpt, wenn ein Vergleich ergibt, dass der Ausfuhrpreis einer vergleichbaren Ware in die EU niedriger ist als ihr Normalpreis. Der Normalpreis einer Ware ist gem. Art. 2 I AD-GVO der Preis, den unabhängige Abnehmer im Ausfuhrland im üblichen Handelsverkehr zahlen oder zu zahlen bereit sind. Es ist also mit anderen Worten auf den Inlandpreis des Exporteurs abzustellen. Lässt sich dieser Preis nicht ermitteln, kann auf den Ausfuhrpreis einer vergleichbaren Ware eines anderen Herstellers – allerdings nur unter den Voraussetzungen des Art. 2 II AD-GVO – oder auf den Ausfuhrpreis in einem anderen vergleichbaren Drittland zurückgegriffen werden (vgl. Art. 2 III AD-GVO). Existiert in dem betroffenen Drittland allerdings überhaupt keine Marktwirtschaft, ist nach Art. 2 VIII AD-GVO bei der Bestimmung des Ausfuhrpreises auf ein vergleichbares Drittland mit Marktwirtschaftsstatus abzustellen. In der Praxis sind viele weitere Details zu beachten, weshalb die Ermittlung von Ausfuhr- und Normalpreis oftmals den Einsatz komplexer Marktanalyseverfahren sowie Berechnungsmethoden erfordern.

Bestimmung eines Dumpings

Die Differenz zwischen Ausfuhrpreis und Normalpreis nennt man dann die sog. »Dumpingspanne« (vgl. Art. 2 XI AD-GVO). Ausfuhrpreis und Normalpreis müssen sich dabei aber gem. Art. 2 X AD-GVO auf derselben Handelsstufe gegenüber stehen. Bei der Festlegung der Dumpingspanne können insofern auch Berichtigungen, etwa auf Grund von Transport- und Versicherungskosten oder wegen einer möglichen Besteuerung der Waren, vorzunehmen sein.

Dumpingspanne: Differenz von Ausfuhrpreis und Normalpreis

Schädigung und Schutzmaßnahmen

Schutzmaßnahmen können grundsätzlich nur ergriffen werden, wenn erstens ein Dumping vorliegt (vgl. oben), und zweitens dies zu einem bedeutenden Schaden eines Wirtschaftszweigs in der Union führen kann oder die Errichtung eines solchen Wirtschaftszweigs verzögert und das Unionsinteresse dabei ein Eingreifen gebietet (*Geiger/Khan/Kotzur*, Art. 207, Rdn. 43). Dies geht insoweit deutlich aus Art. 3 I AD-GVO hervor. Nach Art. 4 I AD-GVO gilt in diesem Zusammenhang als Wirtschaftszweig die Gesamtheit aller Hersteller gleichartiger Waren in der Union, wobei es ausreichend ist, wenn die Produktion mehr als 50 % der Gesamtproduktion gleichartiger Waren im Unionsgebiet ausmacht. Nicht berücksichtigt werden allerdings die Unternehmen, die i.S.v. Art. 4 I lit. a) i.V.m. II AD-GVO mit dem dumpenden Exporteur verbunden sind.

Wichtig ist dann die Feststellung einer Schädigung nach Art. 3 II AD-GVO. Erforderlich ist eine möglichst objektive Prüfung des Umfangs und der Auswirkungen der eingeführten gedumpten Waren, wobei das Vorliegen eines Dumpings hinreichend zu beweisen ist. Der Beseitigung des Dumpings dürfen nicht nur Individualinteressen zu Grunde liegen, sondern es muss das Unionsinteresse insgesamt betroffen sein. Eine Schädigung kann in einer Preisunterbietung nach Art. 3 V AD-GVO oder einer durch das Dumping ausgelösten zu erwartenden Preiserhöhung nach Art. 3 III AD-GVO liegen. Der Schaden muss dabei aber stets von bedeutendem Ausmaß sein (vgl. Art. 3 VI AD-GVO). Erst dann ist das Unionsinteresse insgesamt berührt.

Antidumpingzölle und Verpflichtungen als Ausgleichsmaßnahmen

Kann das Vorliegen einer Schädigung bejaht werden, ist die Kommission berechtigt, Ausgleichsmaßnahmen anzuordnen. In der Regel sind dies sog. »Antidumpingzölle« (vgl. Art. 14 AD-GVO), welche allerdings in der Höhe die Dumpingspanne nicht überschreiten dürfen. Daneben können aber auch sog. »Verpflichtungen« als Ausgleichsmaßnahmen dienen. Hierdurch kann der Ausfuhrstaat oder der Exporteur entweder verpflichtet werden, die gedumpten Waren vom Markt zu nehmen, oder aber die Preise der gedumpten Waren dem Normalpreis anzupassen (vgl. Art. 13 AD-GVO). Bei der Verhängung von Ausgleichsmaßnahmen ist im Übrigen immer das allgemeine Diskriminierungsverbot zu beachten. Es ist also verboten, gleiche Sachverhalte oder gleichartige Waren aus verschiedenen Ländern bei der Festsetzung der Ausgleichsmaßnahmen unterschiedlich zu behandeln.

Verfahren

Die Europäische Kommission als zentrale Anlaufstelle für Antidumpingverfahren

Zentrale Anlaufstelle für ein Verfahren zur Erreichung von Antidumpingausgleichsmaßnahmen ist die Kommission. Das Verfahren wird grundsätzlich durch einen schriftlichen Antrag an die Kommission oder an den eigenen Mitgliedstaat, welcher dieser dann bearbeitet und weiterleitet, eingeleitet; nur ausnahmsweise wird diese von Amts wegen aktiv (vgl. Art. 5 VI AD-GVO). Den Antrag kann jede natürliche oder juristische Person stellen. Diese muss allerdings nach Art. 5 I AD-GVO im Namen eines Wirtschaftszweigs der Union handeln. Der Antrag muss nach Art. 5 II AD-GVO hinreichende Beweise für das Vorliegens eines Dumpings sowie für eine dadurch kausale (drohende) Schädigung eines Wirtschaftszweigs in der Union enthalten.

Nach Eingang des Antrags wird dieser durch die Kommission geprüft. Reichen die Beweise aus, leitet die Kommission gem. Art. 5 III AD-GVO Untersuchungen ein. Das Hauptverfahren eröffnet die Kommission aber nur, wenn der Antrag von Herstellern unterstützt wird, deren Marktanteil an der betroffenen Ware zusammen mindestens 25 % der Gesamtproduktion im Unionsgebiet ausmacht (vgl. Art. 5 IV AD-GVO). Andernfalls wird der Antrag im Wege einer förmlichen Entscheidung zurückgewiesen.

Ist das Hauptverfahren eröffnet, prüft die Kommission das Vorliegen eines Dumpings, einer Schädigung sowie die Betroffenheit des Unionsinteresses (vgl. Art. 6 I, 7 I, 21 AD-GVO). Die Kommission kann gem. Art. 7 I, II AD-GVO bereits 60 Tage nach Eröffnung des Hauptverfahrens für eine Dauer von maximal neun Monaten einen vorläufigen Antidumpingzoll bis zur Höhe der Dumpingspanne festlegen. Während des Verfahrens sind Konsultationen durchzuführen.

Sieht die Kommission am Ende des Hauptverfahrens den Erlass von endgültigen Ausgleichsmaßnahmen für erforderlich an, legt der Rat diese mittels Verordnung fest (EuGH *Rima*, Slg. 1993, I-6347); andernfalls wird das Verfahren eingestellt (vgl. Art. 9 II-IV AD-GVO). Bei Vorliegens eines Dumping kann alternativ auch eine freiwillige Verpflichtung zur Herausnahme der Waren aus dem Markt oder zur Preisanpassung angeboten werden (vgl. Art. 8 AD-GVO). Bei der Entscheidung über die Festsetzung von Ausgleichsmaßnahmen steht den Unionsorganen ein recht weiter Ermessensspielraum zu (*Geiger/Khan/Kotzur*, Art. 207, Rdn. 49). Eine Ausgleichsmaßnahme wird nach Art. 11 AD-GVO indes nur so lange aufrechterhalten, wie dies notwendig ist. Gegen eine positive oder negative Entscheidung der Kommission kann, sofern die prozessualen Voraussetzungen hierfür erfüllt sind, beim EuGH gem. Art. 263 AEUV Nichtigkeitsklage erhoben werden. Hier kommt es oft auf die unmittelbare und individuelle Betroffenheit des Klägers an, welche aber jedenfalls dann zu bejahen ist, wenn der Kläger als Betroffener in der Verordnung explizit genannt wird oder er Beteiligter des Verfahrens war (EuGH *Timex*, Slg. 1985, 849).

Unterscheide vorläufige Ausgleichsmaßnahmen von endgültigen Ausgleichsmaßnahmen

4.2. Antisubventionsrecht

Das europäische Antisubventionsrecht widmet sich der Problematik der Einfuhr subventionierter Waren in die Union aus Drittstaaten. Neben Verfahrensfragen stehen dabei der Begriff der Subvention sowie die Zulässigkeit von Ausgleichsmaßnahmen im Mittelpunkt. Das Subventionsrecht weist viele systematische wie auch inhaltliche Ähnlichkeiten zum Antidumpingrecht auf.

Materiell-rechtliche Grundlagen

Rechtsgrundlage des europäischen Subventionsrechts bildet die Antisubventions-Grundverordnung EG/2026/97 (AS-GVO). Sie soll dem Schutz der Union und ihrer Mitgliedstaaten vor der Einfuhr subventionierter Waren aus Drittländern dienen. Denn durch die Einfuhr subventionierter Waren droht eine Wettbewerbsverfälschung infolge unüblich niedriger Preisen der eingeführten Waren. Anders als im Antidumpingrecht werden diese Niedrigpreise aber nicht durch die Preisfestsetzung der Unternehmen, sondern erst durch den staatlichen Eingriff in die Preisfestsetzung in Form der Subvention erreicht. Voraussetzung ist daher stets eine staatliche Beihilfe durch die öffentliche Hand eines Nicht-EU-Staates. Die AS-GVO ist im Übrigen in vielen Teilen inhaltlich an das WTO-Antisubventionsabkommen angelehnt.

Zentrale Voraussetzung für die Anwendung der Regelungen der AS-GVO ist das Vorliegen einer Subvention.

Subvention: Gewährung eines wirtschaftlichen Vorteils an ein Unternehmen

Es muss stets ein wirtschaftlicher Vorteil an ein Unternehmen gewährt werden (EuGH *Fediol*, Slg. 1988, I-4193). Fraglich ist, ob es dabei auch zu einer Belastung des Staatshaushaltes kommen muss. Das ist zu verneinen. Art. 2 AS-GVO enthält über das Merkmal des wirtschaftlichen Vorteils hinaus keinen Hinweis, dass eine Belastung des Staatshaushaltes erforderlich ist. Grundsätzlich muss der Vorteil durch eine Regierung eines Drittstaates gewährt werden. Der Begriff Regierung ist nach Art. 1 III AS-GVO jedoch weit auszulegen, so dass die gesamte öffentliche Hand erfasst ist. Die Gewährung des wirtschaftlichen Vorteils kann nach Art. 2 AS-GVO auf folgende Art und Weise geschehen:

- direkte Zahlung an ein Unternehmen
- Verzicht oder Nichterhebung von Abgaben
- Bereitstellen von Waren oder Dienstleistungen
- Zahlung an einen Fördermechanismus
- einkommens- oder preisstützende Maßnahmen

Diese Aufzählung zeigt, dass der Begriff der Subvention hier enger zu verstehen ist als der der Beihilfe i.S.d. Art. 107 I AEUV. Zu unterscheiden ist dann weiter zwischen Ausfuhr- und Einfuhrsubstitutionssubventionen. Bei einer Ausfuhrsubstitutionssubvention wird die Gewährung des wirtschaftlichen Vorteils von der Ausfuhr einer Ware abhängig gemacht, bei Einfuhrsubstitutionssubventionen davon, dass inländische Waren Vorrang vor eingeführten Waren genießen (vgl. Art. 3 IV lit. a) und b) AS-GVO). Bei der Bestimmung der Höhe der Subvention ist dann nach Art. 5 AS-GVO der dem Unternehmen entstandenen Vorteil, und nicht die durch die Regierung tatsächliche gewährte Leistung maßgeblich. Während bei manchen Formen von Subventionen die Berechnung leichter fällt, können in einzelnen Fällen auch komplexere Untersuchungen zur Bestimmung der Höhe der Subvention erforderlich sein.

Im Hinblick auf das Vorliegen einer Schädigung sowie der Zulässigkeit von Schutzmaßnahmen kann größtenteils auf die Ausführungen zur AD-GVO verwiesen werden. Es bedarf der kausalen Schädigung eines Wirtschaftszweigs in der Union und der Verhinderung bzw. Verzögerung der Errichtung eines solchen Wirtschaftszweigs, wobei das Unionsinteresse ein Eingreifen gebieten muss (*Geiger/Khan/Kotzur*, Art. 207, Rdn. 43). Dabei haben die Unionsorgane ein weites Ermessen, welches sie auf Grundlage der ihnen konkret vorliegenden Tatsachen ausüben (EuGH *EFMA*, Slg. 1997, I-2391). Ausgleichsmaßnahmen sind nur gegen spezifische Subventionen i.S.v. Art. 3 AS-GVO zulässig, also etwa dann, wenn der Zugang zu der Subvention nur bestimmten Unternehmen offen steht (*Geiger/ Khan/Kotzur*, Art. 207, Rdn. 45). Zur näheren Bestimmung dieser Spezifizität können der AS-GVO weitere Regelbeispiele entnommen werden. Ausgleichsmaßnahmen in Form von Zöllen oder (freiwilligen) Verpflichtungen sind dann bis zur Höhe des wirtschaftlichen Vorteils (welcher der Dumpingspanne im Antidumpingrecht entspricht) zulässig.

Verfahrensfragen

Auch das Verfahren ist im Antisubventionsrecht ähnlich ausgestaltet wie im Antidumpingrecht. Zentrale Anlaufstelle für die Einleitung eines Antisubventionsverfahrens ist die Kommission. Erforderlich ist dafür ein schriftlicher Antrag – nur unter besonderen Umständen wird die Kommission von Amts wegen tätig. Die Kommission prüft anhand der ihr vorlegten Tatsachen das Vorliegen einer Subvention sowie einer Schädigung eines Wirtschaftszweigs der Union, welche das Uni-

Zentrale Anlaufstelle für Antisubventionsverfahren ist wiederum die Kommission.

onsinteresse insgesamt berührt. Sind aber überhaupt keine hinreichenden Beweise hierfür vorgebracht, wird der Antrag von der Kommission zurückgewiesen.

Am Ende des Verfahrens stellt die Kommission das Verfahren ein, wenn sie den Erlass von Ausgleichsmaßnahmen für nicht notwendig erachtet. Andernfalls legt der Rat Ausgleichsmaßnahmen, etwa in Form von Zöllen oder (freiwilligen) Verpflichtungen, mittels Verordnung fest (EuGH *Rima*, Slg. 1993, I-6347). Eine Ausgleichsmaßnahme wird nur so lange aufrechterhalten, wie dies erforderlich ist. Gegen eine positive oder negative Entscheidung der Kommission kann, sofern die prozessualen Voraussetzungen hierfür erfüllt sind, beim EuGH gem. Art. 263 AEUV Nichtigkeitsklage erhoben werden. Hier kommt es oft auf die unmittelbare und individuelle Betroffenheit des Klägers an, welche aber jedenfalls dann zu bejahen ist, wenn der Kläger als Betroffener in der Verordnung explizit genannt wird oder er Beteiligter des Verfahrens war (EuGH *Timex*, Slg. 1985, 849).

5. Wiederholungsfragen

1. Von welchen Grundsätzen und Zielen werden die gemeinsame Außenpolitik und die gemeinsame Handelspolitik getragen? Lösung S. 146 ff.
2. Was sagt das Gutachten WTO 1/94 aus? Lösung S. 151
3. Was sind »dual-use«-Güter? Welche Problematik verbirgt sich dahinter? S. 152
4. Wie unterscheiden sich die Außenhandelskompetenzen der Union vor und nach dem Lissabonner Vertrag? Lösung S. 149 f.
5. Welche Ansätze zur Definition des Merkmals der ausländischen Direktinvestition gibt es? Lösung S. 155 ff.
6. Wie werden (bestehende, künftige und EU-interne) BITs kompetenztechnisch im Lichte des neuen Art. 207 I AEUV behandelt? Lösung S. 159 ff.
7. Welche Möglichkeiten zur Bestimmung der Kompetenzverteilung zwischen Union und Mitgliedstaaten gibt es im Hinblick auf Kontrollmechanismen des nationalen Außenwirtschaftsrechts? Lösung S. 162 ff.
8. Wann liegt ein Dumping vor, wann eine Subvention? Wie stellt sich das Verfahren zum Erlass von Ausgleichsmaßnahmen im Antidumping- und Antisubventionsrecht dar? Lösung S. 170 ff.

Klausurbeispiel

Sachverhalt

Im Mitgliedstaat D geht die Furcht um vor sog. Staatsfonds, insbesondere aus China und der arabischen Welt. Staatsfonds sind staatlich gelenkte Gesellschaften, die in jüngster Vergangenheit vermehrt offensiv in den Ländern der westlichen Welt investiert haben. Auf Grund dieser Entwicklung hat man im Mitgliedstaat D die Sorge, dass sich Staatsfonds auch in einheimische Schlüsselunternehmen (etwa in den Bereichen Energie oder Verkehr) einkaufen könnten, was zu einem Transfer von sensiblem Know-How und wirtschaftspolitischer Abhängigkeit führen würde.

In das nationale Außenwirtschaftsgesetz von D wird deshalb eine Regelung aufgenommen, nach der eine Investition eines Akteurs aus einem Nicht-EU-Staat ab einer Beteiligung von 25 % an einem einheimischen Unternehmen branchenunabhängig untersagt werden kann, wenn damit eine Gefährdung der öffentlichen Ordnung oder Sicherheit verbunden ist. Eine solche Gefährdung kann nach der neuen Vorschrift angenommen werden, wenn eine konkrete und erhebliche Gefahr für ein Grundinteresse der Bevölkerung in D bestehe. Will ein Investor hinsichtlich seines Engagements Rechtssicherheit, so kann er vorab eine Unbedenklichkeitsbescheinigung beim Wirtschaftsministerium von D beantragen.

Die Kommission hat Bedenken an der Unionsrechtskonformität dieser neuen Regelung. Zum einen sei schon fraglich, ob D nach dem Lissabonner Vertrag überhaupt die Kompetenz zum Erlass solcher Vorschriften habe. In jedem Fall dürfte die neue Regel nicht mit den Grundfreiheiten zu vereinbaren sein. Ein Rechtfertigungsgrund sei laut der Kommission nicht ersichtlich. Sie verlangt deshalb, dass D diesem Zustand Abhilfe verschafft. D verweigert dies und beruft sich darauf, die Regelung in Übereinstimmung mit der Rechtsprechung des EuGH zur Beschränkung ausländischer Investitionen erlassen zu haben. Die Kommission leitet schließlich ein Vertragsverletzungsverfahren gegen D ein. Wie wird der EuGH entscheiden?

Lösungsvorschlag

Der EuGH wird eine Vertragsverletzung durch D feststellen, wenn die neue Regelung des Außenwirtschaftsgesetzes gegen Unionsrecht verstößt.

I. Kompetenz zum Erlass entsprechender Regelungen, Art. 207 I AEUV

Fraglich ist, ob D die Kompetenz zum Erlass der neuen Regelung hatte. Dem könnte Art. 207 I AEUV entgegenstehen, wenn die neue Vorschrift ausländische Direktinvestitionen kontrollieren würde, da dieser Bereich seit dem Lissabonner Vertrag in die ausschließliche Kompetenz der Union fällt.

1) Unwirksamkeit der Regelung

Die Regelung könnte wegen ihres Widerspruchs zu Art. 207 I AEUV unwirksam sein. Dieser Ansatz ist allerdings abzulehnen Die Vorschrift knüpft an eine Beteiligungsschwelle von 25 % an. Eine 25% Beteiligung kann, muss aber nicht zwangsweise eine Direktinvestition darstellen. Dies muss einzelfallabhängig beurteilt werden. Da somit Tatbestände erfasst sind, in denen sowohl Portfolioinvestitionen als auch Direktinvestitionen kontrolliert werden, erscheint eine generelle Unwirksamkeit der betroffenen Regelung nicht gerechtfertigt.

2) Anpassungspflicht bzw. unionsrechtskonforme Anwendung durch D

Eine mögliche Lösung ist, dass D die neue Regelung nur noch im Falle von Portfolioinvestitionen anwenden darf. Eine solche Anpassungspflicht bzw. Pflicht zur unionsrechtskonformen Anwendung ließe sich aus Art. 4 Abs. 3 EUV ableiten. Zwar wird es sich im Einzelfall als schwierig erweisen, sauber zwischen Portfolio- und Direktinvestition zu trennen, was ein gewisses Maß an Rechtsunsicherheit mit sich bringt – mangels alternativer Lösungsansätze dürfte dies jedoch hinnehmbar sein.

(Alternativ könnten auch verschiedene Lösungen im Rahmen der Kompetenzwahrnehmung diskutiert werden. Allerdings wird eine Ergänzungskompetenz nach Art. 352 AEUV dahingehend, dass die Union vorliegend auch Portfolioinvestitionen regeln dürfte, abzulehnen sein, da diese Vorschrift der Union keine »Kompetenz-Kompetenz« zukommen lässt. Eine implizite Kompetenz aus der Kapitalverkehrsfreiheit erscheint ebenfalls kaum vertretbar, da die Grundfreiheiten des AEU-Vertrags den Wirtschaftsverkehr im Binnenmarkt regeln, dabei jedoch subjektive Rechte verleihen, so dass sie selbst eher kompetenzbedürftige und nicht kompetenzbegründende Normen darstellen. Geht man davon aus, dass die Union zur Erfüllung ihrer Kompetenz nach Art.

207 I AEUV ohne die Kontrolle von Portfolioinvestitionen im Falle der in Rede stehenden Regelung des Mitgliedstaats D dieser Aufgabe nicht in vernünftiger und sinnvoller Weise nachkommen könnte, wäre eine Übertragung der »implied-powers«-Lehre auf den vorliegenden Sachverhalt überlegenswert. Dies müsste angesichts der restriktiven Handhabung (bisher nur im Zusammenhang mit dem Abschluss völkerrechtlicher Verträge) der »implied-powers«-Lehre allerdings gut begründet werden.)

II. Vereinbarkeit mit den Grundfreiheiten

Da die in Rede stehende Regelung eine Möglichkeit zum Eingriff in Investitionen von unionsfremden Investoren schafft, ist eine Verletzung der Grundfreiheiten zu prüfen.

1. Niederlassungsfreiheit, Art. 49, 54 AEUV

Die Niederlassungsfreiheit schützt unter anderem grundsätzlich auch Direktinvestitionen. Daher wäre der sachliche Anwendungsbereich eröffnet. Allerdings gilt die neue Regelung im Außenwirtschaftsgesetz von D nur für Investoren aus Nicht-EU-Staaten. Daher ist der räumliche Anwendungsbereich nicht eröffnet, weshalb eine Verletzung der Niederlassungsfreiheit ausscheidet.

2. Kapitalverkehrsfreiheit, Art. 63 AEUV

Die Kapitalverkehrsfreiheit ist die einzige Grundfreiheit, welche dem persönlichen und räumlichen Anwendungsbereich nach umfassend auch auf Drittstaatensachverhalte anwendbar ist. Eine mögliche Verletzung der Kapitalverkehrsfreiheit ist daher eingehend zu prüfen.

a) Anwendungsbereich

Wie soeben erwähnt, findet die Kapitalverkehrsfreiheit auch im Verhältnis zu Drittstaaten Anwendung (»erga-omnes«-Wirkung), so dass der persönliche und räumliche Anwendungsbereich bei der Prüfung der in Rede stehenden Regelung eröffnet ist.

Wie bereits festgestellt, können durch den neuen Mechanismus die Regierung und das Wirtschaftsministerium von D sowohl Portfolio- als auch Direktinvestitionen beschränken. Da beide Varianten von der Kapitalverkehrsfreiheit geschützt werden, ist der sachliche Anwen-

dungsbereich ebenfalls eröffnet. Dem Ansatz, in bestimmten Konstellationen der Kapitalverkehrsfreiheit einen gegenüber Drittstaaten geringeren Schutzumfang zukommen zu lassen, kann nicht gefolgt werden, da dies dem klaren Wortlaut des Art. 63 I AEUV widersprechen würde.

b) Beschränkung

Es müsste durch die neue Regelung auch eine Beschränkung der Kapitalverkehrsfreiheit vorliegen. Eine Beschränkung ist dann zu bejahen, wenn entweder eine Diskriminierung vorliegt, oder wenn eine unterschiedslos anwendbare Maßnahme oder Regelung geeignet ist, den grenzüberschreitenden Kapitalverkehr zu verhindern, behindern oder potentiell zu beeinträchtigen. Insofern ist der Kapitalverkehrsfreiheit gem. Art. 63 I AEUV ein umfassendes Beschränkungsverbot zu entnehmen.

Die in Rede stehende Regelung weist keinen diskriminierenden Charakter im Verhältnis von D zu den anderen Mitgliedstaaten auf. Jedoch kommt der Regelung gleichwohl Beschränkungswirkung zu. Denn die Tatsache, dass die Regierung von D in Abstimmung mit dem Wirtschaftsministerium Unternehmensbeteiligungen von unionsfremden Akteuren ab einer Schwelle von 25 % untersagen kann, macht die Investition unattraktiver und kann Investoren abschrecken. Da es insoweit auf eine konkrete Beeinträchtigung nicht ankommt, genügt schon eine solch potentielle Behinderung der Tätigkeit unionsfremder Investoren. Die Möglichkeit einer Korrektur durch die »Keck«–Formel ist vorliegend nicht ersichtlich.

c) Rechtfertigung, Art. 65 I lit. b) AEUV

D macht geltend, dass die Regelung aus Gründen der öffentlichen Ordnung oder Sicherheit gerechtfertigt sei. Fraglich ist, ob die neue Vorschrift hinreichend bestimmt ist. Zwar ist die öffentliche Ordnung und Sicherheit nach der Rechtsprechung des EuGH berührt, wenn eine erhebliche Gefahr für ein Grundinteresse der Bevölkerung besteht. Allerdings hat der Gerichtshof auch verlangt, dass man dieses Grundinteresse näher bezeichnet. Darunter fällt etwa der Schutz des Energie- oder Verkehrssektors. Dies hat D indes bei der Verabschiedung der neuen Regelung versäumt. Mit einer großzügigen Auslegung wird man die Bestimmtheit aber dennoch bejahen können (andere Auffassung vertretbar).

Ist nun das Schutzgut der öffentlichen Ordnung und Sicherheit berührt, muss die Beschränkung weiter auch verhältnismäßig sein. Die Regelung hat einen intensiven Eingriffscharakter, da sie eine präventive Untersagungsmöglichkeit gibt. Deshalb ist für einen Investor ein hohes Maß an Rechtssicherheit erforderlich. Hier hat ein Investor die Möglichkeit, vorab eine Unbedenklichkeitsbescheinigung zu beantragen. Damit dürfte seinem Bedürfnis nach Rechtssicherheit Rechnung getragen sein.

Die Regelung könnte trotzdem unverhältnismäßig sein, wenn sie in ihrer konkreten Ausgestaltung nicht erforderlich ist, um den Schutz der öffentlichen Ordnung und Sicherheit zu gewährleisten. Kritisch erscheint in diesem Zusammenhang, dass die Regelung branchenübergreifend und nicht auf bestimmte Akteure beschränkt ist. D's Sorge beschränkte sich jedoch bei Erlass der Vorschrift auf die Aktivitäten von Staatsfonds sowie auf Unternehmensbeteiligungen in bestimmten und besonders sensiblen Branchen. Daher hätte man die Regelung sowohl auf diese als auch auf die relevanten Branchen einschränken können. Dem muss allerdings entgegengehalten werden, dass dies zu einer Diskriminierung dieser Akteure führen könnte. Zudem erscheint es schwierig, alle sensiblen Branchen abschließend festzulegen (hier lassen sich mit guter Argumentation beide Auffassungen vertreten).

Zuletzt ist fraglich, ob, sofern man zu diesem Zeitpunkt die Verhältnismäßigkeit der Regelung verneint, im Verhältnis zu Drittstaaten nicht ein weniger strenger Maßstab im Rahmen der Verhältnismäßigkeitskriterien anzusetzen ist. Dies ist abzulehnen. Art. 64 ff. AEUV sehen spezielle Rechtfertigungsgründe für Eingriffe gegenüber Drittstaaten vor, weshalb insofern einer weitergehenden Reduzierung des Verhältnismäßigkeitsmaßstabs eine Absage zu erteilen ist.

III. Rechtfertigung nach Art. 106 II AEUV

Neben der geschriebenen Schranke des Art. 65 I lit. b) AEUV ist noch zu erwägen, ob sich D auf den allgemeinen Rechtfertigungsgrund des Art. 106 II AEUV aus dem Wettbewerbsrecht berufen kann. Danach ist den Mitgliedstaaten eine Abweichung von den Bestimmungen der Verträge gestattet, wenn andernfalls der Erbringung von Dienstleistungen von allgemeinem wirtschaftlichem Interesse verhindert werden würde. D macht geltend, dass unionsfremde Investoren sich in Unternehmen etwa aus dem Energie- oder Verkehrssektor einkaufen könnten. Bei der

Festlegung, ob ein Unternehmen eine Dienstleistung von allgemeinem wirtschaftlichem Interesse erbringt, haben die Mitgliedstaaten einen weiten Ermessensspielraum. Es muss sich aber stets um ein Grundbedürfnis der Bevölkerung handeln. Im Bereich Energie und Verkehr wird man dies annehmen können.

Allerdings hat der EuGH entschieden, dass mit einer Berufung auf Art. 106 II AEUV zur Rechtfertigung von Eingriffen in die Kapitalverkehrsfreiheit auch eine entsprechende Verhältnismäßigkeitsprüfung verbunden ist. Hier kann auf die im Rahmen des Art. 65 I lit. b) AEUV diskutierten Kriterien zurückgegriffen werden. Darüber hinaus ist zu beachten, dass durch die jeweilige Beteiligung eines Investors die Erbringung der betroffenen Dienstleistung von allgemeinem Interesse erheblich gefährdet oder verhindert werden müsste (auch hier sind wiederum beide Lösungswege vertretbar).

Ergebnis

Die neue Regelung des Außenwirtschaftsgesetzes von D verstößt nicht gegen Unionsrecht. Eine Vertragsverletzung durch D liegt demnach nicht vor *(ein anderes Ergebnis ist mit entsprechender Begründung ebenso gut vertretbar)*.

Anmerkung: Dieses Klausurbeispiel ist mit Sicherheit von gehobenem Umfang und Schwierigkeitsgrad. Probleme und Schwerpunkte des Falles sind:

- die Behandlung der Kompetenzproblematik des Art. 207 I AEUV

- der Beschränkungscharakter der Regelung

- die Anforderungen an eine Berufung auf die öffentliche Ordnung oder Sicherheit gem. Art. 65 I lit. b) AEUV

- die Verhältnismäßigkeitsprüfung im Rahmen des Art. 65 I lit. b) AEUV

- Rechtfertigung nach Art. 106 II AEUV

Der Lösungsvorschlag spiegelt dabei den Versuch einer Musterlösung wider. Es wird bei einer solchen Klausur nicht erwartet, dass die Lösung der Bearbeiter dieser Musterlösung möglich nahe kommt. Entscheidend ist, dass die relevanten Fragen und Probleme des Falles gesehen und mit einer vertretbaren Argumentation bearbeitet werden. Insoweit verdeutlicht gerade dieses Klausurbeispiel, dass oft auch mehreren Lösungswegen gefolgt werden kann.

Wiederholung: Die Schritte zur erfolgreichen Falllösung

1) Am Sachverhalt arbeiten:
   → Mehrmaliges Durchlesen des Sachverhalts mit hoher Aufmerksamkeit
   → Sachverhaltsskizze fertigen.

2) Die richtigen Schwerpunkte setzen:
   → Alle möglichen Aspekte des Falles würdigen.
   → Problematisches von Unproblematischem trennen.

3) Auf eine ordentlichen rechtliche Ausarbeitung achten:
   → Aufbau und Strukturen wahren.
   → Eine gute Argumentation ist entscheidend.

Literatur zur Vertiefung

1. Lehrbücher zum Europarecht

Bieber/Epiney/Haag, Die europäische Union, 8. Aufl. 2009
Herdegen, Europarecht, 12. Aufl. 2010
Haratsch/Koenig/Pechstein, Europarecht, 7. Aufl. 2010
Oppermann/Classen/Nettesheim, Europarecht, 5. Aufl. 2011
Streinz, Europarecht, 9. Aufl. 2010

2. Lehrbücher zum europäischen Wirtschaftsrecht

Enchelmaier, Europäisches Wirtschaftsrecht, 1. Aufl. 2005
Kilian, Europäisches Wirtschaftsrecht, 4. Aufl. 2010
Schwarze, Europäisches Wirtschaftsrecht, 1. Aufl. 2007
Sester, Europäisches Wirtschaftsrecht, 1. Aufl. 2012

3. Fall- und Übungsbücher

Arndt/Fischer, Fälle zum Europarecht, 7. Aufl. 2010
Hummer/Vedder, Europarecht in Fällen, 5. Aufl. 2010
Lorz, Fallrepetitorium Europarecht, 1. Aufl. 2006
Pache/Knauff, Fallhandbuch Europäisches Wirtschaftsrecht, 2. Aufl. 2010
Pechstein/Koenig, Entscheidungen des EuGH, 5. Aufl. 2010

4. Kommentare und Handbücher

Callies/Ruffert (Hrsg.), EUV/AEUV, 4. Aufl. 2011
Dauses (Hrsg.), Handbuch des EU-Wirtschaftsrechts, Loseblatt
Geiger/Khan/Kotzur (Hrsg.), EUV/AEUV, 5. Aufl. 2010
Grabitz/Hilf/Nettesheim (Hrsg.), Das Recht der Europäischen Union, Loseblatt
Lenz/Borchardt (Hrsg.), EU-Vertrag, 5. Aufl. 2010
Schulze/Zuleeg/Kadelbach (Hrsg.), Europarecht, 2. Aufl. 2010
Schwarze (Hrsg.), EU-Kommentar, 2. Aufl. 2009,
Streinz (Hrsg.), EUV/AEUV, 2. Aufl. 2012

Internetadressen

Europäischer Gerichtshof	http://curia.europa.eu
Europäische Investitionsbank	http://www.eib.org
Europäische Kommission	http://europa.eu/index_de.htm
Europäisches Parlament	http://www.europarl.europa.eu
Europäischer Rat	http://european-council.europa.eu
Europäische Union	http://europa.eu/index_de.htm
Europäische Zentralbank	https://www.ecb.int
Institut für europäisches Wirtschaftsrecht der Universität Erlangen	http://www.ewr.jura.uni-erlangen.de
Wilhelm Merton-Zentrum für europäische Integration sowie internationale Wirtschaftsordnung	http://www.merton-zentrum.uni-frankfurt.de
Zentrum für europäische Integrationsforschung	http://www.zei.uni-bonn.de
Zentrum für europäisches Wirtschaftsrecht der Universität Bonn	http://www.zew.uni-bonn.de

Register

Abgestimmte Verhaltensweisen
Koordiniertes Zusammenwirken von Unternehmen oder Unternehmensvereinigungen ⇨ 92 ff.

»Altmark«-Kriterien
Zulässigkeit von Ausgleichszahlungen für die Erbringung von Dienstleistungen von allgemeinem wirtschaftlichem Interesse ⇨ 106

Antidumping-Grundverordnung
Rechtsgrundlage des europäischen Antidumpingrechts ⇨ 164 ff.

Antisubventions-Grundverordnung
Rechtsgrundlage des europäischen Antisubventionsrechts ⇨ 170 f.

Arbeitnehmer
Erbringung einer weisungsabhängigen Tätigkeit gegen Zahlung einer Vergütung ⇨ 51

Arbeitnehmerfreizügigkeit
Recht auf Freizügigkeit der Arbeitnehmer im Unionsgebiet ⇨ 34, 50 ff.

Ausfuhrbeschränkungen
Mengenmäßige Beschränkung der Ausfuhr von Waren ⇨ 42

Ausgleichsmaßnahmen
Maßnahmen gegen gedumpte oder subventionierte Waren ⇨ 168 ff.

Begünstigung
Gewährung einer Leistung ohne angemessene Gegenleistung ⇨ 104

Beihilfe
Begünstigung eines Unternehmens, was zu einer Verzerrung des Wettbewerbs in der Union führt ⇨ 104 ff.

Beschränkungsverbot
Verbot von Maßnahmen jenseits einer Diskriminierung ⇨ 32, 60 f., 77

Bereichsausnahmen
Herausnahme bestimmter Bereiche aus dem sachlichen Anwendungsbereich der Grundfreiheiten ⇨ 39, 54

Betrauung
Hoheitliche Übertragung der Erbringung einer Dienstleistung von allgemeinem wirtschaftlichem Interesse an ein Unternehmen ⇨ 126

Binnenmarkt
Ein Raum freien Handels und ohne Binnengrenzen im Unionsgebiet ⇨ 16 ff., 24, 30

BITs
Bilaterale Investitionsschutzabkommen zwischen zwei Staaten ⇨ 158

»Cassis de Dijon«-Formel
Beschreibt die Zulässigkeit ungeschriebener Rechtfertigungsgründe aus zwingenden Erfordernissen ⇨ 47 f., 62, 71, 80

Charta der Grundrechte
Regelwerk über die europäischen Grundrechte ⇨ 32 f.

Daseinsvorsorge
Beschreibt den Bereich der Dienstleistungen von allgemeinem wirtschaftlichem Interesse ⇨ 125

»Dassonville«-Formel
Legt die Voraussetzungen für eine Beschränkung der Grundfreiheiten durch unterschiedslos anwendbare Maßnahmen fest ⇨ 32, 44

»De facto«-Vergabe
Vergabe eines öffentlichen Auftrags ohne Durchführung eines Vergabeverfahrens ⇨ 121

»De-Minimis«
Beschreibt Ausnahmen von den Regeln des europäischen Wettbewerbsrechts auf Grund der fehlenden Beeinträchtigung des Wettbewerbs ⇨ 95, 108

Dienstleistungen von allgemeinem wirtschaftlichem Interesse
Beschreibt Dienstleistungen, deren Erbringung einem Grundbedürfnis der Bevölkerung dient ⇨ 89, 111 f., 123 ff.

Dienstleistungsfreiheit
Gewährleistet den freien Dienstleistungsverkehr innerhalb der Union ⇨ 59, 66 ff.

Dienstleistungsrichtlinie
Wichtigstes sekundärrechtliches Regelwerk zur Verwirklichung der Dienstleistungsfreiheit ⇨ 66 ff.

Direktinvestition (ausländische)
Beteiligungsschwelle, ab welcher ein tatsächlicher Einfluss auf die Verwaltung der Gesellschaft oder deren Kontrolle besteht ⇨ 155 ff.

Diskriminierungsverbot (allgemeines)
Verbot der unterschiedlichen Behandlung gleichartiger Sachverhalte aus Gründen der Staatsangehörigkeit ⇨ 31

Drittstaatensachverhalte
Sachverhalte, die Berührungspunkte zu Nicht-EU-Staaten aufweisen ⇨ 35

Drittwirkung (mittelbare, unmittelbare)
Beschreibt die Wirkung der Grundfreiheiten unter Privaten ⇨ 22, 35 f., 52

Dumping
Erhebliche Senkung des Ausfuhrpreises einer Ware unter den Normalpreis ⇨ 166 ff.

Dumpingspanne
Differenz zwischen Ausfuhrpreis und Normalpreis einer Ware ⇨ 167 ff.

Einzelermächtigung (begrenzte)
Die Union darf nur mit ausdrücklicher Kompetenzzuweisung tätig werden ⇨ 23 f.

»Erga-omnes«-Wirkung
Anwendbarkeit der Kapitalverkehrsfreiheit auch auf Drittstaatensachverhalte ⇨ 74

Europäische Aktiengesellschaft (SE)
Wichtigste Kapitalgesellschaftsform des Unionsrechts ⇨ 139

Europäische Gemeinschaft (EG)
Rechtsvorgängerin der Europäischen Union ⇨ 5

Europäische Genossenschaft (SCE)
Gesellschaftsform für Genossenschaften in der Union ⇨ 139

Europäische Integration
Zusammenwachsen der europäischen Staaten ⇨ 2 ff.

Europäische Kommission
Gilt als wichtigstes Organ der Union ⇨ 21, 26

Europäische Privatgesellschaft (EPG)
Geplante Kapitalgesellschaftsform in der Union für den Mittelstand ⇨ 139

Europäische Union
Rechtsnachfolgerin der EG ⇨ 5

Europäische Wirtschaftsgemeinschaft (EWG)
Erster großer Zusammenschluss europäischer Staaten nach 1945 ⇨ 2, 4 f.

Europäischer Gerichtshof (EuGH)
Höchste Judikativinstanz der Europäischen Union ⇨ 26, 30, 36

Europäisches Parlament
Demokratisch gewähltes Legislativorgan der Union ⇨ 21

E

F

»Effet utile«
Anwendungsvorrang des Unionsrechts vor nationalem Recht ⇨ 20, 27, 36, 134

Einfuhrbeschränkungen
Mengenmäßige Beschränkung der Einfuhr von Waren ⇨ 42

Freistellungsverordnungen (Einzel-, Gruppen-)
Sekundärrechtsakte, welche Ausnahmen von den Regeln des europäischen Wettbewerbsrechts festlegen ⇨ 110 f.

Fusion
Zusammenschluss von Unternehmen ⇨ 100

Fusionskontrollverordnung
Zentrales Regelwerk der europäischen Fusionskontrolle
⇨ 100 ff.

»Implied-powers«-Lehre
Ungeschriebene Kompetenz der Union zur sinnvollen Erfüllung einer ihr übertragenen Aufgabe ⇨ 164, 178

»In-House«-Vergabe
Vergabe eines Auftrags innerhalb der Organisationsstrukturen der öffentlichen Hand ⇨ 118

Inländerdiskriminierung
Ungleichbehandlung von Inländern in Folge der Anwendung der Grundfreiheiten ⇨ 37 f.

Investitionsversicherung
Versicherung eines Investors, der im Ausland investieren will, durch seinen Heimatstaat ⇨ 162 ff.

ICSID
Institution für die Beilegung von internationalen Investitionsstreitigkeiten ⇨ 158

Gemeinsame Außen- und Sicherheitspolitik (GASP)
Beschreibt die Reichweite des auswärtigen Handelns der Union ⇨ 146

Gemeinsame Handelspolitik
Gemeinsame Politiken der Union in dem Bereich der Außenwirtschaft ⇨ 146 ff.

Gemeinsamer Markt
Vorgänger des Binnenmarktes ⇨ 5

Gemeinschaftsrahmen
Spezielle sekundärrechtliche Regelwerke auf dem Gebiet des europäischen Wettbewerbsrechts ⇨ 110

Goldene Aktien
Staatliche Sonderrechte an Unternehmen zur Sicherung der staatlichen Einflussnahme ⇨ 76 ff.

Grundfreiheiten
Wichtigstes Instrument zur Verwirklichung des Binnenmarktes ⇨ 32 f., 90

Kapitalverkehrsfreiheit
Gewährleistung der Freiheit des grenzüberschreitenden Kapitalverkehrs innerhalb der Union sowie zwischen der Union und Drittstaaten ⇨ 10, 74 ff..

Kapitalverkehrsrichtlinie
Sekundärrechtliches Regelwerk zur Konkretisierung der Kapitalverkehrsfreiheit ⇨ 155

Kartell (horizontal, vertikal)
Verbotene Absprachen zwischen Unternehmen mit dem Ziel der Verfälschung des Wettbewerbs ⇨ 91 ff.

»Keck«-Formel
Trennt in der grundfreiheitlichen Dogmatik Verkaufs- von Produktmodalitäten ⇨ 44 f., 70, 78

Kleine und mittlere Unternehmen (KMU)
Bezeichnung für den Mittelstand im europäischen Wirtschaftsrecht ⇨ 111, 139

Kontrollerwerb
Beschreibt die Direktinvestition an einem Unternehmen ⇨ 156

Harmonisierung
Angleichung der Rechtsvorschriften in der Union ⇨ 18, 24, 50, 56, 130 f.

Herkunftslandprinzip
Erfüllung bestimmter Anforderungen des Herkunftsstaates für den Marktzugang ⇨ 32, 61

Konvergenz
Erreichen einer einheitlichen Dogmatik für alle Grundfreiheiten ⇨ 31

Leitlinien
Regelwerke der Kommission, deren Rechtscharakter im Einzelnen noch umstritten ist ⇨ 8, 110

Lissabon-Urteil
Urteil des Bundesverfassungsgerichts zur Umsetzung des Vertrags von Lissabon ⇨ 6

Lose (Teil- oder Fach-)
Aufteilung einer ausschreibepflichtigen Leistung im Vergaberecht ⇨ 120

Maßnahmen gleicher Wirkung
Bezeichnung für unterschiedslos anwendbare Maßnahmen, denen im Zusammenhang mit der Warenverkehrsfreiheit trotzdem Beschränkungswirkung zukommen kann ⇨ 43 f.

Marktöffnungsrechte
Beschreibt eine Funktion der Grundfreiheiten ⇨ 17, 31

Mitgliedstaaten
Akteure des europäischen Wirtschaftsrechts ⇨ 21, 35, 90

Monopol
Beherrschung des Marktes durch ein Unternehmen ⇨ 98

»Monti«-Paket
Lösung der Kommission zur Zulässigkeit eines Ausgleichs für die Erbringung von Dienstleistungen von allgemeinem wirtschaftlichem Interesse auf der Rechtfertigungsebene ⇨ 111 f., 127

Nachprüfungsverfahren
Rechtsschutzverfahren erster Instanz im Vergaberecht ⇨ 121

Negative Integration
Verwirklichung der europäischen Integration durch unionsweite Verbotsnormen ⇨ 18, 30, 42, 130

Nichtigkeitsklage
Wichtige Klagemöglichkeit zur Überprüfung von Rechtsakten der Union ⇨ 26

Nichtoffenes Verfahren
Verfahrensart im Vergaberecht ⇨ 119

Niederlassung (primäre, sekundäre)
Tatsächliche Ausübung einer wirtschaftlichen Tätigkeit mittels fester Einrichtung ⇨ 57

Niederlassungsfreiheit
Gewährleistet das Recht grenzüberschreitender Niederlassung innerhalb der Union ⇨ 56 ff.

Notifizierung
Pflicht zur Anmeldung staatlicher Beihilfen bei der Kommission ⇨ 112

Offenes Verfahren
Verfahrensart im Vergaberecht ⇨ 119

Öffentliche Ordnung oder Sicherheit
Wichtigste geschriebene Schranke zur Rechtfertigung von Eingriffen in die Grundfreiheiten ⇨ 40, 46, 55, 71, 79, 152

Öffentlicher Auftrag
Vertrag zwischen öffentlichem Auftraggeber und Privatem, der unter das Vergaberecht fällt ⇨ 117 f.

Öffentlicher Auftraggeber
Anforderung an die persönliche Eigenschaft des Auftraggebers im Vergaberecht ⇨ 117

Oligopol
Beherrschung des Marktes durch ein Verbund mehrerer Unternehmen ⇨ 98

Positive Integration
Verwirklichung der europäischen Integration des unionsweite Angleichung der Rechtsvorschriften ⇨ 18

Preisabsprachen
Verbotene Verhaltensweise im europäischen Kartellrecht ⇨ 91

Primärrecht
Beschreibt das Recht der EU-Verträge, deren Regelungen die ranghöchsten Vorschriften in der Normenhierarchie des Unionsrechts darstellen ⇨ 7, 10, 14 f., 24

»Private investor«-Test (oder »market economy«-Test)
Test zur Feststellung einer Begünstigung im europäischen Beihilferecht ⇨ 105

Produktmodalitäten
Unterschiedlos anwendbare Maßnahmen mit Beschränkungswirkung ⇨ 45

Public Private Partnerships
Öffentlich-private Partnerschaften ⇨ 118

Rechtsangleichung
Mittel der Harmonisierung ⇨ 18, 130 ff., 141

Rechtsmittelrichtlinie
Regelt den Rechtsschutz im Vergaberecht ⇨ 116

Reziprozität
Bezeichnung für den Grundsatz der Gegenseitigkeit ⇨ 158

Schwellwerte
Wertgrenzen, ab welcher das europäische Wettbewerbsrecht zur Anwendung kommt, vgl. etwa im Vergaberecht ⇨ 116

Sekundärrecht
Regelungen, die der Unionsgesetzgeber ergänzend zum Primärrecht erlässt ⇨ 11, 130 f.

Selektivität
Bedeutet, dass Beihilfen zur Erfüllung des Tatbestands an bestimmte Unternehmen oder Produktionszweige gewährt werden müssen ⇨ 107

Spürbarkeit
Häufiges Kriterium im europäischen Wettbewerbsrecht ⇨ 95, 108

Staatliche Mittel
Wichtige Tatbestandsvoraussetzung im europäischen Beihilferecht, Begünstigungen müssen danach aus staatlichen Mitteln gewährt werden ⇨ 106

Staatliche Schutzpflichten
Pflicht des Staates zur Unterbindung eines Eingriffes in die Grundfreiheiten durch Private ⇨ 36, 43

»Stand-Still«-Gebot
Bedeutet, dass die Mitgliedstaaten vor der Genehmigung durch die Kommission Beihilfen nicht gewähren dürfen ⇨ 112

Stillhalteverpflichtung
Verpflichtung der Mitgliedstaaten, künftig keine BITs mehr abzuschließen, bevor nicht die Union von ihrer ausschließlichen Kompetenz Gebrauch gemacht hat ⇨ 160

Subvention
Gewährung eines wirtschaftlichen Vorteils, durch welchen eine ausgeführte Ware deutlich billiger verkauft werden kann ⇨ 170 ff.

Transparenzrichtlinie
Sekundärrechtliches Regelwerk, welches die Einteilung in Mutter- und Tochtergesellschaft ermöglicht ⇨ 124

193

Unionsbürgerschaft
Garantiert bestimmte, staatangehörigkeitsähnliche Rechte ⇨ 83

Unternehmensvereinigung
Zusammenschluss mehrerer Einzelunternehmen ⇨ 139

Verbraucherschutz
Zwingendes Erfordernis i.S.d. »Cassis de Dijon«-Formel ⇨ 19

Vergabefremde Kriterien
Kriterien für die Vergabe eines öffentlichen Auftrags, die nicht unmittelbar dem Auftragsgegenstand anhaften ⇨ 121

Vergabekoordinierungsrichtlinie
Wichtiges sekundärrechtliches Regelwerk des europäisches Vergaberechts ⇨ 116

Verhältnismäßigkeitsgrundsatz
Allgemeines Grundsatz des Unionsrechts, vor allem im Zusammenhang mit der Rechtfertigung von Beschränkungen der Grundfreiheiten relevant ⇨ 48, 62, 79

Verhandlungsverfahren
Verfahrensart im Vergaberecht ⇨ 119

Verkaufsmodalitäten
Unterschiedslos anwendbare Maßnahmen mit Beschränkungswirkung ⇨ 45 f.

Vertragsverletzungsverfahren
Rechtsschutzverfahren des Unionsrechts ⇨ 22, 26

Vertrauensschutz
Allgemeiner Rechtsgrundsatz, wird jedoch oft durch den Anwendungsvorrang des Unionsrechts stark modifiziert ⇨ 27

Vorabentscheidungsverfahren
Rechtsschutzverfahren des Unionsrechts, Vorlage durch ein nationales Gericht an den EuGH ⇨ 26

Warenverkehrsfreiheit
Gewährleistet den freien Warenverkehr zwischen den Mitgliedstaaten ⇨ 30, 42 ff.

Wegzugsbeschränkungen
Beschränkung der Niederlassungsfreiheit durch den Wegzugsstaat ⇨ 63

Wettbewerblicher Dialog
Verfahrensart im Vergaberecht ⇨ 119

Wettbewerbsverfälschung
Wichtigstes Tatbestandsmerkmal des europäischen Wettbewerbsrechts ⇨ 17 f., 94, 107, 130 f.

Wirtschafts- und Währungsunion
Festlegung einer gemeinsamen Wirtschafts- und Währungspolitik im Vertrag von Maastricht ⇨ 5

Wirtschaftsverfassung (europäische)
Bezeichnung für die institutionellen Grundregeln, welche die wirtschaftliche Ausrichtung einer Rechtordnung regeln ⇨ 14

WTO (-Abkommen)
Welthandelsorganisation ⇨ 8, 141, 150, 166

Zahlungsverkehrsfreiheit
Gewährleistung der Freiheit des grenzüberschreitenden Zahlungsverkehrs innerhalb der Union sowie zwischen der Union und Drittstaaten ⇨ 76

Zollunion
Gemeinsamer Wirtschaftsraum, welcher frei von Ein- oder Ausfuhrzöllen ist ⇨ 5, 23

Zweigniederlassung
Form der sekundären Ausübung der Niederlassungsfreiheit ⇨ 57, 63 f., 137, 155

Zwingende Erfordernisse
Ungeschriebene Rechtfertigungsgründe i.S.d. »Cassis de Dijon«-Formel ⇨ 40, 48, 72, 80

The manufacturer's authorised representative in the EU is Springer Nature Customer Service Centre GmbH, Europaplatz 3, 69115 Heidelberg, Germany. If you have any concerns regarding our products, please contact ProductSafety@springernature.com

Printed and bound by CPI Group (UK) Ltd, Croydon, CR0 4YY

23/03/2026

02076683-0006